金融专业国家教学资源库配套教材

新编21世纪高等职业教育精品教材
金融类

金融大数据处理

主　编　侯亚军
副主编　邱小津　李庚倩　孙　悦　朱　琢　刘亦林

中国人民大学出版社
·北京·

图书在版编目（CIP）数据

金融大数据处理 / 侯亚军主编. --北京：中国人民大学出版社，2025. 9. --（新编 21 世纪高等职业教育精品教材）. --ISBN 978-7-300-34070-8

Ⅰ. F830. 41

中国国家版本馆 CIP 数据核字第 2025S49A28 号

金融专业国家教学资源库配套教材

新编 21 世纪高等职业教育精品教材·金融类

金融大数据处理

主　编　侯亚军

副主编　邱小津　李庚倩　孙　悦　朱　琢　刘亦林

Jinrong Dashuju Chuli

出版发行	中国人民大学出版社		
社　　址	北京中关村大街 31 号	**邮政编码**	100080
电　　话	010－62511242（总编室）		010－62511770（质管部）
	010－82501766（邮购部）		010－62514148（门市部）
	010－62511173（发行公司）		010－62515275（盗版举报）
网　　址	http://www.crup.com.cn		
经　　销	新华书店		
印　　刷	北京溢漾印刷有限公司		
开　　本	787 mm×1092 mm　1/16	**版　　次**	2025 年 9 月第 1 版
印　　张	19	**印　　次**	2025 年 9 月第 1 次印刷
字　　数	404 000	**定　　价**	49.00 元

前言

随着新一轮科技革命和产业变革的推进，数据作为关键生产要素的价值日益凸显。从2022年中国人民银行印发《金融科技发展规划（2022—2025年）》开始，金融行业正经历着前所未有的变革，加速向数字化、智能化转型。党的二十大报告强调："加快发展数字经济，促进数字经济和实体经济深度融合，打造具有国际竞争力的数字产业集群。"2023年初，中共中央、国务院印发的《数字中国建设整体布局规划》提出了数字中国建设的整体框架，标志着数字经济被放到更重要的位置。2023年底，国家数据局等17部门联合印发的《"数据要素×"三年行动计划（2024—2026年）》指出，发挥数据要素的放大、叠加、倍增作用，构建以数据为关键要素的数字经济，是推动高质量发展的必然要求。

金融大数据作为金融活动中产生的海量、高速、多样化的数据集合，不仅包含了丰富的市场信息、交易记录、客户行为等关键信息，还蕴含着巨大的商业价值和社会价值。然而，如何有效处理、分析和利用这些数据，成为金融机构提升竞争力、优化决策过程、防范金融风险的关键。金融机构需要利用大数据技术来优化业务流程、提升决策效率、防范金融风险，并为客户提供更加个性化、智能化的金融服务。也正因为如此，市场对金融大数据处理人才的需求也在不断增加。这些人才不仅需要具备扎实的金融知识和业务背景，还需要熟练掌握大数据处理技术和数据分析方法。

依据市场对于金融大数据人才的需求，针对金融类专业学生信息技术薄弱的特点，我们编写了本书，旨在提供浅显易懂的金融大数据知识，培养学习者金融大数据的处理及分析能力，促使学习者深刻理解大数据所引发的金融思维变革，激发他们的创新能力，使其能够适应正在转型升级的金融行业，为客户提供更好的金融服务。

本书共分为8个项目，涵盖了大数据的基础知识以及在银行、证券、保险等主要领域的场景应用。项目一，以大数据的基础知识为起点，引出金融大数据的相关知识，及其在金融领域的应用。项目二到项目四，主要讲述大数据处理技术，包括采集、清洗、存储、查验以及可视化，为学习者构建金融大数据处理的系统性思维，使其能够熟练使用金融大数据处理工具。项目五到项目七，主要讲述银行、证券和保险领域的金融大数据处理的应用，为学习者展示了金融大数据的主要应用场景，使学习者能够深入领会并掌握金融大数据在不同业务中的应用。项目八，以金融大数据分析报告作为全书的结篇，区别于重技术介绍的其他教材。

本书的特色包含以下几点：

1. 以立德树人为根本任务，培养学生坚定中国特色金融文化自信

金融类专业具有意识形态属性强、与政策和产业对接紧密、数字化升级改造特色鲜明、更新变化速度快、与时俱进要求高等鲜明特色。因此，体现党的创新理论和党的二十大精神、落实立德树人根本任务是编写的重中之重。编者在每个项目设置了“数据看中国”“拓展视野”等板块，选择了具有中国特色的金融实践案例，将金融理论思维和实践技能融入其中，将价值塑造、知识传授和能力培养有机融合，构建和培植能够引领学习者职业发展的职业精神和注重学习者体验的课程体系。

2. 深耕“新”和“实”，“岗课赛证”融通综合育人

本书瞄准岗位需求，从学习者实际出发，重在对金融数据的处理和分析，形成有价值的分析报告，而不是大数据模型的设计。本书选择了有思想、有价值、有营养的鲜活素材，并紧跟形势变化，不断动态更新案例，形成案例库。同时，本书不仅融合了“1＋X 金融大数据处理”职业技能等级证书的考核内容，还融入全国职业院校技能大赛“智慧金融”赛项的考核内容，满足金融从业人员的学习、培训和考证的要求，从而达到高素质金融人才培养的目的。

3. 数字技术赋能，配套丰富的数字化教学资源

本书依托教学资源库建设了微课、视频等类型丰富的数字化教学资源，增加了即测即评（学习者可扫描二维码），提供了交互学习、数据采集、统计、分析等功能，教师可及时了解学习者在学习过程中的时间进度、学习重点、测评结果等关键数据，提高了教学、互学、自学的学习体验，同时为学习者提供了科学的学习过程评价与学习内容的智能推送，使课程教学更加有的放矢、循序渐进。

本书的编写由高职院校的一线教师以及企业业务专家共同协力编写而成。本书由长春职业技术大学侯亚军担任主编，设计编写大纲，统撰全书，邱小津、李庚倩、孙悦、朱琢和刘亦林担任副主编，长春汽车职业技术大学的侯崇超，黑龙江农业工程职业学院的曹正，辽宁金融职业学院的崔立群、陈烁，重庆工贸职业技术学院刘思妤参与编

写。具体分工如下：项目一、项目五和项目八由侯亚军编写，项目二由李庚倩编写，项目三由孙悦编写，项目四由刘亦林编写，项目六由朱琢编写，项目七由邱小津编写。项目一的部分案例由辽宁金融职业学院的崔立群制作完成，项目二的部分案例由长春汽车职业技术大学的侯崇超制作完成，项目三的部分案例由重庆工贸职业技术学院刘思好制作完成，项目四的部分案例由辽宁金融职业学院的陈烁制作完成，项目五和项目六的部分案例由黑龙江农业工程职业学院的曹正制作完成。实训演练部分由中联集团教育科技有限公司业务与技术专家张正阳配合完成。

在编写本书过程中，编者参考了大量的资料。由于编者水平有限，在资料梳理和编写过程中难免存在疏漏和不足之处，敬请广大专家和读者批评指正，我们会及时修改和更新。

编者

目录

项目一

金融大数据认知

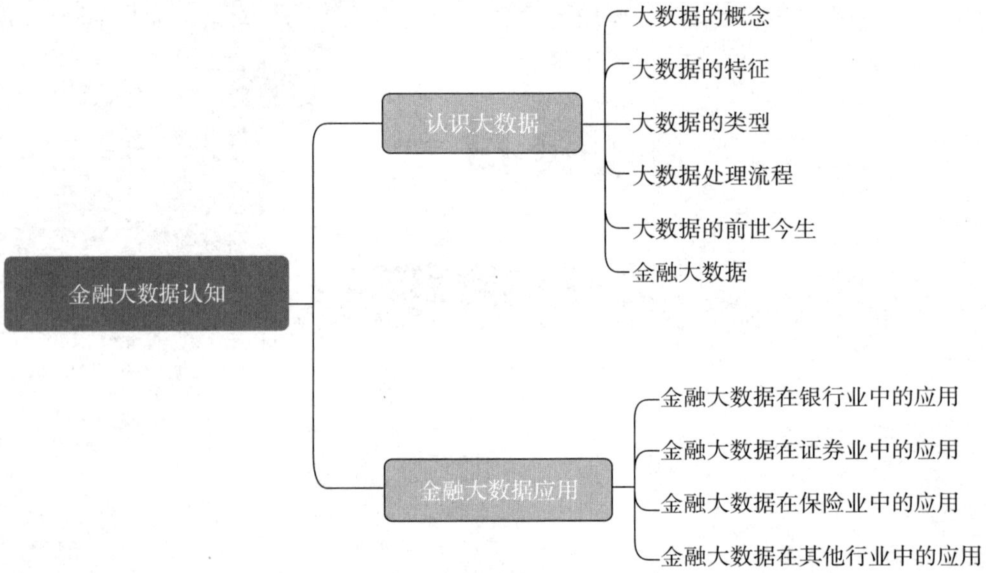
金融大数据认知
认识大数据
大数据的概念
大数据的特征
大数据的类型
大数据处理流程
大数据的前世今生
金融大数据
金融大数据应用
金融大数据在银行业中的应用
金融大数据在证券业中的应用
金融大数据在保险业中的应用
金融大数据在其他行业中的应用

任务一 认识大数据

知识目标

1. 了解大数据的含义和处理流程
2. 掌握金融大数据的内涵
3. 了解大数据的发展历程和趋势
4. 熟悉常见金融数据指标的含义

能力目标

1. 能够正确认识大数据的特征和地位
2. 能够进行大数据类型分析
3. 能够解读金融数据指标

素质目标

1. 培养尊重知识、崇尚科学技术的意识，培养大数据思维
2. 培养通过数据了解中国及世界的经济发展形势的意识，增强民族自信心和自豪感

知识链接

随着数字经济时代的到来，各种数据围绕在我们身边。大数据开启了一场重大的时代转型，就像望远镜让我们感受到宇宙，显微镜让我们观察微生物一样，大数据的收集、分析有助于我们更好地理解世界。基于互联网的大数据成为众多新发明和新服务的源泉，就像我们能够从中国近十年的发展数据中看到中国未来发展的动力和信心。那么到底什么是大数据？让我们走进大数据的世界一探究竟。

数据看中国

从发展数据读懂中国信心

一、大数据的概念

大数据（Big Data）概念是 1998 年由美国硅图公司（SGI）首席科学家约翰·马西（John Masey）在 USENIX 大会上提出的。他当时发表了一篇名为 *Big Data and the Next Wave of InfraStress* 的论

文，使用了大数据来描述数据爆炸的现象。但大数据真正得到业界关注，则是其后多年的事情了。人们在研究和应用大数据的过程中，对“大数据”给出了各自不同的定义。

维克托·迈尔-舍恩伯格和肯尼思·库克耶其编写的《大数据时代》中对“大数据”的定义为：不用随机分析法（抽样调查）这样的捷径，而采用对所有数据进行分析处理的方法。

麦肯锡全球研究院将“大数据”定义为：一种规模大到获取、存储、管理、分析方面大大超出了传统数据库软件工具能力范围的数据集合。

此外，还有一种对于大数据的定义：大数据是指无法在可承受的时间范围内用常规软件工具进行捕捉、管理和处理的数据集合，是需要新处理模式才能具有更强的决策力、洞察发现力和流程优化能力的海量的、高增长率和多样化的信息资产。这个概念是从大数据处理流程来看大数据。

大数据被认为是新型战略性资源，有助于实现对经济、社会发展的全面展现、精准预测和智慧决策。当前，对大数据的概念已经基本形成共识，尽管在某些细节上还存在一些争议。中华人民共和国原国家质量监督检验检疫总局和中国国家标准化管理委员会于 2017 年 12 月 29 日发布了《信息技术 大数据 术语》的国家标准（GB/T 35295—2017），并于 2018 年 7 月 1 日起正式实施。该标准指出，大数据是“具有体量巨大、来源多样、生成极快且多变等特征并且难以用传统数据体系结构有效处理的包含大量数据集的数据”。这种针对信息技术领域对大数据的界定，可以作为其他领域的重要参考。对政府机构统计而言，大数据通常被认为是采用多种数据收集方式、整合多种数据来源的数据，是采用现代信息技术和架构高速处理和挖掘、具有高度应用价值和决策支持功能的数据、方法及技术集成。

二、大数据的特征

（一）数据体量大

从字面意思来讲，Big Data 即海量数据，数据体量大是大数据的首要特征。数据量的大小是用计算机存储容量的单位来计算的，最小的单位是 bit。随着网络的发展，用户迫切地需要足够大的容量统计、分析以及预测大规模的数据。最开始的 MP3 时代仅仅只是 MB 级的存储，但是已经能满足很多用户的需求了。随着信息技术的高度发展，存储单位也慢慢地发生了演变。从 JB 存储到了 TB 存储，乃至现在有了 PB、EB 等存储。在这个数据爆炸的时代，用户所需要的数据越来越大，就需要有强大的数据处理技术来对庞大的信息进行统计、分析。如今，大数据是互联网行业必不可少的助力。例如：电商平台每天产生的订单，各个短视频 App、论坛、社区发布的帖子、评论及小视频，用户每天发送的电子邮件，以及上传的图片、视频与音乐等，这些无数个体产生的数据规模很庞大，数据体量已达到了 PB 级别以上，互联网公司对于日常运营中生成、累积的用户的网络行为数据要进行处理、统计、分析，从而满足不同用户的需求。

（二）数据流转速度快

随着互联网、物联网、移动互联应用技术的快速发展，数据量呈现出爆发性增长。同时，大数据的交换和传播主要是通过互联网和云计算等方式实现的，生产和传播数据的速度非常迅速。这就要求大数据处理系统具备高速的数据处理能力，能够在极短的时间内完成大量数据的分析、处理和提取。数据每时每刻都在产生，随着网络传输速率的不断攀升，从传统的百兆到千兆、万兆网络，移动网络也已经逐步升级到了 5G 时代，数据的产生和传输速度都越来越快。在这种情况下，谁的处理速度更快一些，那么谁就会更加有优势。

大数据流转速度快还体现在大数据需要实时或近实时的流式采集。这意味着数据一旦产生，就需要被立即捕获并处理，以满足实时分析的需求。这种流式采集方式可以确保数据的新鲜和价值，避免数据过期或失去意义。在互联网时代，人们越来越强调实时反馈，无论是在线看电影还是在线看直播、刷视频都要求低延时，这对于传输、存储、播放都有极高的要求。除此之外，企业也越来越依赖互联网，网上的实时交易、在线培训、社交等都与每个人息息相关，而这也意味着云计算平台和大数据平台担负着高质量的服务功能和需求满足的重任。在这样的大背景下，对于海量数据，无论是运营方还是服务商，谁能提供更快的处理速度，谁就能获得更多的用户和订单。

（三）数据多样性

正因为大数据拥有海量的数据，所以大数据的来源非常广泛，数据类型繁多就成为大数据的另一大特征。很多时候人们都觉得大数据离我们很远，但其实它就存在于我们的身边，我们每个人都是数据的制造者。例如：我们在抖音、淘宝以及今日头条等平台的浏览、操作等行为，都会被记录下来，平台通过对用户数据的分析，利用大数据技术收集用户的喜好，从而根据用户的喜好向其推荐喜欢的东西。这就是我们身边的大数据应用。

数据多样性主要体现在数据种类的多样性。数据包括文字、图片、视频、语音、地图定位信息、网络日志信息等，多类型的数据对数据的存储和处理能力都提出了更高的要求。多样化的数据形式决定了大数据的更高价值。

（四）价值密度低

随着物联网的广泛应用，由于人们需要从海量的数据中提取有用信息，因此对于大数据的机器学习（包括深度学习）算法可以发挥巨大作用。大数据最大的价值在于从大量不相关的各种类型的数据中，挖掘出对未来趋势与模式预测分析有价值的数据，并通过机器学习、人工智能或数据挖掘方法深度分析，发现新规律和新知识。大数据价值密度的高低与数据总量的大小成反比。以视频为例，在连续不间断的监控中，有用数据可能仅有一两秒。对于原始零散、复杂多样的数据，甚至是噪声数据，需要经过价值“提纯”，才能提取信息、获取知识。

（五）真实性要求高

海量的数据来自真实世界，与真实世界存在千丝万缕的关系，大数据提供的信息存在一定的准确性和可信度。但是大数据中也存在大量的噪声数据、错误数据和不准确的数据。因此，在处理大数据时，需要对数据进行清洗、验证和校正，以确保数据的真实性和可靠性。

学中做

芝麻信用分（见图 1-1）是由哪几个部分组成的？每个部分的数据分别来自人的哪些行为？

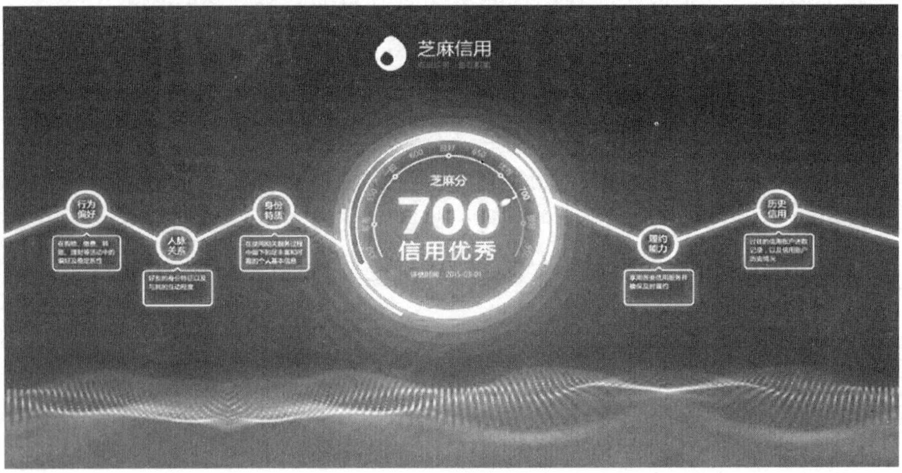

图 1-1　芝麻信用分

三、大数据的类型

大数据的类型繁多，包括网络日志、音频、视频、图片、地理位置等。根据存储、处理能力和数量等因素，可将海量的数据分为合适的类别。根据海量数据的特性和性质，大数据分为三类：结构化数据、非结构化数据和半结构化数据。

（一）结构化数据

结构化数据（Structured Data）是指以严格的数据模型进行组织和存储的数据，其形式复杂但有规律，如关系型数据库中的数据、电子表格中的数据等。结构化数据的特点是易于存储、处理和分析，对于企业决策和业务处理能够起到重要作用。由于结构化数据采用类似的格式，因此企业不仅可以通过执行、分析来获得最大的收益，还可以从结构化数据中提取数据驱动决策支持。

（二）非结构化数据

非结构化数据（Unstructured Data）是指没有明确结构的数据，以文档文本、图片、音频等形式存在。非结构化数据的特点是信息量大、多样性高，但难以处理和分析，如社交媒体上的评论、照片中的标签等。近年来，随着自然语言处理和图像识别等技术的发展，对非结构化数据的分析成了一个热门的领域，为企业提供了更多洞察信息。处理非结构化数据并对其进行分析以获取数据驱动的答案是一项艰巨的任务，因为这些数据来自不同类别，将它们放在一起只会使情况变得复杂。

（三）半结构化数据

半结构化数据（Semi-structured Data）是介于结构化数据和非结构化数据之间的一种数据形式。它具有一定的结构，但不像结构化数据那样严格按照预定模型组织，如XML文件、JSON格式的数据等。半结构化数据的特点是能够存储复杂的数据关联关系，同时兼具一定的灵活性。Web应用程序数据是半结构化数据的典型示例。半结构化数据是一种模糊不定的数据，没有明确的结构和格式，通常由句子、段落、文件、图片等构成，文本是最常见的代表，如新闻文章、博客等，这种数据需要用自然语言处理技术来进行分析。它比结构化数据复杂，在数据挖掘中具有更大的价值，目前常用深度学习模型进行分析、处理。

四、大数据处理流程

大数据处理是指面对类型复杂的海量数据，使用非传统的工具进行数据采集、数据清洗、数据存储、数据分析与可视化，从而获得分析和预测结果的一系列过程。

（一）数据采集

数据采集是大数据处理的第一步，也是最重要的一步。数据采集的目的是从各种数据源中获取数据，包括传感器、社交媒体、网站、移动设备等。数据采集的方式有多种，包括爬虫、API、日志、传感器等。爬虫是一种常用的数据采集方式，通过模拟浏览器访问网站，获取网站上的数据。API是一种开放接口，用户可以通过API获取数据。日志是记录系统运行状态的文件，用户可以通过分析日志获取数据。传感器是一种用于采集环境数据的设备，用户可以通过传感器获取温度、湿度、光照等数据。在数据采集的过程中要注意很多问题，合理的采集策略和规范流程可以保证采集到的数据的质量和安全性。

（二）数据清洗

由于通过不同数据源采集到的数据的结构各不相同，数据值易缺失、冲突，因此在使用之前需要对收集到的数据进行程序清洗或人工清洗。数据清洗是指对数据进行去重、去噪、填充缺失值、转换数据类型等操作，以保证数据的质量和准确性。在数据清洗的过程中，需要使用一些算法或技术，如数据挖掘、机器学习、自然语言处理等。清洗后的数据可以大大提升准确性和可用性，以便支撑后续数据存储、分析、可视化等进一步应用。

（三）数据存储

数据采集后，需要将数据存储起来。数据存储的方式有多种，包括关系型数据库、非关系型数据库、分布式文件系统等。关系型数据库是一种基于表格的数据库，可以通过 SQL 语言进行操作。非关系型数据库是一种不基于表格的数据库，可以存储半结构化和非结构化数据。分布式文件系统是一种分布式存储系统，可以将数据分散存储在多个节点上，提高数据的可靠性和可扩展性。

（四）数据分析与可视化

大数据处理的核心是数据分析。数据分析的目标是提取有价值的信息和知识，以支持业务决策和行动。大数据分析技术主要包括已有数据的统计分析以及未知数据的挖掘和深度学习。统计分析可由数据预处理完成，挖掘和深度学习则通过各类大数据模型完成，如聚类分析、关联分析、神经网络模型等，通过挖掘大数据集合中的数据相关性，可形成对事物的描述模式或属性规则，还可通过构建机器学习模型和海量训练数据提升数据分析与预测的准确性。数据可视化是大数据技术在各行业应用中的关键环节。通过直观图像反映出的数据各维度指标的变化趋势，可以为用户分析、监控和挖掘数据价值提供支撑。

五、大数据的前世今生

（一）大数据的起源

20 世纪 60 年代，美国政府机构应用计算机收集信息并自动处理情报。但当时的计算机还比较原始，数据的规模和处理能力都非常有限。20 世纪 70 年代，IBM 公司研究员首次提出数据库的关系模型的概念。随着计算机技术的不断发展，数据的规模和处理能力得到了显著的提高。多数学者认为大数据的概念出现于 1998 年，美国硅图公司（SGI）首席科学家约翰·马西在一个国际会议的报告中用“Big Data”来描述数据量快速增长带来的挑战。21 世纪初期，随着互联网的普及和智能手机的发展，越来越多的数据产生了。这些数据涵盖了各种各样的信息，如文本、音频、视频、图像等。由于数据的规模和种类的爆炸式增长使得传统的数据处理方法已经无法胜任，因此大数据处理技术应运而生。

（二）大数据的发展历程

1. 第一阶段

在大数据发展的第一阶段，主要的技术手段是分布式存储和处理技术。Hadoop 是其中最著名的开源分布式存储和处理框架，它是由 Apache 基金会开发的。Hadoop 使用 Hadoop 分布式文件系统（HDFS）存储海量数据，并使用 MapReduce 处理数据。这种技术可以让数据在多个计算节点之间分布式存储和处理，从而加快数据的处理速度和可靠性。

2. 第二阶段

在大数据发展的第二阶段，出现了更多的开源分布式存储和处理框架，如 Spark 和 Storm。Spark 是一种基于内存计算的大数据并行计算框架，它使用弹性分布式数据集（Resilient Distributed Datasets，RDD）作为基本数据结构，具有极快的计算速度和高效的内存管理能力。Storm 是一个分布式实时大数据处理框架，可以实时处理流式数据。

3. 第三阶段

在大数据发展的第三阶段，随着机器学习和人工智能的发展，大数据处理技术也开始融合这些技术。这个阶段的主要技术手段包括深度学习、自然语言处理、图像处理等。这些技术可以让大数据处理更加智能化和自动化，从而为企业和个人提供更多的价值。

（三）大数据技术发展面临的挑战

1. 隐私和安全问题

随着数据的规模和种类不断增加，数据隐私和安全问题更加凸显。大数据的应用需要保证数据的隐私和安全，否则可能会造成用户的隐私泄露和安全风险。因此，数据隐私和安全问题是大数据发展中必须解决的重要问题之一。未来，数据隐私保护和安全技术将更加注重数据加密、数据脱敏、数据权限管理等方面的应用，以保障大数据处理过程中的数据隐私和安全。

大数据的共享和开放是未来大数据发展的重要趋势之一。数据共享和开放有助于不同领域的数据得到更好的利用和共享。同时，相关部门需要制定相应的政策和标准，以保证数据的安全性和合法性。

2. 数据可视化与数据质量问题

数据质量问题是大数据分析技术应用中的难点。由于数据来源的多样性和数据质量的不确定性，大数据中常常存在错误以及不一致、不完整等问题。这些问题会影响数据分析的准确性和可信度。但是，数据可视化和交互技术可以将复杂的大数据呈现出来，从而使用户更加容易地理解和分析数据。数据可视化和交互技术可以将数据转化为图形化、动态化、交互式的形式，从而使数据更加直观、易于理解和操作，帮助解决部分数据质量问题。

3. 技术问题

随着人工智能和机器学习技术的不断发展，大数据处理技术将更加智能化和自动化。人工智能和机器学习技术通过对大数据的深度分析和挖掘，发现数据背后的规律和模式，可以用于智能决策、智能推荐等。云计算可以提供更强的存储和计算能力，使得用户能够更好地处理大规模数据。边缘计算是一种计算模式，目的在于将数据处理和分析的位置从远程集中的数据中心或云迁移到靠近数据来源的用户设备或传感器附近，从而使用户可以更快速地处理和分析数据。这些技术的不断发展和应用将推动大数据处理技术向更高效、更智能的方向发展。

大数据处理技术的开发和运维成本很高，用户需要投入大量的人力、物力和财力。同时，随着技术的不断更新和发展，用户需要不断地投入更多的资源来跟进。这也是大数据处理面临的一个重大挑战。

4. 法律和政策问题

随着大数据的广泛应用，法律和政策问题也变得越来越严峻。例如：如何保护用户的隐私、如何管理数据的所有权、如何处理数据跨境传输等，这些都是需要解决的问题。因此，制定相关的法律和政策成为大数据发展中的重要任务之一。

大数据技术的发展和应用，正在对各个领域的发展产生深刻的影响。大数据技术不仅能够帮助我们更好地理解和利用数据，而且可以推动科学技术的发展和社会进步的实现。随着大数据技术的不断发展和应用，我们相信它将为人类创造更美好的未来。

六、金融大数据

金融大数据是指通过收集、存储、处理和分析大量的金融数据，从中提取有价值的信息，以支持金融机构的决策和业务发展。随着技术的进步和大数据规模的日益增长，金融大数据在金融领域的应用越来越广泛、覆盖范围也越来越大。它包含与金融互动相关的一切结构化数据和非结构化数据。从宏观、中观和微观的维度来看，可以将金融大数据分为宏观数据、行业数据、上市公司数据、金融行业内部数据、金融产品相关数据以及其他数据。下文重点介绍金融行业内部数据和其他数据。

（一）金融行业内部数据

金融行业内部数据，即业内数据，是指金融行业内部能够获取的数据，主要包括客户信息数据、交易信息数据以及资产和负债信息数据三类。

1. 客户信息数据

客户信息数据，又称基础数据，是客户资源管理中重要的组成部分，主要是描述客户自身特点的数据。客户信息数据分为个人客户信息数据和企业客户信息数据。

个人客户信息数据包括个人姓名、性别、年龄、身份信息、联系方式、个人爱好、生活、城市、家庭地址、职业、收入、工作地点、所属行业、社会关系、婚姻状况、子女信息、教育情况、工作经历、工作技能、账户信息等。

企业客户信息数据包括企业全称、注册资本、所属行业、企业规模、企业地点、主营业务、法人信息、关联企业、销售金额、账户信息、分公司情况、客户和供应商、产品信息、信用评价等。

金融业的信息来源于多个系统，主要包括客户管理系统、信贷管理系统、核心金融业务系统、贸易系统、保付代理系统、融资管理系统、信用卡系统等。金融企业将这些割裂的数据整合到大数据平台而形成全面数据系统。金融企业对所有客户数据进行汇总，按照自身需要进行归类和添加数据标签。由于这些数据都是结构化数据，因此，这样的数据整合有利于对数据的深度分析。

金融企业将这些客户信息全部整合到大数据管理平台中，根据交易情况，对客户进行分类。不同类型的客户的需求不同，金融企业会根据需求进行产品开发。例如：金融企业依据客户年龄、职业、收入、资产等，针对部分群体推出信用消费、抵押贷款、教育储蓄、投资产品、养老产品等，为客户提供不同阶段的金融服务。利用大数据管理平台，金融企业也可以检验已有产品的占有率、推广效果，同时收集客户的产品需求。没有大数据进行深入分析之前，金融企业的产品开发主要依赖于产品经理的自身能力和风险偏好，或者模仿同行业其他竞争对手的产品。借助大数据的分析，管理层可以根据客户需求决定推出何种产品，针对这类特定用户进行推广，降低了营销费用，有利于降低风险。可见，客户信息数据主要用于精准营销、产品设计、产品反馈、降低风险等。

2. 交易信息数据

交易信息，又称支付信息，是指客户通过渠道发生的交易以及现金流信息。交易信息分为个人客户交易信息和企业客户交易信息。

个人客户交易信息包括工资收入、其他收入、个人消费、公共事业缴费、信贷还款、转账交易、委托扣款、购买理财产品、购买保险产品等。

企业客户交易信息包括供应链应收款项、供应链应付款项、企业运营支出、员工工资、理财产品买卖、外汇产品买卖、金融衍生产品购买、与分公司之间交易、与总公司之间交易、税金支出、公共事业费用支出、其他转账等。

这些信息大多存在于金融企业的渠道系统中，如网上金融企业、借记卡系统、信用卡系统、保付代理系统、核心金融业务系统、保险销售平台、外汇交易系统、贸易系统等。这些交易数据量庞大，金融企业只有借助大数据技术进行分析，才能形成全局数据、整体数据。

金融企业可以充分利用这些数据，提高企业的服务水平。首先，金融企业可以对个人消费行为进行分析，针对这些行为特征开发产品，提供金融服务。其次，金融企业可以利用这些数据提供供应链金融服务，建立自己的产品交易生态圈。再次，金融企业可以依据交易数据为企业提供贸易融资或设备融资服务。最后，金融企业可以利用数据对信贷企业进行信用评价，并且通过交易数据进行风险管理，提前介入风险事件，降低债务违约风险。

由于交易信息数据量庞大，金融企业在使用之前，需要进行数据分类和整理，以便根据自身的商业需求，进行有效的数据收集和使用。

3. 资产和负债信息数据

资产和负债信息既包括客户在金融企业端的资产和负债信息，也包含金融企业自身的资产和负债信息。

个人客户资产和负债信息包括购买的理财产品、定期存款、活期存款、信用贷款、抵押贷款、信用卡负债、抵押房产、企业年金等。

企业客户资产和负债信息包括企业定期存款、活期存款、信用贷款、抵押贷款、担保贷款、应收账款、应付账款、理财产品、票据、债券、固定资产等。

金融企业自身的资产和负债信息包括活期存款、定期存款、借入负债、结算负债、现金资产、固定资产、贷款、证券投资等。

资产和负债信息的数据来源主要是核心金融业务系统和总账系统。通过资产数据的集中整合，金融企业可以快速地对个人客户或企业客户进行有效的风险评估和风险管理，提升客户体验，并结合现金流往来数据、资产交易数据、供应链往来数据等，为客户提供定制的理财产品或贷款产品。资产和负债信息数据可以用于金融企业构建完整的风险视图，帮助金融企业进行有效的风险管理。金融企业也可以利用自身资产和负债信息来提高资金利用率；通过调整资产负债比例，降低资金成本，提高资本收益。金融企业还可以对客户及其自身资产和负债配置信息进行进一步分析，通过调整产品来解决存款和贷款之间的时间匹配问题，降低资金链的流动性风险，提高资金利用效率。资产和负债信息主要用于金融企业自身风险管理和资本效率提升，同时也可以帮助金融企业通过产品推广合理调整资产负债结构，提高自身盈利能力、偿债能力和运营能力等。

（二）其他数据

1. 行为数据

行为数据是指客户在互联网上的行为数据，包括 App 应用上的点击数据、社交媒体和社交网络数据、电商平台的消费数据等。

金融企业可以购买这类行为数据，借助消费者的行为数据来完善自己的大数据分析系统。行为数据作为补充数据，可以为金融企业的数据营销、产品设计、数据反馈、风险管理等提供数据支持。但是，值得金融企业引起重视的是行为数据可能涉及消费者的个人隐私，因此，金融企业在购买此类数据时最好能与数据拥有者达成一致意见，并得到客户的授权。

2. 位置数据

位置数据是指金融企业客户使用的移动设备位置信息、客户自己所处的地理空间数据、多频率的位置往返数据等。

金融企业可以利用位置数据进行精准营销，结合不同的商家推出具有针对性的优惠服务。金融企业之间也可以利用位置数据，提供同行理财产品介绍会，或针对特殊人群的财富管理会议。金融企业还可以利用位置数据，为新增网点或者撤销网点提供决策支持等。

3. 供应链数据

供应链数据是指企业同上游和下游企业之间的商品或货物的交易信息。由于金融企业自身条件的限制、供应链的信息不完全，无法完全支撑企业的供应链金融服务，因此，金融企业需要和具有供应链数据的企业合作。

总之，金融企业在实施大数据战略时，应当先了解企业内部的数据需求，进行内部数据的收集、整理之后，明确需要的外部数据及内外数据整合的方式。只有这样，金融企业才能充分利用大数据分析满足市场需求，完善消费者体验，为企业管理层的有效决策提供依据。

课程融通

一、宏观数据

（一）国民经济总体指标

1. 国内生产总值

国内生产总值（GDP）是指一个国家或地区所有常住单位在一定时期内生产活动的最终成果，反映一国的经济活力。国内生产总值被公认为是衡量国家经济状况的最佳指标。

视频

《国家统计年鉴（2020）》中关于国民经济核算中GDP的解释

2. 社会消费品零售总额

社会消费品零售总额是指企业（单位、个体经营户）通过交易直接售给个人、社会集团非生产、非经营用的实物商品金额，以及提供餐饮服务所取得的收入金额。消费一直是中国经济增长的“稳定器”，社会消费品零售总额的适度增长有利于形成居民需求扩大和供给结构优化的良性循环。

3. 固定资产投资

固定资产投资是以货币形式表现的在一定时期内建造和购置固定资产的工作量以及与此有关的费用的总称。固定资产投资包括房产、建筑物、机器、机械、运输工具，以及企业用于基本建设、更新改造、大修理和其他固定资产投资等。国家统计局按月公布全国固定资产投资数据。

4. 进出口总额

进出口总额，又称货物进出口总额，是指以货币表示的一定时期内一国或地区实际进出口商品的总金额，即同一时期货物进口总额与出口总额之和。进出口总额用于观察国家对外贸易的总规模，是除投资以外，经济增速波动的重要影响因素。其中，出口货物按离岸价格统计，进口货物按到岸价格统计。

5. 工业增加值

工业增加值是指工业企业一定时期内以货币形式表现的从事工业生产活动的最终成果，是工业企业生产过程中新增加的价值。

6. 制造业采购经理人指数

制造业采购经理人指数（PMI）是衡量一个国家制造业的“体检表”，是通过对样本企业采购经理人的调查结果统计汇总、编制而成的月度综合性指数，涵盖企业采购、生产、流通等各个环节，能够及时反映一个国家或地区经济运行的景气状况。该值大于50，说明经济在缓慢上升；该值小于50，则说明经济在慢慢走向衰退。

7. 人口数

人口数是指一定时点、一定地区范围内有生命的个人总和。年度统计的年末人口数是指每年12月31日24时的人口数，范围包括香港特别行政区、澳门特别行政区和台湾地区以及海外华侨人数。

视频

2020年世界人口状况报告

8. 失业率

失业率是指劳动力人口中失业人数所占的百分比，是反映劳动市场供需状况的重要指标。在美国，该指标按月度发布，是市场上最为敏感的月度经济指标之一。值得注意的是，通常所说的充分就业是指劳动力的充分利用，但不是完全利用。在实际的经济生活中不可能达到失业率为零的状态。在充分就业情况下也会存在部分“正常”的失业，如由于劳动力结构不能适应经济发展对劳动力的需求变动所引起的结构性失业。

视频

2023年就业形势总体稳定，重点群体就业持续改善

9. 国际收支

国际收支是指在一定时期内一国居民与非居民之间发生的全部经济交易的记录，分为经常账户以及资本和金额账户两个大类。其中，经常账户包括货物贸易、服务贸易、投资收益等初次收入以及转移支付等二次收入；我国国际收支平衡表的资本和金融账户中，还区分了非储备性质的金融账户（含直接投资、证券投资、金融衍生工具、其他投资）和储备资产。按照国际标准，国际收支平衡表采用会计复式记账法记录，存在“有借必有贷，借贷必相等”的平衡关系。

10. 财政收入和支出

财政收入是指国家财政参与社会产品分配所取得的收入，主要包括各项税收、专项收入、其他收入和国有企业计划亏损补贴。财政支出包括经常性支出和资本性支出。经常性支出包括政府日常性支出、公共消费产品的购买、经常性转移支付等；资本性支出包括基础设施建设投资、政府储备物资的购买等。

视频

2024年1月PPI环比、同比降幅均收窄

（二）物价水平指标

1. 工业生产者出厂价格指数（PPI）

工业生产者出厂价格是工业企业产品第一次出售时的价格，是商业企业、物资部门

制定批发价格、零售价格和物资供应价格的基础。

工业生产者出厂价格指数是指一定时期内全部工业产品第一次出售时的出厂价格总水平的变动趋势和变动幅度的相对数。通过该指数能观察出厂价格变动对工业总产值和对消费物价的影响。

PPI 调查分类及主要产品目录（简称调查目录）包含了 41 个工业行业大类（实际调查 40 个工业行业大类）、207 个工业行业中类、666 个工业行业小类、1 310 个基本分类。PPI 调查目录由国家统计局制定，各地可根据实际情况对产品、规格品进行补充。

与工业生产者出厂价格指数相对应的是工业生产者购进价格指数，是反映工业企业作为生产投入，而从物资交易市场购买原材料、燃料时支付的价格水平变动趋势的指标。

2. 居民消费价格指数（CPI）

居民消费价格指数是综合反映一定时期内居民消费的商品和服务价格水平总体变动情况的相对数，通常按月度进行统计公布。

通过该指数可以观察和分析货币购买力的变化。居民消费价格指数的倒数就是货币购买力指数。当 CPI 上涨时，代表货币购买力下降；反之则上升。

货币购买力是指单位货币能够购买到的消费品和服务的数量。

（三）金融指标

1. 利率

利率是借贷期内所形成的利息额与借贷资金额（本金）的比率。利率反映的是信用关系中债务人使用资金的代价，也是债权人出让资金使用权的报酬。

利率主要包括存款利率、贷款利率、贷款市场报价利率、再贴现利率、同业拆借利率等。其中，再贴现利率和同业拆借利率是基准利率，也是中国人民银行行之有效的货币政策工具。

（1）存贷款利率：包括金融机构对客户的存贷款利率、中国人民银行对金融机构的存贷款利率、优惠贷款利率。

（2）贷款市场报价利率（LPR）：是指各报价行根据其对最优质客户执行的贷款利率，按照公开市场操作利率加点形成的方式报价，由中国人民银行授权全国银行间同业拆借中心计算得出并发布的利率。各银行实际发放的贷款利率都是在它之上加减点确定。目前，LPR 包括 1 年期和 5 年期以上两个期限品种。

视频

什么是 LPR

（3）再贴现利率：办理贴现业务时，银行向客户收取的利息或折扣，其对应的比率即贴现率。再贴现利率是商业银行由于资金周转的需要，以未到期的商业票据向中央银行再贴现时所适用的利率。

（4）同业拆借利率：指银行同业之间的短期资金借贷利率，包括拆出利率和拆入利率。同业拆借利率中大量使用的利率是伦敦同业拆借利率（LIBOR），在我国使用的主要是上海银行间同业拆借利率（SHIBOR）。

2. 货币供应量

货币供应量是全社会的货币存量，是某一时点承担流通手段和支付手段的金融工具总和。

1994年，中国人民银行首次将中国的货币供应量分为M0、M1、M2三个层次。此后，货币供应量的口径经过多次修订。当前，中国货币供应量层次如下：

M0＝流通中现金

M1＝M0＋单位活期存款

M2＝M1＋单位定期存款＋个人存款＋其他存款

从流动性来看，M0与消费密切相关，流动性最强；M1反映居民和企业资金松紧变化，是经济周期波动的先行指标，流动性仅次于M0；M2的流动性最差，但反映的是社会总需求的变化和未来通货膨胀的压力状况。

3. 社会融资规模

社会融资规模是指一定时期内（月末、季末或年末）实体经济从金融体系获得的资金总额。社会融资规模主要包括人民币贷款、外币贷款（折合人民币）、委托贷款、信托贷款、未贴现的银行承兑汇票、企业债券、地方政府专项债券、非金融企业境内股票融资、投资性房地产、保险公司赔偿等。它是衡量金融对实体经济资金支持的指标。

4. 人民币存贷款余额

人民币存款（贷款）余额是指银行和其他金融机构截至某一时间点，以人民币存款金额（贷款金额）的总和。

人民币存款余额包括储蓄和对公的活期存款、定期存款、存放同业及存放中央银行等的人民币存款之和。

人民币贷款余额包括企业贷款、工业和服务业中长期贷款、农业贷款及房地产贷款等。

5. 汇率

汇率是外汇市场上本国货币与他国货币相互交换的比率。汇率变动是国际市场商品和货币供求关系的综合反映。

（1）当汇率升高时，本币贬值，国外的本币持有人就会抛出本币或者加快国内市场的商品购进速度。对于国内来说，一方面是流回国内的本币增多，另一方面是从国内流出的商品增多，导致出口量扩大，这就导致了国内需求的扩大和国内供给的减少。

（2）当汇率下降时，本币升值，国外对本币的需求增大以及流出增加，对国内的进口减少，这就使国内需求减少和国内供给增加。

视频

2023年12月末外汇储备规模数据

6. 外汇储备

外汇储备是国际储备的一种，是一国对外债券的总和，用于偿还外债、支付进口贷款等。我国的国际储备除了外汇储备外，还包括黄金储备、特别提款权和在国际货币基金组织的储备头寸。

当国际收支出现顺差时，流入国内的外汇量大于流出量，外汇储备就会增加；反之，则减少。

二、行业数据

（一）行业通用指标

行业通用指标是指大多数行业的经营活动中都涉及的、含义共通的指标。

1. 总产值

总产值是生产单位、生产部门、地区或整个行业在一定时期内所生产的全部产品的价值，是劳动成果价值量的表现，是综合反映一定范围内生产总规模的指标。

2. 行业发展指数

行业发展指数是衡量某一个行业发展程度的数据指标，是对某一个行业的综合评估所得出的数据。行业发展指数越高，代表该行业发展潜力越大、势态越好。

3. 市场规模

市场规模即市场容量，主要研究目标产品或行业产量、产值等。从企业的角度来看，市场规模还有另一层含义，即市场所能消费产品的数量。

4. 行业集中度

行业集中度是指某行业在相关市场内前N家最大的企业所占市场份额的总和，是对整个行业的市场结构集中程度的测量指标。行业集中度的数值越大，表明市场越集中。

5. 行业利润增长率

行业利润增长率是指行业年利润增长额与上年行业利润总额的比率，有时也用净利润计算。该指标越大，表明行业的成长性越好。

（二）行业特有指标

除行业通用指标之外，各行业由于业务差别，形成许多特有指标。下面以金融行业为例，介绍金融行业中最具代表性的证券业、银行业和保险业的部分常用指标。

1. 证券业

（1）总市值。总市值是指在某特定时间内总股本数乘以当时股价得出的股票总价值。沪市所有股票的市值合计，为沪市总市值；深市所有股票的市值合计，为深市总市值。

（2）总成交额。总成交额是指在某特定时期，每笔成交的价格乘以成交数量得出的成交总金额。沪市所有股票的成交额合计，为沪市总成交额；深市所有股票的成交额合计，为深市总成交额。

2. 银行业

（1）不良贷款率。在评估银行贷款质量时，将贷款按风险程度分为正常、关注、次级、可疑和损失五类，其中后三类合称为不良贷款。金融机构不良贷款占总贷款余额的比重称为不良贷款率。

（2）拨备覆盖率。拨备覆盖率，又称拨备充足率，是银行贷款可能发生的呆账、坏账准备金的使用比率。不良贷款拨备覆盖率常用于衡量商业银行贷款损失准备金计提是否充足。

（3）资本充足率。资本充足率是一个银行的资本总额与加权风险资产总额的比例。资本充足率反映了商业银行在存款人和债权人的资产遭到损失之前，该银行能以自有资本承担损失的程度。

3. 保险业

（1）保费收入。保费收入是保险公司为履行保险合同规定的义务而向投保人收取的对价收入，既是保险公司最主要的资金流入渠道，也是保险人履行保险责任的主要资金来源。

（2）原保费收入。原保费收入是指被保险人和保险人直接签订保险合同所获得的保费收入，主要用于区分再保险保费收入。

（3）赔款及给付额。赔款及给付额是保险人根据保险合同的规定，向被保险人（或受益人）支付的赔偿保险责任损失的金额、死伤医疗给付金额或满期给付金额。

（4）保险业资产总额。保险业资产总额是指某时点保险行业中所有保险公司经营的资产总额，主要包括银行存款、国债投资、金融债券投资、证券投资、基金投资、房地产投资等。

三、上市公司数据

（一）基本信息数据

上市公司基本信息数据主要包括公司概况、股本股东信息等。

公司概况包括公司注册的信息，公司高级管理人员的任职情况、持股及变动情况、年度报酬及历年分红等。通过公司概况可以了解上市公司的基本信息。

股本股东信息包括上市公司依法定期披露的股本结构、十大股东、十大流通股东、股东人数、基金持股、限售解禁、股权质押等。通过股本股东信息可以了解上市公司股本股东的变动情况。

（二）财务数据

财务数据主要来源于资产负债表、利润表、现金流量表。三大会计报表向投资者提供了上市公司资产负债结构、盈利能力、现金流动情况等方面的信息。

1. 资产负债表

资产负债表是反映企业在某一特定日期（如月末、季末、年末）全部资产、负债和所有者权益情况的会计报表，是企业经营活动的静态体现，根据“资产＝负债＋所有者权益”这一平衡公式，依照一定的分类标准和一定的次序，将某特定日期的资产、负债、所有者权益的具体项目予以适当地排列编制而成。

2. 利润表

利润表是一定会计期间经营成果的动态报表，可以反映企业的收入和费用等情况，提供有关企业经营成果的信息。

3. 现金流量表

现金流量表，又称账务状况变动表，反映的是在某一固定期间（通常是每月或每季度）内，一家公司的现金（包含现金等价物）的增减变动情形。现金流量按来源可分为三类：经营活动产生的现金流量、投资活动产生的现金流量和筹资活动产生的现金流量。

4. 三大财务报表横向比较

三大财务报表从不同角度描绘了公司经营情况，三者相互联系、互为补充（见表1-1）。

表1-1 三大财务报表的横向比较

项目	资产负债表	利润表	现金流量表
时间	某个时间点	一段时期内	一段时期内
目的	财务状况	盈利能力	现金流动情况
指标	资产、负债、股东权益	收入、费用、盈利能力	现金的增加和减少
起于	现金余额	收入	净利润
止于	留存收益	净利润	现金余额

（三）交易行情数据

上市公司的股票价格按照股票交易数据展示的频率，可以分为中低频数据、高频数据。

根据时间粒度的粗细，中低频数据可以分为分钟数据、日数据、周数据、月数据、年度数据等。高频数据分为Level-1行情数据和Level-2行情数据。

(1) Level-1行情数据：包含成交数据和订单队列数据。该数据提供了逐笔成交数据、5档价位上的委托量和委买委卖价格、委托买卖总量、加权平均委买委卖价格、累计成交量和累计成交金额等。

(2) Level-2行情数据：包含成交数据和订单队列数据。该数据提供了逐笔成交的数据、10档价位上的委托量和委买委卖价格、委托买卖总量、加权平均委买委卖价格、累计成交量、累计成交金额、逐笔成交明细数据，以及买卖双方的累计撤单笔数、数量和金额等。

（四）公司公告数据

公司公告数据主要包括上市公司发布的公司公告、交易信息、业绩预告、业绩快报和产销快报等。投资者通过公司公告可以了解上市公司经营及决策信息。

(1) 公司公告：主要包括股东增减持、高管增减持、并购重组、高管变动等。

(2) 交易信息：主要包括上市公司应依法披露的融资融券、大宗交易、分红扩股、股东会等。

(3) 业绩预告：预先告知股东上年度的业绩范围及企业经营总体状况。

(4) 业绩快报：为了提高信息披露的及时性和公平性，上市公司在会计期间（年度）结束后、定期（年度）报告公告前初步披露未经注册会计师审计的主要会计数据和经营指标。主要内容包括当年及上年同期主营业务收入、主营业务利润、利润总额、净利润、总资产、净资产、每股收益、净资产收益率等数据和指标，同时披露比上年同期增减变动的百分比，对变动幅度超过30%的项目，公司还应当说明原因。

(5) 产销快报：公司产量和销量报告。

四、金融产品相关数据

（一）银行贷款产品及相关指标

银行贷款产品按担保方式可以分为信用贷款产品、抵押贷款产品。

1. 信用贷款产品

信用贷款是指以借款人的信誉发放，无须借款人提供抵押品或第三方担保的贷款，如中国建设银行的“云税贷”、微众银行的“微粒贷”等。

（1）信用贷款产品利率。信用贷款产品利率是指借款人为取得货币资金的使用权而支付给银行的价格与本金之间的比率。

贷款期限在1年以内的通常实行合同利率；贷款期限在1年以上的，既可基于商业原则按月、季、年调整，也可采用固定利率的方式。

（2）信用贷款产品期限。信用贷款产品期限是指从贷款产品发放到约定的最后还款或清偿的期限。贷款人在向贷款银行申请并获得批准的情况下，可延长贷款期限，这种行为称为“展期”。

2. 抵押贷款产品

抵押贷款是要求借款方提供一定的抵押品作为贷款的担保，以降低贷款到期无法偿还的风险。由于抵押贷款通常期限较长，因此投资者除关注贷款利率外，还要注意还款方式。

抵押贷款产品的还款方式主要有到期一次还本付息、等额本息、等额本金三类。

（二）股票及相关指标

股票是股份公司的所有权的一部分，也是发行的所有权凭证，是股份公司为筹集资金而发行给各股东作为持股凭证的一种有价证券。

股票一经发行，股票投资者即成为公司的股东。股票实质上代表了股东对股份公司的所有权，股东凭借股票可以获得公司的股息和红利，参加股东大会并行使自己的权利，同时也承担相应的责任与风险。

1. 股票的价值

（1）面值。有面额股票的票面价值是指在股票票面上标明的金额，又称面值。如果以面值作为发行价，称为平价发行；如果发行价格高于面值，称为溢价发行。随着时间的推移，公司的净资产必然会发生变化，股票面值与每股净资产逐渐背离，与股票的投资价值之间也没有必然的联系。

（2）账面价值。股票账面价值，又称股票净值或每股净资产，在没有优先股的条件下，每股账面价值等于公司净资产除以发行在外的普通股票的股数。

通常情况下，股票账面价值并不等于股票的市场价格。会计价值通常反映的是历史成本或者按某种规则计算的公允价值，并不等于公司资产的实际价格。账面价值并不反映公司的未来发展前景。

2. 股票的量价信息

（1）市盈率。市盈率是指股票价格除以每股收益（EPS）的比率，也可以以公司总市值除以净利润来计算。它是股票估值最常用的指标之一，用来评估股价水平是否合理。

(2) 市净率。市净率是指每股股价与每股净资产的比率，也是股票投资分析中的重要指标之一。

对于投资者来说，市净率越低的股票，其风险系数越小。而在熊市中，市净率能够体现股价的安全边际。

(三) 债券及相关指标

债券是一种有价证券，是社会各类经济主体为筹集资金而向债券投资者出具的、承诺按一定利率定期支付利息并到期偿还本金的债权债务凭证。

债券和股票均为有价证券，是用来证明券票持有人享有的某种特定权益的法律凭证。债券的开盘价、最高价、最低价、成交量、成交额与股票类似。

1. 债券的计息方式

固定利率是指在发行时规定票面利率在整个偿还期内不变。

浮动利率是指发行时规定债券利率随着市场利率定期浮动，通常是市场基准利率加上或减去一定的利差，适用于中长期债券。

2. 债券的付息方式和利率

付息方式一般可分为一次性付息和分期付息两种。

一次性付息是指债券到期后一次性还本付息，通常出现于短期债券。

分期付息是指在债券到期之前，按照约定的日期（即付息日）分次按票面利率支付利息，到期后再偿还本金，适用于中长期债券。

票面利率通常采用年单利表示，票面利率乘以付息间隔和债券面值即得到每期利息支付金额。

3. 债券的面值与发行价格

债券面值就是债券票面上的金额，包括币种和票面金额两部分。我国发行的债券一般是每张面值 100 元人民币。

债券的发行价格是指投资者认购新发行债券时支付的实际价格。如果发行价格等于票面金额，称为平价发行；如果发行价格高于票面金额，称为溢价发行。

4. 债券的封闭期

封闭期是指债务合同生效后，不接受投资者申购或赎回的时间段。债券的期限越长，债权人的风险越大，债权人所要求的利息报酬就越高，债券的发行价格就可能越低。

(四) 基金及相关指标

证券投资基金是指通过公开发行基金份额募集资金，由基金托管人托管，由基金管理人管理和运用资金，为基金份额持有人的利益，以资产组合方式进行证券投资的一种利益共享、风险共担的投资方式。

基金的特点是将零散的资金汇集起来，交给专业机构，投资于各种金融产品，通过科学的组合降低风险、提高收益。

1. 基金净值

每个营业日，根据基金所投资证券市场收盘价所计算出的基金总资产价值，扣除基金当日各类成本及费用后，所得的就是该基金当日资产净值。基金资产净值除以基金当日所发行在外的基金总份额，就是每单位基金净值，即基金单位净值。基金累计单位净值是反映该基金自成立以来所有收益的数据。

基金累计单位净值＝单位净值＋基金成立后累计单位派息金额

2. 基金份额

基金份额是指基金发起人向投资者公开发行的，表示持有人按其所持份额对基金财产享有收益分配权、清算后剩余财产取得权和其他相关权利，并承担相应义务的凭证。

基金持仓＝基金份额×基金单位（份额）净值

基金份额＝基金持仓÷基金单位（份额）净值

3. 开放式基金的申购费和赎回费

（1）申购费。申购费是指基金处于申购开放状态期内，投资人向基金管理人购买基金份额时所支付的手续费。

申购费用＝申购金额－申购金额/(1＋申购费率)

开放式基金可以收取申购费，但一般情况下不得超过申购金额的5%。通常而言，申购费率在1%左右，并可随申购金额的大小获得相应的减让。

（2）赎回费。赎回费是指在开放式基金的存续期间，已持有基金份额的投资者向基金管理人卖出基金份额时所支付的手续费。通常而言，赎回费计入基金资产。赎回费按赎回的价款总额乘以适用的费率计算，并从赎回款中扣除。

任务实训

从2024年中央经济工作会议中，我们看到中国十年来的经济数据，请你为这些数据进行归类，找出哪些数据属于金融大数据。如果你是一位投资分析师助理，还应该查找哪些数据来制订2025年的投资计划？

任务二 金融大数据应用

知识目标

1. 了解大数据在银行业中的应用场景
2. 了解大数据在证券业中的应用场景

3. 了解大数据在保险业中的应用场景

能力目标

能够应用数据分析为用户提供问题解决方案

素质目标

1. 培养合理、合法使用数据的意识，树立隐私意识和数据保护意识
2. 严格遵守金融从业者的职业操守，践行社会主义核心价值观

知识链接

在"云物移大智"（云计算、物联网、移动互联网、大数据、智能技术）快速发展的今天，传统金融机构转型已经势在必行。云计算、大数据、区块链、人工智能等技术正在逐步融入金融业务，推动整个金融行业进行科技化升级。其中大数据技术在金融业的不同场景的应用，大大提升了金融行业的风控能力，优化了资源配置能力，带来了创新的金融业务模式。

学中做

在移动互联网快速发展的今天，你有使用移动互联网平台丰富生活场景的经历吗？这些生活场景中是否形成了金融大数据？

一、金融大数据在银行业中的应用

发达国家运用金融统计大数据服务宏观调控的实践

传统的银行数据按类型主要分为交易数据、资产数据、征信数据、客户信息数据四大类。传统的银行数据大部分是结构化数据，存储在关系型数据库中，具有很强的金融属性。因为银行拥有的客户信息并不全面，所以基于银行自身数据有时会出现评估结果的偏差，难以得出理想的客户画像。例如：根据内部数据，某位客户每个月平均刷卡 10 次，平均每年拨打 3 次客服电话，从未有过投诉记录，该客户很可能会被归为"满意度较高流失风险较低"类型。但如果查看该客户的社交媒体，就会发现该客户多次抱怨和给出负面评价，存在客户流失风险。所以，银行应该考虑整合外部更多的数据，以增加对客户的了解。目前，大数据在银行业的商业应用主要还是挖掘银行内部的交易数据，同时引入外部机构数据，如社交网络数据、商务经营信息、中国人民银行征信系统数据、收支消费信息、社会关联信息等，进行描述性数据分析和预测性数据建模。常见的银行大数据应用场景集中在客户画像、精准营销等方面。

（一）客户画像

客户画像是金融机构了解客户、挖掘客户需求的重要工具。金融机构可以通过大数据技术对客户的交易记录、消费行为、社交关系、兴趣偏好以及企业客户的产业链上下游数据等多方面信息进行采集和分析，以期获得更为完整的客户拼图，为客户建立全面的画像，从而实现精准营销和个性化服务。

客户画像分为个人客户画像和企业客户画像。个人客户画像包括人口统计学特征、消费能力数据、兴趣数据、风险偏好等；企业客户画像包括企业的生产、流通、运营、财务、销售、相关产业链上下游客户数据等。

内外部数据资源整合是客户画像分析的前提。商业银行在识别客户需求、估算客户价值、判断客户优劣的过程中，既需要借助银行内部已掌握的数据信息，也需要依赖外部的数据收集和分析，以增加对客户的了解。这些数据资源包括：

（1）客户在社交媒体上的行为数据。例如：光大银行建立了社交网络信息数据库，通过打通银行内部数据和外部社会化数据获得更为完整的客户拼图。

（2）客户在电商网站的交易数据。例如：目前诸多商业银行都通过自己的支付系统收集客户电商消费数据。

（3）企业客户的产业链上下游数据。银行通过掌握企业客户的产业链上下游数据，能够更加全面地了解企业外部环境，从而判断企业发展情况。

（4）其他有利于银行了解客户兴趣爱好的数据。

金融机构可以根据客户画像特征，如年龄、性别、收入水平、消费偏好等，将客户细分为不同的群体。客户细分有助于金融机构更好地了解客户需求，为客户制定更精准的服务策略。金融机构也可以根据客户的交易记录和消费行为，分析客户的金融需求，如投资、理财、消费等。客户需求分析有助于金融机构挖掘客户的潜在需求，为客户推荐更合适的产品和服务。金融机构还可以根据客户的画像特征和交易记录，评估客户的价值，如客户贡献度、客户忠诚度等。客户价值评估有助于金融机构制定更有针对性的营销策略，提高客户满意度和忠诚度。

学中做

近年来，随着人们消费理念和习惯的改变，信用卡业务得到大力发展，并日益规范化和精细化。为了顺应80后、90后、00后的消费习惯及生活方式的变化，电商购物、电子产品、宠物等消费场景吸引了银行的眼球，通信、能源、保险等“刚需”场景也常有特色产品出现。随着旅游业的发展，航空、汽车、普惠出行等领域呈现出较强的发展潜力，预计未来还将进一步加强。

请以“Z世代”为代表的年轻客群作为分析对象，查阅各家银行在不同场景下现有的信用卡产品，并指出不同的场景来自哪些数据。

（二）精准营销

在客户画像的基础上，金融机构可以有效地开展精准营销，包括以下几个方面。

1. 实时营销

金融机构可以根据客户的实时状态来进行营销，针对客户实时所在地、工作情况、婚姻状况、置居、客户近期消费等信息进行营销。例如：若发现客户短期内的多笔境外消费记录，可以大概率认定该客户正在境外旅游，并且有较大可能每年都从事此类活动，因此银行可及时向该客户推销 VISA 信用卡。类似的改变生活状态的事件，如升学、毕业、婚姻状况改变、置业等均可视为营销机会。

2. 个性化推荐

金融机构可以根据客户喜好进行个性化推荐，根据客户的年龄、资产规模、理财偏好等进行精准定位，分析客户的潜在金融服务需求，有针对性地进行营销推广。例如：平安银行通过对客户数据的分析，实现了营销精细化。平安银行借助移动互联网和物联网技术，实现了客户的全渠道覆盖。同时，平安银行还通过人工智能技术来分析客户需求和行为习惯，为客户提供更贴心的服务。

3. 客户生命周期管理

客户生命周期管理包括新客户获取、防止客户流失和赢回客户的信任等。银行通过构建客户流失预警模型，对流失率等级前 20%的客户发售高收益理财产品以挽留客户，从而大幅降低了客户流失率。例如：招商银行通过构建客户流失预警模型，对流失率等级前 20%的客户发售高收益理财产品，使得金卡和金葵花卡客户流失率分别降低了 15 个和 7 个百分点。

4. 数字营销

据统计，截至 2024 年 12 月，我国网民规模达 11.08 亿人，互联网普及率达 78.6%。由此可见，银行利用“技术+数据”双重驱动，实施银行业的数字化转型，构建适用于当今消费者的全渠道触达、精准互动和交易的数字营销服务，使银行的营销活动更加精准、有效，为客户带来更高的投资回报率。

拓展视野

数字营销与大数据营销

数字营销是指借助互联网、通信技术和数字交互媒体实现营销目标的一种营销方式。数字营销的核心要素是数字技术和数据信息。数字营销的本质是借助数据与算法，利用营销资源，依靠实时数据跟踪，实现营销由粗放向集约的方向转变；依靠数据平台的强大连接能力，实现渠道从单一化向多元化方向发展；依靠数据算法进行内容策划和投放的提前预测，由经验决策转变为智能决策，最终帮助企业提高营销效率，使营销资源利用更高效、更合理。

大数据营销是指企业基于多平台的大数据快速收集用户的海量行为数据，借助大数据技术的分析和预测能力洞察和预测消费者的需求与偏好，并据此为消费者提供最能满足其需求的产品、信息和服务，从而使企业的营销活动更精准、有效，给企业带来更高的投资回报率。数据资源成为重要的生产要素，运用数据驱动决策是大数据营销的重要特征。

资料来源：肖涧松．现代市场营销［M］.4 版．北京：高等教育出版社，2023.

学中做

自每年 10 月中下旬以来，各大电商平台就已经开启了“双 11”购物节预热，除了利用自己平台的消费金融，各家银行也“摩拳擦掌”，联合电商平台开展深度合作，推出了各式各样的促消费活动。多数银行以支付满减、分期满减、绑卡立减等为主，个别中小银行推出了新玩法。例如，在 2023 年 10 月 31 日至 11 月 11 日期间，北京银行信用卡持卡人在抖音 App 的电商、本地生活场景下单，有机会享受单笔实际支付金额满 1 000 元立减 50 元优惠；日照银行推出“嗨购随机立减”活动，在 10 月 28 日至 11 月 15 日期间，该行信用卡用户在天猫、淘宝消费满 1 111 元，可享随机立减 50 元至 1 111 元。

你认为电商平台与商业银行之间的合作是否是双赢的？对于商业银行而言，获取了哪些数据，为后续进行精准营销带来了哪些优势？对于电商平台而言，为其获客提供了哪些帮助？

（三）运营优化

利用大数据技术，银行可以根据企业之间的投资、控股、借贷、担保以及股东和法人之间的关系，形成企业之间的关系图谱，用于关联企业分析及风险控制。知识图谱是通过建立数据之间的关联链接，将碎片化的数据有机地组织起来，让数据更加容易被人和机器理解和处理，并为搜索、挖掘、分析等提供便利。

市场和渠道分析优化实时数据平台可实时监控不同市场推广渠道的质量，从而进行合作渠道的调整和优化；产品和服务优化平台将客户行为转化为信息流，并从中分析客户的个性特征和风险偏好，更深层次地理解客户习惯，实时化、智能化分析和预测客户需求，有针对性地进行产品创新和服务优化；舆情分析实时抓取社区、论坛和微博上关于银行以及银行产品和服务的相关信息，进行正负面判断，及时发现和处理问题。

（四）风险管控

在传统的商业银行风险管理过程中，经常出现的风险多为信用风险、市场风险和操作风险，而对于这些风险的防控多是基于过往的信贷数据和交易数据等静态数据。这种方式的最大弊端就是缺少前瞻性，而大数据技术的介入使风险评估更趋近于事实。大数据技术可以有效降低信用风险，金融机构可以通过大数据技术对客户的信用历史、消费行为、社交关系等多方面信息进行采集和分析，建立客户信用档案，从而准确评估客户的信用风险。例如，中小企业信贷风险评估体系是通过企业生产、流通、销售、财务等相关信息，进行实时数据挖掘和信贷风险分析，量化企业的信用额度，金融机构可通过该评估体系有效地开展中小企业信贷业务。

大数据技术可以帮助金融机构预测市场价格走势，金融机构可以通过分析历史价格数据、市场新闻、政策变化等多方面信息，建立市场风险预测模型，提前做好风险防范。大数据技术可以帮助金融机构识别和防范操作风险，金融机构可以通过大数据技术对内部管理流程、员工行为、系统运行状况等信息进行采集和分析，发现潜在的操作风险，并采取相应的措施进行防范。例如，银行可以借助大数据实时识别欺诈交易和防范交易洗钱风险，银行可以利用持卡人基本信息、卡基本信息、交易历史、客户历史行为模式、正在发生行为模式（如转账）等，通过实时数据平台，搭建智能风险规则引擎，进行实时交易反欺诈分析。

视频

汇丰银行采用 SAS 管理风险

二、金融大数据在证券业中的应用

大数据时代，券商已意识到大数据的重要性，对大数据的研究与应用正处于起步阶段。相对于银行业和保险业，证券业的大数据应用起步相对较晚。目前，国内外证券业的大数据应用大致有以下几个方向。

（一）智能投顾

近年来智能投顾（全称为智能投资顾问）成为国内证券公司的标配服务。普华永道曾对其做如下定义：智能投顾（Robo-advisor）是指通过使用特定算法模式管理账户，结合投资者风险偏好、财产状况和理财目标，为客户提供自动化的资产配置建议。智能投顾业务即提供线上投资顾问服务，基于客户的交易行为、交易偏好品种、风险承受能力等数据建立模型，匹配客户多样化需求，为客户提供低门槛、低费率的个性化财富管理方案。例如，客户平均年收益率低于5%，而且交易不活跃，证券公司可推荐客户购买低风险的稳健型理财产品；如果客户交易比较频繁、收益率较高，证券公司可以向客户推荐融资服务；如果客户交易不频繁，但是资金量较大，证券公司可推荐投资咨询服务，激发客户的交易兴趣。

此外，智能投顾可建立场景化的伴随式服务，在客户开户、日常消费、建仓平仓、账户盈亏等全过程中，主动提供适当的投顾服务，包括主动询问、主动支持、主动建议、主动情绪干预等，增加与客户的互动，提升用户体验，增强客户黏性。

（二）市场行情预测

证券机构利用大数据技术对海量个人投资者样本进行持续性跟踪监测，对持仓情况、收益率、资金流向情况等一系列指标进行统计分析，了解二级市场交易行为的变化、对股票市场投资信心的状态、对投资者的整体预期、市场情绪等，从而对市场行情进行预测。麻省理工学院的学者根据情绪词将社交软件内容标定为正面情绪或负面情绪。结果发现，无论是如“希望”的正面情绪，还是如“害怕”“担心”的负面情绪，其占总社交软件内容数的比例，都在一定程度上预示着各交易所指数的走势。美国佩斯大学的研究人员做过一项研究，他们追踪了星巴克、耐克、可口可乐三家公司在社交媒体上的受欢迎程度，同时比较它们的股价，Facebook（脸书）上的粉丝数、Twitter（推特，现为“X”）上的听众数和 YouTube（优兔）上的观看人数均与股价密切相关，从而发现在各品牌的社交网络上的粉丝数和股价密切相关。根据市场对品牌的欢迎程度，可以预测股价在 10 天或 30 天之后的走势情况。但是，社交软件情绪指标无法预测出会冲击金融市场的突发事件。研究人员自己也意识到，社交软件用户与股市投资者并不完全重合，这样的样本代表性有待商榷，但仍无法阻止投资者对新兴的社交网络倾注更多的热情。

大数据技术还被证券业用于拓宽量化投资数据维度，构建更多元的量化因子，从而使投研模型更加完善。金融机构可以根据市场数据和投资策略，运用大数据技术进行量化投资，如股票量化投资、期货量化投资等。量化投资有助于金融机构提高投资效率，降低投资成本。

视频

IBM 用大数据预测股价走势

另外，金融机构可以根据市场风险和历史交易数据，运用大数据技术对投资风险进行管理，如对投资组合进行风险评估、对交易风险进行预警等。风险管理有助于金融机构降低投资风险，提高投资安全性。

（三）客户关系管理

1. 客户细分

通过分析客户的账户状态（类型、生命周期、投资时间）、账户价值（资产峰值、资产均值、交易量、佣金贡献和成本等）、交易习惯（周转率、市场关注度、仓位、平均持股市值、平均持股时间、单笔交易均值和日均成交量等）、投资偏好（偏好品种、下单渠道和是否申购）以及投资收益（本期相对收益和绝对收益、今年相对收益和绝对收益，以及投资能力等），金融机构可以进行客户聚类和细分，从而发现客户交易模式类型，找出最有价值和盈利潜力的客户群，以及他们最需要的服务，更好地配置资源和政策，改进服务，留住最有价值的客户。

2. 客户流失预测

金融机构可根据客户历史交易行为和流失情况来建模，从而预测客户流失的概率。例如，海通证券自主开发的“基于数据挖掘算法的证券客户行为特征分析技术”主要应用在客户深度画像以及基于画像的客户流失概率预测，通过对 100 多万样本客户、半年交易记录的海量信息分析，建立了客户分类、客户偏好和客户流失概率的模型。该项技术的初衷是希望通过客户行为的量化分析，测算客户将来可能流失的概率。

三、金融大数据在保险业中的应用

过去，由于保险业代理人的特点，因此在传统的个人代理渠道，代理人的素质及人际关系网是业务开拓最为关键的因素，而大数据在新客户开发和维系中的作用就没那么突出。随着互联网、移动互联网以及大数据的发展，网络营销、移动营销和个性化电话销售的作用日益显现，越来越多的保险公司注意到大数据在保险业中的作用。一家领先的美国保险集团通过综合内部、第三方和社交媒体数据进行早期异常值检测，用 1.4 亿个数据点构建预测模型，其中既包括客户的个人数据（健康状况、人口特征、雇主信息等），也包括集团的内部数据（过往的理赔信息和已经采取的医疗安全干预措施等），及时采取干预措施，使平均索赔费用下降了 20%。同时，借助大数据手段，保险公司可以识别诈骗规律，显著提升反欺诈的准确性与及时性。

（一）客户细分和精准营销

1. 客户细分和差异化服务

风险偏好是确定保险需求的关键。风险喜好者、风险中立者和风险厌恶者对保险有不同的需求。一般来讲，风险厌恶者有更大的保险需求。在客户细分时，除了风险偏好数据外，保险公司还要结合客户职业、爱好、习惯、家庭结构、消费方式等数据，利用机器学习算法对客户进行分类，并针对分类后的客户提供不同的产品和服务策略。例如，一家澳大利亚保险公司通过分析客户的购物数据来预测驾驶风险。该分析显示，饮用大量牛奶并食用大量肉类的客户具有较低的驾驶风险，而食用大量面食和米饭并在夜间开车和饮酒的客户则是高风险人群。

2. 潜在客户挖掘及流失客户预测

保险公司可通过大数据整合客户线上和线下的相关行为，以及利用数据挖掘等手段对潜在客户进行分类，细化销售重点。通过大数据进行挖掘，保险公司可综合考虑客户信息、险种信息、既往出险情况、销售人员信息等，筛选出影响客户退保或续期的关键因素，并通过基于这些因素建立模型，对客户的退保概率或续期概率进行估计，找出高风险流失客户，及时预警，制定挽留策略，提高保单续保率。

3. 客户关联销售

保险公司可通过关联规则找出最佳险种销售组合，利用时序规则找出客户生命周期中购买保险的时间顺序，建立既有保户再销售清单与规则，把握保户提高保额的时机，从而促进保单的销售。除了这些做法以外，借助大数据，保险公司还可以直接锁定客户需求。以淘宝运费险为例，据统计，淘宝用户的运费险赔付率在 50%以上，而该产品给保险公司带来的盈利只有5%左右，但是有很多保险公司都有意愿提供这种保险。这是因为客户购买运费险后，保险公司就可以获得该客户的个人基本信息，并了解该客户购买的产品信息，从而实现精准推送。假设该客户购买并退货的是婴儿奶粉，保险公司就可以估计该客户家里有小孩，可以向其推荐关于少儿医疗保险、子女教育保险等利润率较高的产品。

4. 客户精准营销

在网络营销领域，保险公司可以通过收集互联网用户的各类数据，如地域分布等属性数据，搜索关键词等即时数据，购物行为、浏览行为等行为数据，以及兴趣爱好、人脉关系等社交数据，便可以在广告推送中实施地域定向、需求定向、偏好定向、关系定向等精准营销策略。

（二）欺诈行为风险防控

保险公司基于企业内外部交易记录和历史数据，能够实时或准实时分析和预测骗保等非法行为，如医疗保险欺诈、车险欺诈等。

1. 医疗保险欺诈与滥用风险控制

医疗保险欺诈与滥用通常可分为两类：一类是非法骗取保险金，即保险欺诈；另一类是在保额限度内重复就医、虚报理赔金额等，即医疗保险滥用。保险公司能够利用过去的数据，寻找影响保险欺诈的显著因素及这些因素的取值区间，建立预测模型，并通过自动计分功能快速将理赔案件依照欺诈可能性进行分类处理。

2. 车险欺诈风险控制

在传统的核赔过程中，保险公司主要依靠核赔人员的经验甄别风险，依靠调查人员有意识地排查以防范理赔欺诈的发生。但在这种情况下，虚报事故、夸大保险事故损失金额的事件经常发生。通过大数据技术，保险公司可以建立历史理赔数据库，对于任何理赔申请，可先经过数据库的检验，利用过去的欺诈事件建立预测模型，将理赔申请分级处理，可以在一定程度上解决车险欺诈问题，如车险理赔申请欺诈侦测、业务员及修车厂勾结欺诈侦测等。

（三）保单个性化及运营分析

保险公司可通过自有数据和客户的社交网络数据，为客户制定个性化保单，进行建模，借助大数据平台快速分析和预测再次发生或者新发生的市场风险、操作风险。

视频

友邦人寿：数智赋能，优化客户体验，深挖业务价值

1. 产品优化、保单个性化

过去，保险公司将客户都放在同一风险水平之上，客户的保单并没有完全解决客户所面临的各种风险。如今，保险公司通过自有数据以及客户社交网络数据，为客户制定个性化保单，构建更准确、更高

利润率的保单模型，解决了保险公司的风险控制问题。

2. 运营分析

运营分析是基于企业内外部运营、管理和交互数据分析，借助大数据平台，全方位统计和预测企业经营和管理绩效，以及基于保险保单和客户交互数据进行建模，借助大数据平台快速分析和预测再次发生或者新增的市场风险、操作风险等。例如，保险公司通过智能监控装置搜集驾驶者的行车数据，通过社交媒体搜集驾驶者的行为数据，通过医疗系统搜集驾驶者的健康数据。保险公司以这些数据为出发点，可以作出以下推测：如果一个人不经常开车并且开车十分谨慎的话，那么他可能比大部分人节省30%～40%的保费，这将提高保险产品的竞争力。

3. 代理人（保险销售人员）甄选

保险公司可根据代理人业绩数据、性别、年龄、入职前工作年限、工作经验和代理人思维倾向测试等，归纳销售业绩相对较好的人员特征，优选高潜力销售人员。

四、金融大数据在其他行业中的应用

（一）信托行业

资管新规出台后，去嵌套、去通道业务监管力度持续上升，信托公司传统业务高增速现象将不复存在，利用大数据技术加快转型，推动信托业务新模式、新领域的探索和实践，挖掘行业发展新的潜力势在必行。利用金融大数据可以为信托行业带来新的生机。例如，对于客户在不同商业银行的持卡情况、信用卡状况、持有理财产品状况等（这类数据来自银行的内部信息），信托公司可以通过数据挖掘获得。具有金融特征的金融大数据对于信托公司评价客户具有重要的意义，信托公司不仅可以按照高价值、中价值、低价值对客户进行分类管理，而且可以按照金融产品偏好的特征包括持有产品类型及投资额度、服务偏好等，如是否定期投资、生活缴费等进行精准营销。

（二）融资租赁行业

根据中国银行业协会发布的《中国金融租赁行业发展报告（2024）》，截至2023年末，我国金融租赁公司总资产规模超4万亿元。2023年，金融租赁公司在科技金融、绿色金融、普惠金融领域近3年复合增长率分别为43.40%、75.47%和32.20%，在培育新质生产力、推动行业可持续发展、提升金融服务可得性等方面发挥了重要作用。由此可见，我国融资租赁行业正处于快速发展时期，行业范围较广，集中在经济发达地区，融资租赁业务数据不集中，大多数设备难以在确定的时间找到后续使用者，出现设备大量闲置的情况，造成金融租赁公司成本高、租赁资源利用率低下等不良后果。金融租赁公司通过大数据平台搜集梳理业务信息，形成主题模块，有利于业务运营情况分析，同时针对设备状态、客户需求或项目需求、设备使用周期、项目生命周期、项目进度及项目租金回收等业务数据进行统计预测分析，可合理配置资金和设备，提高设备使用率。

（三）消费金融

视频

京东云联合八家机构探索金融大模型创新应用

在移动互联网时代，客户在消费需求和消费行为上快速转变。首先，在消费需求上，客户的需求更加细化，亟需个性化的金融产品。其次，在消费行为上，金融科技企业很难接触到客户、了解客户的需求并推销产品，营销资源和营销机会极其宝贵。

因此，为了降低对用户的打扰和营销成本，提高营销转化率以应对日趋激烈的行业内部竞争，金融科技企业亟需一种更为精准的营销解决方案。

传统金融机构建立的金融科技平台主要以满足金融机构业务发展需求为主，而互联网企业拓展的金融科技业务在金融产品和金融服务方面有创新之处。例如，阿里巴巴公司创建了蚂蚁金服，致力于为小微企业和消费者提供普惠金融服务，成立了网上银行——网商银行；腾讯在挖掘社交数据基础上，推出了理财通、微粒贷等金融产品和服务，成立了网上银行——微众银行；京东金融建立了供应链金融、消费金融、众筹、保险等金融业务板块，经营领域逐步从电子商务向金融行业渗透。另外，百度、苏宁、搜狐也分别建立了百度金融、苏宁金融、搜易贷。目前，中国的消费数据绝大部分在腾讯和阿里巴巴两大巨头手中，根据客户日常消费习惯，进行数据挖掘，最后给予每个客户相匹配的借款额度，并且可以按照风险偏好智能化地为客户推荐货币基金、债券型基金以及股票型基金。

任务实训

假设你是一名数据产品设计人员，根据对于金融大数据的认知，你认为应该如何利用金融大数据设计一款适合 00 后的金融产品？

项目小结

通过本项目的学习，学生能够对于大数据有基本的认知，了解大数据的概念、特征、种类以及处理流程，能够对于金融大数据在金融各行业的应用有进一步的认知。本项目基于大数据的特征和金融大数据处理流程，介绍了宏观经济常用的经济指标以及金融行业特有的经济指标，旨在帮助学生初步读懂常见的宏观经济指标，能够对于金融大数据处理中的数据标准有进一步的了解。同时，学生能够认识到大数据的价值本质是一种在金融领域可以解决复杂问题的新思维和新手段，能够结合典型的金融应用场景，及时发现解决问题的途径和可能性。

闯关试练

一、单选题

1. 金融行业中对大数据的应用可分为（ ）个层次。

A. 2　　B. 3　　C. 4　　D. 5

2. 下列数据中，哪项属于金融行业数据？（ ）

A. 期货交易数据　　B. 订单数据　　C. 客户信息　　D. 员工信息

3. 下列数据中不属于金融行业数据的是（ ）。

A. 期货交易数据　　B. 物流数据　　C. 股票交易数据　　D. 保险数据

4. 文本数据属于（ ）数据。

A. 非结构化　　B. 半结构化　　C. 结构化　　D. 变量

5. 视频数据属于（ ）数据。

A. 非结构化　　B. 半结构化　　C. 结构化　　D. 变量

二、多选题

1. 根据时间粒度的粗细中低频数据可以分为（ ）。

A. 分钟数据　　B. 周数据　　C. 月数据　　D. 年度数据

2. 下列行业中，属于第三产业的有（ ）。

A. 旅游业　　B. 金融业　　C. 建筑业　　D. 制造业

3. 国际收支分为（ ）和（ ）两个大类。

A. 经常账户　　B. 贸易账户

C. 资本和金融账户　　D. 直接投资账户

4. 大数据的特征有（ ）。

A. 数据体量大　　B. 数据流转速度快

C. 数据多样性　　D. 价值密度低

E. 真实性要求高

5. 大数据征信的特点有（ ）。

A. 较强的时效性　　B. 丰富的信息服务产品

C. 强大的数据处理能力　　D. 多维度的数据来源

三、判断题

1. 数据是当今数字经济时代的核心生产要素。（ ）

2. 非结构化数据方便用数据库二维逻辑表来表现。（ ）

3. 半结构化数据一般较为规范，是纯文本数据。（ ）

4. 大数据（Big Data）是指无法在可承受的时间范围内用常规软件工具进行捕捉、管理和处理的数据集合。（ ）

5. 现代金融行业最为典型的特点是数据量过大，为了应对时代变化，金融机构应按照大数据时代特点，对机构的长远发展进行合理规划。（ ）

项目二

金融大数据采集和清洗

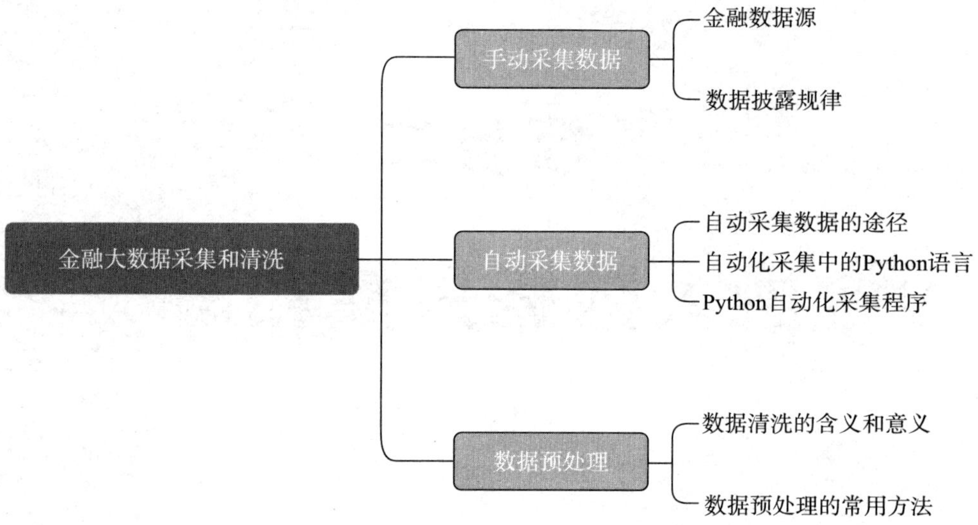
金融大数据采集和清洗
手动采集数据
金融数据源
数据披露规律
自动采集数据
自动采集数据的途径
自动化采集中的Python语言
Python自动化采集程序
数据预处理
数据清洗的含义和意义
数据预处理的常用方法

任务一 手动采集数据

知识目标

1. 了解宏观经济数据、行业数据和上市公司数据的来源
2. 了解数据源对数据更新披露的一般规律

能力目标

1. 能够根据需求合理地选择数据源，掌握不同数据源的有效性和权威性
2. 能够掌握常用的转文本工具
3. 能够快速地将图片、PDF 等不可编辑数据转换为可编辑的结构化数据

素质目标

1. 在数据采集过程中，通过数据客观认识中国的经济发展形势
2. 树立隐私意识和金融安全意识，了解保护自己隐私的重要性，树立不能非法侵犯他人隐私的法律意识

知识链接

在金融领域，数据是决策的关键。无论是投资策略、风险管理还是市场预测，高质量的数据都是不可或缺的基础。然而金融数据的采集与预处理并非易事。它涉及众多来源、不同格式以及大量的噪声和异常值。如何有效地采集、清洗、整合这些数据，为后续的分析和建模提供准确、一致的信息，是每一位金融从业者都必须面对的挑战。

一、金融数据源

金融数据源是金融领域中用于获取和分析数据的各种来源。这些数据源可以包括互联网公开数据、金融市场数据、爬虫数据、金融机构内部的业务数据、外部采购或共享的数据、另类数据等。由于这些数据源的特点和适用范围各不相同，因此我们需要根据具体需求选择合适的数据源。

数据看中国

国家数据局成立
恰逢其时，意义深远

（一）宏观经济数据采集

在金融数据分析中，宏观数据的采集是一个关键环节。宏观数据包括国家经济发展、财政政策、货币供应量、市场走势等重要指标，对于投资决策、风险评估以及市场预测具有重要的参考价值。为了获取这些宏观数据，我们通常会从以下几个主要来源进行采集。

1. 国家统计局网站

国家统计局网站是一个重要的数据来源。国家统计局是国务院直属机构，主管全国统计和国民经济核算工作，具有建立健全国民经济核算体系等多项职能。GDP、失业率、通货膨胀率等核心经济指标都可以在这里找到。通过国家统计局的网站或出版物，我们可以获得定期更新的宏观数据，这对于掌握整体经济形势至关重要。此外，该网站还提供了统计公报、专题分析、数据解读等统计分析成果，帮助用户更好地理解数据和趋势。

（1）数据查询。网站支持多种查询方式，如关键词搜索、表格筛选、地图可视化等，用户可以在网站上根据不同的主题和地区查询数据。根据国家统计局国家数据查询页面（见图 2－1），国家统计局将国家宏观数据披露分为月度数据、季度数据、年度数据、普查数据、地区数据、部门数据、国际数据、可视化产品等模块。其中，网站提供的数据可视化工具，使用户可以更直观地了解数据变化和趋势。

图 2－1　国家统计局数据查询页面

（2）数据下载。网站支持多种下载格式，如 Excel、PDF 等，用户可以在网站上下载各种统计资料。同时，网站还提供了数据导出功能，使用户可以方便地将数据导入其他数据分析工具中进行处理和分析。

(3) 统计分析。除了提供数据查询和下载服务外，国家统计局网站还提供了多种统计分析工具和方法，帮助用户更好地理解和分析数据。例如，网站提供了数据解读、专题分析、预测分析等多种服务，使用户可以全面了解数据和趋势。

(4) 互动交流。国家统计局网站还提供了互动交流功能，用户可以在网站上提出问题和建议，与专业人士进行交流和讨论。同时，网站还提供了在线咨询功能，使用户可以随时与专业人员进行沟通和交流。

2.《中国统计年鉴》

《中国统计年鉴》也是一个非常有价值的资料库（见图 2-2）。这是一本由国家统计局编撰的权威性年刊，包含大量的宏观经济数据和历史数据。用户通过它可以了解过去几年的经济走势、政策变化以及行业发展趋势等信息，为预测未来提供了重要的参考依据。

《中国统计年鉴》正常年度每年一刊，刊名为《中国统计年鉴××××》，收录当年全国和各省、自治区、直辖市经济和社会各方面大量的统计数据，以及历史重要年份和近 20 年的全国主要统计数据，是我国最全面、最具权威性的综合统计年鉴。该文献同时有中英文版及光盘版出版。

图 2-2 《中国统计年鉴 2023》

拓展视野

GDP 数据为什么要修订？在各国 GDP 核算中，GDP 的初步核算数据通常更注重时效性，需优先考虑基础数据的可获得性，从而在一定程度上牺牲了基础资料的完整性和详细性。各国主要利用进度统计资料，采用相关指标推算的方法进行 GDP 初步核算。其后，随着可以获得的基础资料不断增加和完善，需利用更加全面、详细的基础资料对 GDP 数据进行修订，使其更加准确地反映经济发展实际情况。

此外，当发现对 GDP 数据有较大影响的新的基础资料，或计算方法及分类标准发生变化时，也需要根据最新的资料与科学的方法对 GDP 的历史数据进行修订，以保证 GDP 数据的历史可比性。例如，开展经济普查或其他大型调查之后，全面实施新的核算体系之后，实施新的国民经济行业分类标准之后等，都会对 GDP 以及相关构成项目进行修订。

资料来源：《领导干部统计知识问答》编写组．领导干部统计知识问答［M］．2 版．北京：中国统计出版社，2021.

3. 政府机构网站

在国家统计局首页的最底部相关链接中第一项便是政府机构网站，此处链接了 71 个政府机构网站，包括财政部、商务部、中国人民银行、税务总局、国家金融监督管理总局等政府机构网站。通过这些网站，我们可以获取与货币政策、财政政策、行业发展等相关的关键数据（见图 2-3）。

图 2-3 国家统计局—政府机构网站

4. 地方统计网站

地方统计网站也是不容忽视的数据来源。各省、市、自治区以及地级市的统计机构都会发布当地的经济发展数据和各类调查报告。这些数据有助于我们了解地区间的经济差异和特点，对于投资区域选择和风险评估具有实际意义。各级地方统计网站汇总的数据在国家统计局首页的最底部相关链接中也可查询到（见图 2 - 4），如点击吉林局即可进入吉林省统计局网站进行吉林省相关数据查询（见图 2 - 5）。

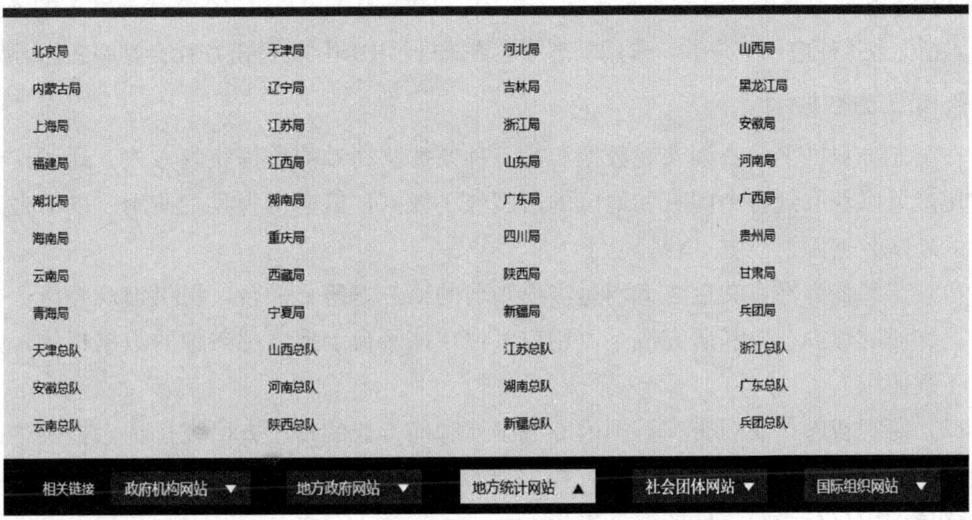

图 2 - 4　国家统计局—地方统计网站

图 2 - 5　吉林省统计局网站

5. “中国统计”和“数据中国”服务平台

“中国统计”和“数据中国”是依托国家统计局庞大的数据和信息资源、面向移动终端用户的统计信息服务平台。

"中国统计"向用户提供中国官方统计的即时资讯，包括统计新闻、统计数据、统计热点、指标解释和统计信息发布日程表等内容。"数据中国"是国家统计局发布的国民经济主要指标数据库应用客户端，采用动态图表方式展示中国国民经济和社会发展变化情况。

6. 第三方数据平台

在第三方数据平台查询宏观数据源是一种便捷、高效的数据获取方式。通过这些平台，用户可以获取到各个国家和地区的宏观经济数据，但通常为收费使用。以下是几个常用的宏观数据源第三方平台。

（1）艾瑞咨询网：艾瑞咨询网是国内知名的第三方研究平台，提供宏观经济、行业和市场方面的数据报告和研究成果。用户可以在该平台上搜索感兴趣的数据报告，并购买后下载使用。

（2）易观智库：易观智库是国内专注于互联网行业的第三方研究机构，提供中国互联网市场的全景式数据和研究成果。用户可以在该平台上搜索互联网行业的市场数据、竞争格局、用户行为等方面的数据报告。

（3）Wind 资讯：万得信息技术股份有限公司是中国金融信息行业的一家第三方数据服务提供商，Wind 资讯提供宏观经济、行业、市场和金融等方面的数据和信息。用户可以在该平台上查看实时的金融市场数据、宏观经济指标、行业动态和市场研究报告等。

这些第三方平台的数据来源广泛，包括政府机构、国际组织、学术研究机构和市场研究公司等。用户可以根据自己的需求选择合适的数据源，并按照平台提供的查询条件进行筛选和下载。在使用这些平台时，需要注意数据的准确性和时效性，以及数据来源的可靠性和权威性。

学中做

请采集我国 2024 年的宏观经济数据，并制作如表 2－1 所示的 2024 年宏观经济数据报表。

表 2－1　2024 年宏观经济数据

指标	数值
国内生产总值（亿元）	
社会消费品零售总额（亿元）	
居民消费水平（元）	
财政收入（亿元）	
财政支出（亿元）	
居民人均可支配收入（元）	
货币和准货币（M2）供应量（亿元）	
货币（M1）供应量（亿元）	

续表

指标	数值
流通中现金（M0）供应量（亿元）	
社会融资规模（亿元）	
城镇登记失业率（%）	
本外币贷款余额（12 月末）万亿	
贷款市场报价利率（LPR）	

（二）行业数据源

行业数据源的用途非常广泛，可以帮助企业了解市场动态、制定战略决策、提高运营效率、提升竞争力和创新力等。行业数据源也主要来自国家统计局、统计年鉴等。

1. 国家统计局网站

国家统计局提供了全面、准确、及时的行业数据查询服务，可以帮助用户了解市场动态、评估市场容量、监控竞争对手等。同时，国家统计局还提供了多种数据服务和支持，方便用户更好地利用数据资源，用户可通过月度、季度、年度数据模块进行查询（见图 2－6）。

图 2－6　国家统计局—年度行业数据

2. 统计年鉴

《中国统计年鉴》中也有专门的各个行业的统计数据，在年鉴正文内容中一般分为 20 余个篇章，于不同年份根据经济社会发展的不同情况略有调整。地方统计网站也会发布本省市统计年鉴，与《中国统计年鉴》类似，以《吉林统计年鉴 2022》为例（见图 2－7），该年鉴是全面反映吉林省经济和社会发展情况的资料性年刊，收录了全省、各市（州）

和县（市）2022年经济和社会各方面大量的统计数据。《吉林统计年鉴2022》包括对外经济贸易和旅游业，能源生产和消费，财政、金融和保险，城市公用事业和环境保护，农业，工业，建筑业，运输和邮电，批发零售贸易和餐饮业，教育、科技和文化事业，体育、卫生和其他事业等多行业的统计数据。

此外，各行业也有专门的统计年鉴，如《中国金融年鉴》、《中国证券期货统计年鉴》（见图2-8）、《中国区域经济统计年鉴》等。

图2-7 《吉林统计年鉴2022》

图2-8 《中国证券期货统计年鉴2016》

3. 政府机构网站与学术机构网站

各国政府和官方统计机构会发布各种行业统计数据。这些数据涵盖了各个行业的经济指标和发展状况，如国家金融监督管理总局的统计数据（见图2-9）。

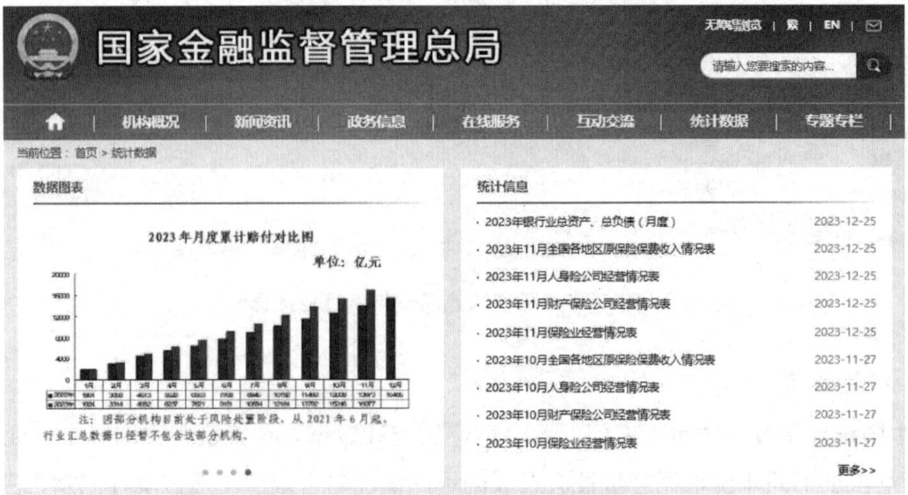

图2-9 国家金融监督管理总局—统计数据

此外，我们可以通过中国知网的中国经济社会大数据研究平台查询行业统计数据，可具体到统计指标（指标名称、指标地区、指标时间、数据类型）、统计资料等（见图 2-10）。

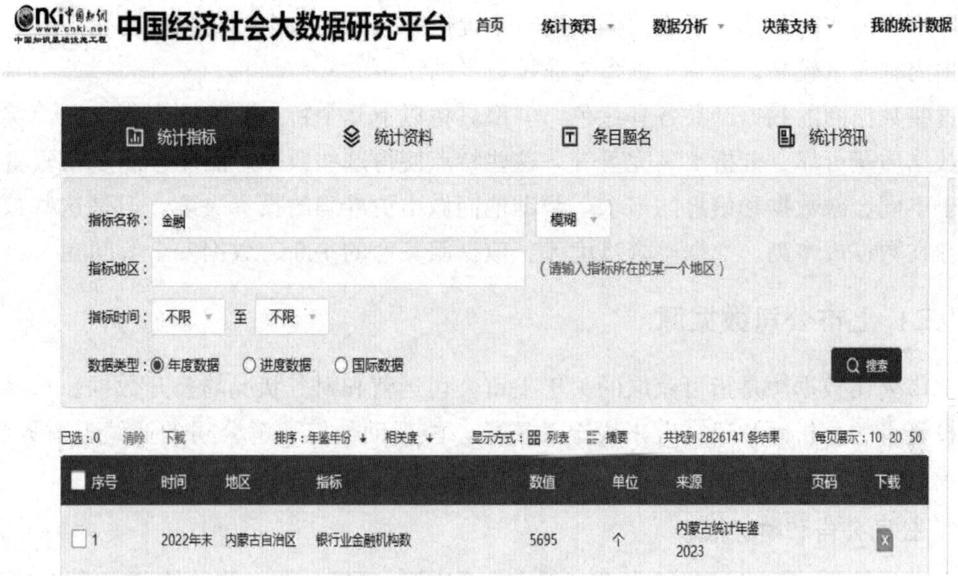

图 2-10 中国知网—中国经济社会大数据研究平台

4. 第三方数据平台

第三方数据平台是由独立的数据服务提供商提供的商业数据平台，如市场研究公司、数据分析公司等。以万得（Wind）、彭博（Bloomberg）、Capital IQ、路透 Eikon 和慧甚（FactSet）等数据商的数据产品为例，每个平台都各具特色，满足了投资者和机构对于不同金融数据和信息的需求。

（1）万得：作为领先的数据服务提供商，万得提供覆盖多个资产类别的金融数据，包括股票、债券、期货、期权、外汇等。万得的数据内容涵盖市场动态、宏观经济、行业分析和公司财务等多个领域。万得还提供了一系列的数据分析和可视化工具，帮助用户更好地理解和应用数据。

（2）彭博：彭博是全球商业、金融信息和财经资讯的领先提供商，在全球范围内具有广泛的影响力，提供全球的股票、债券、商品、外汇等市场动态，以及宏观经济数据、行业研究和公司财务信息等。彭博还提供实时的新闻报道和数据分析工具，帮助用户更好地了解市场动态和趋势。

（3）Capital IQ：Capital IQ 是 S&P Global（标普公司）旗下重要平台，提供包括股票、债券、基金等金融产品的数据服务，涵盖市场动态、财务数据、公司新闻等多个领域。Capital IQ 的数据内容质量较高，数据来源也比较可靠，得到了众多投资者的认可。

（4）路透 Eikon：作为全球领先的金融信息提供商之一，路透 Eikon 提供包括实时行情、历史数据、新闻资讯和数据分析工具等在内的全方位金融服务。路透 Eikon 的数据内容覆盖全球的股票、债券、外汇、期货等市场，得到了众多投资机构和交易者的青睐。

（5）慧甚：慧甚是一家提供金融数据服务的公司，数据产品包括股票、债券、基金等金融产品的实时数据和历史数据，同时也提供一系列的数据分析和可视化工具。慧甚的数据内容质量较高，得到了许多专业投资者的认可。

这些数据商的数据产品各具特色，但都具备以下几个特点：数据内容全面、实时性高、数据质量可靠、分析工具完善等。这些特点使得这些数据产品能够满足投资者和机构对于不同金融数据和信息的需求，帮助他们做出更准确的投资决策。但是这些数据产品也存在数据成本高、数据整合难度大、数据服务商的垄断、数据安全等问题。

（三）上市公司数据源

上市公司数据源是指可获取的关于上市公司运营和财务状况的公开数据。这些数据对于投资者、分析师和研究者来说至关重要，能帮助他们了解公司的业绩、财务状况、业务模式和未来发展前景。

1. 公司公告和财务报表

上市公司必须定期发布财务报告、股东大会决议、重大交易公告等信息，这些信息通常可在证券交易所网站或公司官方网站上获取。例如：用户登录浦发银行官网可查询定期报告（见图 2－11）。

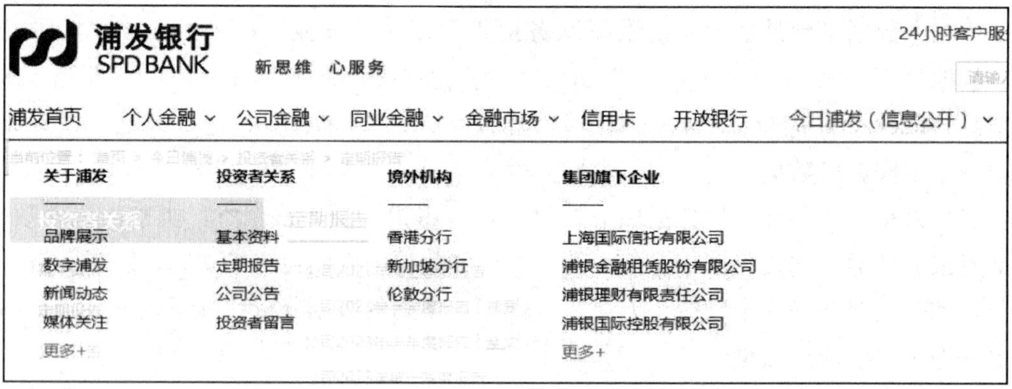

图 2－11 浦发银行官网—信息公开—定期报告

2. 证券交易所数据平台

各大证券交易所都提供数据平台，提供实时交易数据、历史交易数据、公司公告和财务数据等。上海证券交易所披露模块中上市公司信息的定期报告如图 2－12 所示。

3. 第三方数据提供商

巨潮资讯、彭博、路透 Eikon、新浪财经、和讯网、凤凰财经、网易财经、东方财富网等第三方数据提供商也会提供专业的金融数据服务，包括上市公司数据、宏观经济数据和市场数据等。

图 2-12　上海证券交易所官网—披露—定期报告

4. 研究机构报告

各大证券公司、研究机构也会发布针对特定上市公司的研究报告，包括财务分析、行业前景和公司战略等。

二、数据披露规律

（一）国家统计局网站和各部门官网宏观数据

（1）月度数据：本月披露上月数据。

（2）季度数据：每个季度第一个月披露上个季度数据。

（3）年度数据：每年 9—10 月披露上一年度数据。

（二）各行业统计年鉴

披露频率主要为年度，当年披露上一年数据。

（三）上市公司披露数据

按照公历自然年划分经营年度，并按季度披露财报。财报分为一季报、半年报（中报）、三季报、年报。其中年报信息披露最为详细。

学中做

以新浪财经为例，完成以下小组任务：同学们分为 5 组，各小组查找感兴趣的上市公司如腾讯、斗鱼、珀莱雅、华熙生物等的信息。小组整理这些公司披露的数据并在班级介绍这家上市公司。各小组介绍时间为 3 分钟。

任务实训

请从《中国统计年鉴 2023》中采集我国 2022 年的股票交易情况数据，制作如表 2－2 所示的数据报表。

表 2－2　股票交易情况数据（2022）

指标	数值
沪深股市上市公司数（家）	
北交所市场上市公司数（家）	
沪深股市上市股票数（只）	
北交所市场上市股票数（只）	
上证综合指数（最高）	
上证综合指数（最低）	
深证综合指数（最高）	
深证综合指数（最低）	

参考：通过国家统计局官网进行数据采集操作步骤。

1. 打开国家统计局官方网站（https://www.stats.gov.cn/），在“数据统计”板块找到《中国统计年鉴》，点击进入中国统计年鉴页面（见图 2－13）。

2. 选择年份“2023 年”，点击第十八章金融业中 18－17 证券市场发行情况（或直接通过 Ctrl＋F 快捷键进行指标搜索）即能浏览到所需数据（见图 2－14）。

图 2－13　国家统计局官网-数据查询

18-18　股票交易情况

项目	2015	2016	2017	2018	2019	2020	2021	2022
沪深股市上市公司数（家）	2827	3052	3485	3584	3777	4154	4615	4917
北交所市场上市公司数（家）							82	162
沪深股市上市股票数（只）	2909	3134	3567	3666	3857	4233	4693	4991
A股	2808	3034	3467	3567	3760	4140	4603	4905
B股	101	100	100	99	97	93	90	86
北交所市场上市股票数（只）							82	162
沪深股市股票总发行股本（亿股）	43024	48750	53747	57581	61720	65479	70694	73312
A股	42753	48468	53462	57290	61428	65174	70390	73018
B股	271	282	285	291	292	305	304	294
#流通股本	37043	41136	45045	49048	52488	56354	60755	64245
A股	36774	40855	44761	48758	52197	56073	60475	63975
B股	270	281	283	289	291	281	281	270
北交所市场股票总发行股本（亿股）							123	214

图 2－14　中国统计年鉴 2023——金融业

任务二 自动采集数据

知识目标

1. 了解 Python 程序自动采集数据的方法和代码
2. 熟悉不同的自动化数据采集工具

能力目标

1. 能够根据实际要求，正确调整数据采集的代码，对静态网页进行数据的自动采集
2. 能够掌握爬虫软件的简单操作

素质目标

1. 树立隐私意识和金融安全意识
2. 通过数据了解中国，了解世界，同时了解保护自身隐私的重要性，树立不能非法侵犯他人隐私的法律意识

知识链接

金融数据的自动化采集是指利用自动化工具和技术，从各种数据源中快速、准确地提取、收集、整合、分析和处理金融数据的过程。这种方法旨在提高数据采集的效率、准确性和实时性，以支持金融行业的决策和分析。

数据看中国

十组数据透视
中国经济发展态势

一、自动采集数据的途径

（一）网络爬虫

1. 网络爬虫的概念

网络爬虫，又称网页蜘蛛、网络机器人，是一种按照一定规则，自动地抓取万维网信息的程序或者脚本。它可以模拟真人浏览万维网的行为，自动请求网页并接收返回的数据。网络爬虫的主要功能是按照一定的规则，自动地抓取互联网上的信息，并将这些信息存储在本地或者数据库中，以供后续的数据处理和分析。日常生活中，我们常用的编程语言包括 Python、Java、C++等，这些语言都提供了丰富的网络编程库和工具，可

以用于实现网络爬虫的各种功能，如发送 HTTP 请求、解析网页内容、存储数据等。选择合适的计算机语言可以大大提高网络爬虫的开发效率、性能和可维护性，从而实现更加高效、稳定、可扩展的网络爬虫应用。

网络爬虫的工作流程通常是从一个或若干初始网页的 URL 开始，获得初始网页上的 URL，在抓取网页的过程中，不断从当前页面上抽取新的 URL 放入队列，直到满足系统的一定停止条件。这种循环抓取的过程，使得网络爬虫能够浏览的信息量更大、效率更高。

2. 爬虫的类别

（1）传统爬虫。

传统爬虫是一种广泛使用的网络爬虫，它的主要目标是尽可能多地抓取互联网上的网页内容。这种爬虫通常会从一个或若干初始网页的 URL 开始，通过解析这些网页上的链接，不断发现新的网页并将其放入待抓取 URL 队列，直到满足一定的停止条件。传统爬虫抓取流程如图 2 - 15 所示。

（2）聚焦爬虫。

聚焦爬虫是一种针对特定主题或领域的网络爬虫，它的主要目标是抓取与主题相关的网页内容。这种爬虫会根据一定的网页分析算法，过滤与主题无关的链接，保留有用的链接并将其放入待抓取 URL 队列。聚焦爬虫抓取流程如图 2 - 16 所示。

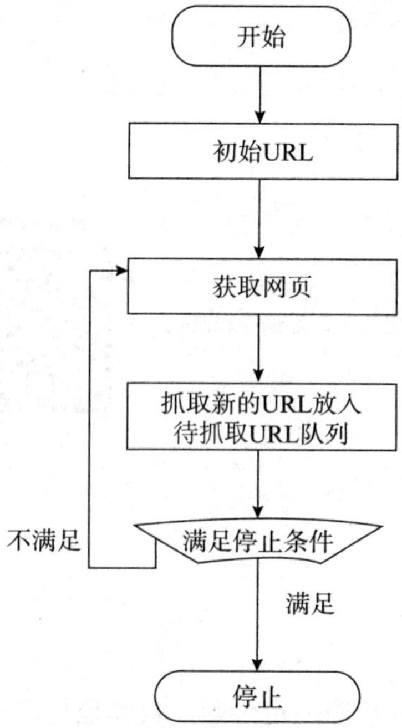

图 2 - 15　传统爬虫抓取流程

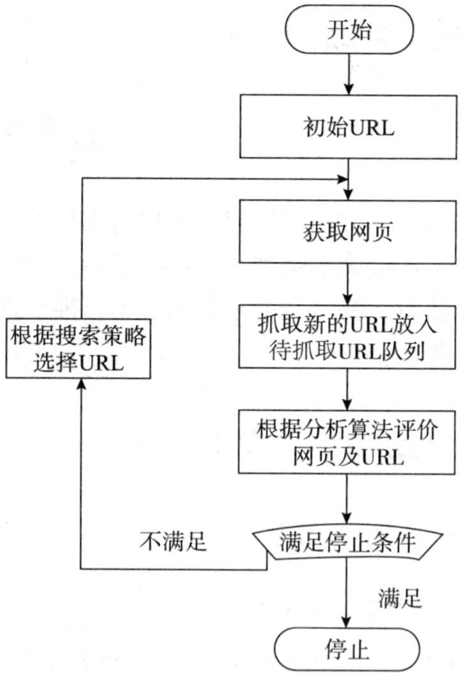

图 2 - 16　聚焦爬虫抓取流程

3. 传统爬虫和聚焦爬虫的区别

传统爬虫和聚焦爬虫应用于金融行业各有优缺点。选择哪种爬虫取决于具体的应用场景和需求。

传统爬虫在数据采集中具备以下优势：

（1）这种方式可以对广泛的数据进行收集。传统爬虫能够覆盖更广泛的网页内容，从而收集到更全面的金融市场数据。

（2）传统爬虫更适用于大数据处理。对于需要处理和分析大量数据的金融机构，传统爬虫是一个有效的工具。由于不受特定主题的限制，因此传统爬虫可以灵活地适应各种数据源和格式。

但值得注意的是，传统爬虫在抓取数据的过程中，由于抓取的数据范围广泛，可能会包含大量与主题无关的信息，因此需要额外的数据清洗和处理，并且未经授权而抓取数据可能涉及知识产权和数据保护等法律问题。在处理大量数据的过程中，传统爬虫对于服务器和网络的性能，也有更高的成本和要求。

相比于传统爬虫，聚焦爬虫专注于抓取与特定主题或领域相关的信息，有利于提高信息获取的针对性和效率。通过设定明确的抓取目标和过滤规则，聚焦爬虫可以减少数据冗余和噪声。而与主题相关的数据抓取更有可能获得合法授权，降低法律风险。

由于专注于特定主题，因此聚焦爬虫可能无法覆盖到所有相关的数据和信息。随着金融市场和主题的变化，聚焦爬虫还需要定期更新其抓取规则和过滤条件。从技术的角度来讲，设计和实现一个高效的聚焦爬虫需要较高的技术水平和专业知识储备。

4. 传统爬虫和聚焦爬虫的应用

传统爬虫和聚焦爬虫在金融领域都有其独特的价值和应用场景。传统爬虫适用于广泛收集金融市场数据，而聚焦爬虫则更适用于精确提取与特定主题相关的信息。根据具体需求选择合适的爬虫类型，金融机构可以更好地把握市场动态和做出明智的投资决策。

传统爬虫在金融领域的应用主要是广泛收集金融市场数据，如股票、外汇、期货，以及金融新闻和报告等。这种爬虫可以自动化地从各大金融网站、新闻网站、政府公告等来源抓取数据，帮助金融机构及其分析师了解市场动态、预测趋势和制定投资策略。然而，由于传统爬虫追求的是覆盖广度，可能会抓取到大量与特定主题无关的信息，因此需要人工进行筛选和处理。

聚焦爬虫在金融行业的应用则更加精确和有针对性。它们通常被用于抓取与特定金融主题或领域相关的网页内容，如特定公司的财务报告、行业动态、政策变化等。通过设定明确的抓取目标和过滤规则，聚焦爬虫可以高效地提取出与主题相关的信息，大大提高了信息获取的效率和质量。聚焦爬虫在金融风控、舆情监测、投资决策等领域有着广泛的应用。

5. 爬虫 App

（1）爬虫 App 介绍。

在中国国内，有一些知名的合法爬虫软件，如神箭手云爬虫、八爪鱼爬虫等。这些软件被广泛应用于数据抓取、数据分析、数据挖掘等领域。然而，即使这些软件是合法的，用户在使用时仍然需要遵守相关法律法规和道德准则。

神箭手云爬虫是一款功能强大的网页数据采集工具，支持多种采集方式，包括模拟浏览器访问、API接口调用等。它可以帮助用户快速抓取网页数据，并提供数据清洗、存储和导出等功能。

八爪鱼爬虫是一款简单、易用的网页数据采集软件，支持可视化操作和定制化的数据抓取规则。用户可以通过简单的设置快速抓取网页数据，并进行数据清洗和导出。

后羿采集器是一款基于Python的开源爬虫框架，提供了丰富的功能和灵活的定制选项。它可以帮助用户编写自定义的爬虫脚本，实现复杂的数据抓取和任务处理。

Scrapy是一个全球范围内广泛使用的开源爬虫框架，也适用于中国。它提供了异步处理、多线程、分布式爬虫等功能，并且具有高度的可扩展性和灵活性。

需要注意的是，虽然这些爬虫软件在业界有一定的知名度和信誉，但是用户在使用时仍需谨慎遵守相关法律法规和道德准则。用户在使用爬虫软件时，应当尊重网站和自身的权益，避免对目标网站造成不必要的负担或损害。此外，由于法律法规的不断更新和变化，建议在使用爬虫软件之前咨询相关法律专业人士或法律顾问，以确保合法合规。

（2）爬虫App应用——以八爪鱼为例。

1）任务说明。请同学们安装八爪鱼安装包，并利用八爪鱼平台在新浪财经-行情中心中找到A股上市股票涨跌幅的相关数据。

2）操作步骤演示。

步骤一：在首页输入框中，输入目标网址，点击“开始采集”。八爪鱼自动打开网页并开始智能识别（见图2-17、图2-18）。

图2-17　八爪鱼爬虫操作步骤展示1

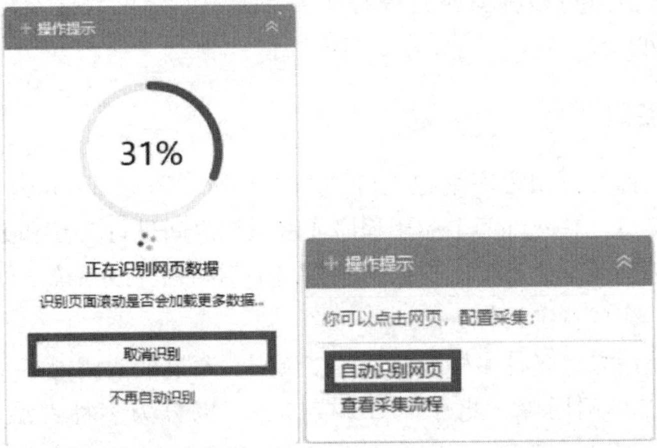

图 2-18　八爪鱼爬虫操作步骤展示 2

打开网页后，默认开启智能识别功能。识别过程中，用户随时可以选择“取消识别”或“不再智能识别”。

“取消识别”：立即取消本次智能识别，可点击“自动识别网页”再次启动。

步骤二：智能识别成功后，一个网页可能有多组数据，八爪鱼会将所有数据识别出来，然后智能推荐最常用的那组。如果推荐的不是想要的，用户可自行“切换识别结果”。

步骤三：可自动识别出网页的滚动和翻页。此为示例网址，无须滚动，只须翻页，故只识别并勾选“翻页采集”（见图 2-19）。

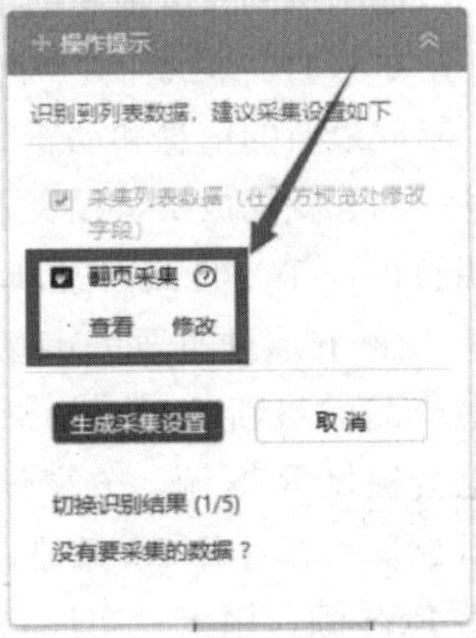

图 2-19　八爪鱼爬虫操作步骤展示 3

步骤四：自动识别完成后，点击“生成采集设置”，可自动生成相应的采集流程，方便用户编辑修改。

步骤五：点击右上角的“采集”，选择“启动本地采集”，八爪鱼就会开始全自动采集数据。

步骤六：采集完成后，以所需的方式导出数据即可。

通过“智能识别”创建并保存的任务会放在“我的任务”中。在“我的任务”界面，用户可以对任务进行多种操作并查看任务采集到的历史数据。在“客户端界面介绍”中有详细说明。

（二）API 接口

API 接口，全称为应用程序编程接口（Application Programming Interface），是一种定义好的程序接口，它允许两个应用程序或者系统之间进行交互和数据交换。API 接口在软件开发中起到了至关重要的作用，它充当了不同软件或系统之间的桥梁，使得它们能够相互协作，完成特定的任务。

API 接口的使用方式多种多样，包括直接调用、通过框架调用、通过第三方库调用以及通过命令行工具调用等。此外，API 接口还可以分为多种类型，如 REST API、SOAP API、RPC（Remote Procedure Call）API 和 GraphQL API 等，每种类型都有其特点和适用场景。

在安全性方面，API 接口通常采用 API 密钥、认证和授权、加密传输、访问限制以及 JSON Web Token（JWT）等机制来确保数据传输的安全性和完整性。这些安全机制可以有效防止未经授权的访问和数据泄露等安全问题。

（三）RSS 订阅

RSS（Really Simple Syndication）订阅是一种基于 XML 格式的信息聚合技术，它允许用户订阅并自动接收网站内容更新的通知。RSS 订阅通过聚合网站内容，使用户能够在不打开每个网站的情况下，快速浏览和获取最新的信息。RSS 订阅的应用场景非常广泛，适用于博客、新闻网站、论坛等各种类型的网站。通过 RSS 订阅，用户可以轻松地追踪感兴趣的话题或网站，获取最新的信息和动态。

以金融市场为例，金融市场的动态变化极快，投资者、分析师和交易员需要快速获取最新的金融数据，以便做出明智的决策。订阅财经新闻网站的 RSS 源，如《华尔街日报》《金融时报》等，可以第一时间获取到重要的市场新闻和动态。这些新闻往往包含有关股票、债券、货币等金融产品的最新信息，如价格变动、公司财报、政策变化等。而一些金融机构和分析师也会提供 RSS 源，分享他们的市场分析和预测，通过订阅这些资源，投资者可以获取到专业的市场洞察和策略建议。除此之外，一些股票交易平台和金融数据提供商也会提供 RSS 源，用于发布股票价格和财务数据，方便投资者实时追踪股票价格和财务状况，及时做出交易决策。

美联储、欧洲央行等政府机构也会利用 RSS 源发布重要的经济指标和报告，如 GDP 数据、通胀率、利率决策等。

需要注意的是，RSS 订阅并不是所有的网站都提供。一些网站可能出于各种原因（如版权、技术限制等）不提供 RSS 源。此外，RSS 订阅也需要用户具备一定的技术知识和操作能力，如选择合适的 RSS 阅读器、配置订阅源等。

学中做

金融数据的自动化采集方式有很多种，请同学们以小组为单位，每组6～8人，讨论除上述方法外，生活中还有哪些自动化采集数据的方式。在信息爆炸时代，隐私安全成为公众关注的重要问题。那么，爬虫技术在采集数据时，究竟是好是坏呢？我们又该如何应用这些技术？

二、自动化采集中的 Python 语言

用户可以使用多种编程语言来采集数据。选择哪种编程语言取决于用户的具体需求、技能水平以及目标系统的要求。如 Python、Java、C++等一些常用的编程语言，在数据采集和爬虫开发中都非常流行。下面以 Python 为例进行讲解和学习。

（一）Python 语言的概念

Python 是一种计算机程序设计语言，是一种面向对象的动态类型语言，最初被设计用于编写自动化脚本，随着版本的不断更新和语言新功能的添加，越来越多地被用于独立的、大型项目的开发。

Python 最初只是作为一门教育用途的语言，然而随着时间的推移，Python 逐渐走向实际应用。Python 语言的简洁性、高效性和易读性使得它成为数据科学、机器学习、网络编程等领域的首选语言之一。如今，Python 已经成为全球最受欢迎的编程语言之一。

（二）Python 语言的特点

Python 这种计算机语言将编译性、解释性、互动性很好地结合起来，语言简洁易读、可扩展性强，在数据挖掘和科学计算中有很广泛的应用。Python 语言具有下列特点：

（1）Python 语言是解释型语言，这意味着在开发过程中不需要编译，只要提供了相应的解释器，就可以在该平台中运行 Python，具有跨平台的特质。

（2）Python 的语言设计侧重于可读性、易用性和清晰性，对于新手来说十分友好。

（3）Python 语言是面向对象语言，Python 支持面向对象的编程风格，可以将代码封装在对象中。无论是第三方库、函数、模块库、数字、字符串，一切皆为对象，在使用过程中，灵活性很强。

（4）Python 语言具有可扩展性：部分程序可以使用其他语言进行编写，如 C/C++，同时也可以把 Python 嵌入 C/C++程序中，提供脚本功能。

（5）Python 语言是免费的开源软件。

（6）Python 语言具有丰富的标准库和广泛的应用领域，提供了适用于各个主要系统平台的源码或机器码，包括正则表达式、文档生成、单元测试、线程、数据库、网页浏览器、CGI、FTP、电子邮件、XML、HTML、WAV 文件、密码系统、GUI、Tk 等；应用领域涉及 Web 开发、科学计算和统计、人工智能、自动采集开发等。

（三）Python 自动采集的流程

Python 自动采集的流程如图 2－20 所示。

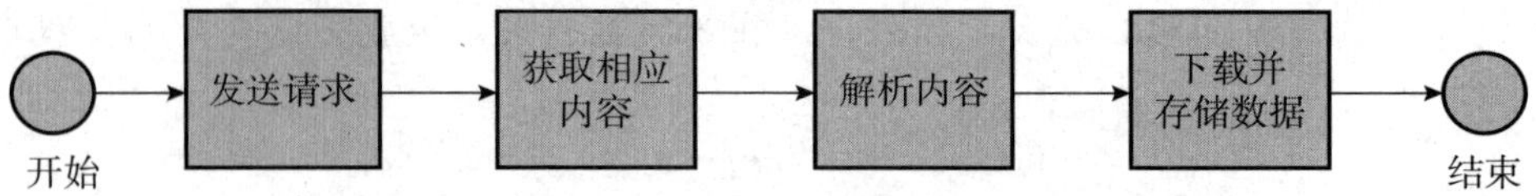

图 2－20　Python 自动采集的流程

1. 发送请求

如同浏览网页一样，运用 Python 进行自动采集时，需要先向目标地址发起请求，然后等待目标页面内容全部加载。在发送请求后，我们会看到网页回复的状态代码。状态代码是由 3 个数字组成的，其中第一个数字定义了响应的类别。状态代码有 5 种取值，具体如下：

1xx：指示信息——表示请求已接收，继续处理。

2xx：成功——表示请求已被成功接收、理解和接受。

3xx：重定向——要完成请求必须进行下一步操作。

4xx：客户端错误——请求有语法错误或请求无法实现。

5xx：服务器端错误——服务器未能实现合法的请求。

2. 获取相应内容

如果发送请求成功，服务器正常响应，则会获取整个目标页面的内容，类似于在浏览器中键入网址并回车，然后可以看到整个页面。

3. 解析内容

解析内容即从需要采集的网页中提取想要的内容。例如，在浏览器中看到的是单只股票的日行情，但是需要采集的是股票的报价，股票价格就是要解析的内容。

4. 下载并存储数据

在解析出需要的部分后，便可以将其下载并暂时存储到内存中；下载出来的数据可能不止一个，而内存的空间有限且宝贵，需要用到数据库或其他形式来将下载的数据分类且长期存储，以便于后面的数据清洗、查找等各种操作。

（四）Python 在金融数据挖掘中的应用

1. 数据处理

金融数据通常庞大且复杂，Python 提供了各种数据处理工具，如 Pandas 库，可以方便地进行数据清洗、筛选、整合等操作，为进一步的数据分析打下基础。

2. 数据分析

Python 的 NumPy 和 SciPy 等库提供了强大的数值计算和统计分析能力，可以对金融数据进行深度的分析和建模。同时，可视化工具如 Matplotlib 和 Seaborn 可以帮助研究人员更好地理解数据和趋势。

3. 机器学习和数据挖掘

Python 的 Scikit-learn 等库提供了各种机器学习和数据挖掘算法，可以对金融数据进行分类、聚类、预测等操作，帮助研究人员发现潜在的风险和机会。

4. 量化交易

Python 可以用于开发量化交易策略和系统，通过分析历史数据、构建交易模型、回测和优化策略等方式，提高交易的效率和盈利能力。

5. 风险管理

Python 可以帮助进行风险管理，如信用评分、市场风险评估、流动性管理等，通过数据分析和模型预测，帮助金融机构更好地管理风险。

6. 自动化和智能化

Python 可以帮助实现金融业务的自动化和智能化，如智能投顾、自动化客服、智能风控等，提高金融服务的质量和效率。

三、Python 自动化采集程序

（一）Python 库准备

Python 中自动采集相关公共工具库有很多，如 Requests 库、Lxml 库、Pandas 库等。Requests 库是 Python 中用于发送 HTTP 请求的库。它提供了简单易用的 API，允许用户发送 GET、POST 等请求，并处理返回的响应。

Pandas 库是 Python 的一个数据分析工具，提供了大量用于数据处理和分析的函数和方法，便于数据导入、清洗、转换和分析，支持数据筛选、分组、排序、合并等操作。除此之外，该库还提供了丰富的数据可视化功能，如柱状图、折线图、散点图等，支持时间序列分析，提供了日期和时间的处理功能、高效的数据读写功能，支持多种文件格式的功能，如 CSV、Excel、SQL 等。

CSV（Comma-Separated Values）文件是一种纯文本文件格式，用于存储表格数据。数据以逗号（或其他分隔符）分隔，每行表示一条记录，每列表示一个字段，可以使用任何文本编辑器打开和编辑。它广泛应用于数据交换和存储。Python 中可以使用 SCV 模块来读写 CSV 文件。

Lxml 库是 Python 的一个 XML 和 HTML 处理库，提供了高效、灵活和易于使用的 API，用于解析、操作和生成 XML 和 HTML 文档。支持 XPath 和 CSS 选择器，方便定位和操作文档中的元素。该库提供了丰富的 API，支持 XML 和 HTML 文档的解析、修改、生成等操作。在调用库中的工具包时，我们常用 import（）函数来导入想要的库或模块。

（二）发送请求

在 Python 中，发送 HTTP 请求通常使用 Requests 库中的 get() 和 post() 函数。这两个函数是最常用的，分别用于发送 GET 和 POST 请求。

1. GET 请求

使用 requests. get() 函数发送 GET 请求。以下是一个简单的示例：

Python代码

```
import requests

url = 'http://api.example.com/data'
response = requests.get(url)

# 检查响应状态码
if response.status_code == 200:
# 响应成功,处理返回的数据
data = response.json() # 如果返回的是 JSON 数据
print(data)
else:
# 响应失败,处理错误
print('请求失败,状态码:',response.status_code)
```

2. POST 请求

使用 requests. post() 函数发送 POST 请求。以下是一个简单的示例：

Python代码

```
import requests

url = 'http://api.example.com/data'
data = {'key1': 'value1','key2': 'value2'} # 要发送的数据

response = requests.post(url,data=data)

# 检查响应状态码
if response.status_code == 200:
# 响应成功,处理返回的数据
print('数据发送成功')
else:
# 响应失败,处理错误
print('请求失败,状态码:',response.status_code)
```

在这两个函数中，还可以通过传递其他参数来定制请求，如设置请求头（headers）、超时时间（timeout）、代理（proxies）等。

此外，Requests 库还提供了其他函数，如 head()、put()、patch() 和 delete()，用于发送其他类型的 HTTP 请求。然而，在实际开发中，get() 和 post() 函数的使用频率通常是最高的。

（三）获取内容

当使用 Requests 库发送 HTTP 请求后，通常需要从响应中获取内容。对于 JSON 格式的响应内容，可以使用 json() 方法；对于文本内容，可以使用 text 属性；对于二进制内容，可以使用 content 属性。

1. 获取 JSON 内容

如果 API 返回的是 JSON 格式的数据，Python 代码如下：

Python代码

```
import requests

url = 'http://api.example.com/data'
response = requests.get(url)

# 检查响应状态码
if response.status_code == 200:
# 解析 JSON 内容
data = response.json()
print(data)
else:
print('请求失败,状态码:',response.status_code)
```

2. 获取文本内容

如果 API 返回的是纯文本内容，可以直接使用 text 属性来获取。Python 代码如下：

Python代码

```
import requests

url = 'http://example.com/text'
response = requests.get(url)

# 检查响应状态码
if response.status_code == 200:
# 获取文本内容
```

```
text_content = response.text
print(text_content)
else:
print('请求失败,状态码:',response.status_code)
```

3. 获取二进制内容

如果 API 返回的是图片、文件或其他二进制数据，可以使用 content 属性来获取。Python 代码如下：

Python代码

```
import requests

url = 'http://example.com/image.jpg'
response = requests.get(url,stream=True) # stream=True 用于懒加载,即分块读取

# 检查响应状态码
if response.status_code == 200:
# 获取二进制内容
binary_content = response.content

# 通常,你会将二进制内容写入文件
with open('image.jpg','wb') as file:
file.write(binary_content)
print('图片已保存')
else:
print('请求失败,状态码:',response.status_code)
```

（四）解析内容

从 HTTP 响应中获取内容后，通常需要解析这些内容以便进一步处理。解析的内容取决于 API 返回的数据类型，如 JSON、XML、HTML 等。以下是针对不同数据类型的解析代码示例。

1. 解析 JSON 内容

如果 API 返回的是 JSON 数据，可以使用 Requests 库中的 json() 方法来解析它：

Python代码

```
import requests

url = 'http://api.example.com/data'
response = requests.get(url)
```

```
# 检查响应状态码
if response.status_code == 200:
# 解析 JSON 内容
data = response.json()

# 处理解析后的 JSON 数据
for item in data:
print(item['key']) # 假设每个 item 都有一个'key'字段
else:
print('请求失败,状态码:',response.status_code)
```

2. 解析 XML 内容

对于 XML 内容，可以使用 xml.etree.ElementTree 模块或第三方库如 Lxml 库来解析。

（1）xml.etree.ElementTree 模块。

Python代码

```
import requests
import xml.etree.ElementTree as ET

url = 'http://api.example.com/xml_data'
response = requests.get(url)

# 检查响应状态码
if response.status_code == 200:
# 解析 XML 内容
root = ET.fromstring(response.text)

# 遍历 XML 树结构
for child in root:
print(child.tag,child.text)
else:
print('请求失败,状态码:',response.status_code)
```

（2）使用 Lxml 库。

Python代码

```
import requests
from lxml import etree

url = 'http://api.example.com/xml_data'
```

```
response = requests.get(url)

# 检查响应状态码
if response.status_code == 200:
# 解析 XML 内容
tree = etree.fromstring(response.text)

# 使用 XPath 查询数据
results = tree.xpath('//ElementName') # 替换'ElementName'为你要查询的元素名
for result in results:
print(etree.tostring(result,pretty_print = True).decode())
else:
print('请求失败,状态码:',response.status_code)
```

3. 解析 HTML 内容

对于 HTML 内容，可以使用 BeautifulSoup 库来解析和提取信息。

Python代码

```
import requests
from bs4 import BeautifulSoup

url = 'http://example.com/page'
response = requests.get(url)

# 检查响应状态码
if response.status_code == 200:
# 解析 HTML 内容
soup = BeautifulSoup(response.text,'html.parser')

# 查找特定的 HTML 元素
elements = soup.find_all('div',class_ = 'my - class') # 查找所有 class 为'my -
class'的 div 元素
for element in elements:
print(element.text) # 打印元素的文本内容
else:
print('请求失败,状态码:',response.status_code)
```

（五）保存数据

保存数据的代码取决于我们想要保存数据的格式和位置。以下是一些常见的保存数据的方法，包括保存为 JSON 文件、CSV 文件、文本文件和二进制文件。

1. 保存为 JSON 文件

Python代码

```
import json

# 假设你有一个字典 data,你想要保存为 JSON 文件
data = {
"name": "John Doe",
"age": 30,
"city": "New York"
}

# 将数据写入 JSON 文件
with open('data.json','w') as file:
json.dump(data,file)
```

2. 保存为 CSV 文件

Python代码

```
import csv

# 假设你有一个包含字典的列表 data_list,每个字典代表一行数据
data_list = [
{"name": "John","age": 25,"city": "London"},
{"name": "Jane","age": 32,"city": "Paris"}
]

# 将数据写入 CSV 文件
with open('data.csv','w',newline='') as file:
writer = csv.DictWriter(file,fieldnames=["name","age","city"])
writer.writeheader(      ) # 写入表头
writer.writerows(data_list) # 写入多行数据
```

3. 保存为文本文件

Python代码

```
# 假设你有一个字符串 text,你想要保存为文本文件
text = "这是一段文本内容."

# 将字符串写入文本文件
with open('text.txt','w',encoding='utf-8') as file:
file.write(text)
```

4. 保存为二进制文件

Python代码

```
# 假设你有一个字节串 data,你想要保存为二进制文件
data = b'\x00\x01\x02\x03'

# 将字节串写入二进制文件
with open('binary_data.bin','wb') as file:
file.write(data)
```

5. 保存数据到数据库

如果你想要将数据保存到数据库中，需要使用适当的数据库驱动和 API。以下是一个使用 SQLite 数据库的简单示例。

Python代码

```
import sqlite3
# 连接到 SQLite 数据库(如果数据库不存在,则会自动创建)
conn = sqlite3.connect('my_database.db')
cursor = conn.cursor()
# 创建一个表
cursor.execute('''
CREATE TABLE IF NOT EXISTS users(
id INTEGER PRIMARY KEY,
name TEXT,
age INTEGER,
city TEXT
)
''')
# 插入数据
data = [
(1,"John",25,"London"),
(2,"Jane",32,"Paris")
]
cursor.executemany('INSERT INTO users (id,name,age,city) VALUES (?,?,?,?)',data)
# 提交事务
conn.commit()
# 关闭连接
conn.close()
```

学中做

编写一个简单的脚本，从财经网站上抓取平安银行（股票代码：000001.SZ）的实时股票代码、名称以及最新交易价格。请注意：由于网站结构和反爬虫机制的变化，要

确保你的行为符合相关法律法规和网站的使用条款。

课证融通

金融大数据处理职业技能等级证书是经过国家认证的职业技能等级证书，旨在培养学生在金融领域中运用大数据处理技能的能力。该证书主要适用于经济金融相关各个行业，如证券、保险、理财、投资以及企业咨询等，以及其他有大数据技能需求的行业。

金融大数据处理职业技能等级证书道德考核内容涵盖金融大数据处理的全流程，既包括数据采集、清洗、质检、存储、分析、可视化以及数据分析、建模应用等，也包括Python基础编程、SQL查询语句、Excel使用等常用计算机语言及技能的学习。作为国家职业教育改革的重要政策之一，该证书的考核不仅有助于学生提升适应大数据时代的综合职业能力，而且为企业提供了更加专业、有技能的人才。

金融大数据处理（中级）职业技能等级证书在数据采集方面的考点主要包括：

（1）数据源识别与选择。考生需要了解并识别各种数据源，包括公共数据库、金融机构内部系统、第三方数据提供商等。根据业务需求，选择合适的数据源进行数据采集。

（2）API接口使用。掌握如何使用API接口进行数据采集，包括了解API的基本概念、接口文档的阅读、请求参数的构造以及响应数据的处理等，能够处理API接口调用过程中可能出现的异常和错误。

（3）爬虫技术。了解并掌握网络爬虫的基本原理和常见技术，如正则表达式、XPath、BeautifulSoup等，用于从网页中提取所需数据。能够设计并实现简单的爬虫程序，进行数据抓取。

（4）数据格式与标准。理解不同数据格式（如CSV、JSON、XML等）的特点和适用场景，能够进行数据格式的转换。遵循数据标准，如数据字典、元数据管理等，确保采集的数据符合规范。

（5）数据安全性。在数据采集过程中，了解并遵守相关的数据安全和隐私保护规定，能够使用加密、身份验证等安全措施，保护采集的数据不被泄露或篡改。

（6）数据采集效率。了解影响数据采集效率的因素，如网络带宽、服务器性能等，并能够采取相应措施提高数据采集效率。熟悉多线程、异步请求等技术，提高数据采集的并发性和稳定性。

（7）数据质量评估。在数据采集后，能够对数据质量进行评估，包括完整性、准确性、一致性等方面；能够根据评估结果调整数据采集策略，提高数据质量。

这些考点要求考生不仅要掌握数据采集的基本技术，还需要具备一定的业务知识和实践能力，能够根据业务需求进行有效的数据采集。同时，也要求考生注重数据安全和隐私保护，确保采集的数据合法、合规。

学中做

运用Python语言编写程序，从新浪财经网站自动采集比亚迪公司的股票简称、股票代码两个字段，并存储到 Excel 文件中。

任务实训

任务 1：从网页数据源获取数据

为了分析银行业各商业银行的竞争力，需要采集各商业银行的资产负债表和利润表数据，结合中联大数据中心预置的采集“千禾味业”资产负债表和利润表数据代码，通过修改相应“证券代码”及“保存文件名称”的方式依次从上交所网站（https://listxbrl.sse.com.cn/）获取“光大银行（601818）”及同行业上市公司 2018—2022 年的资产负债表和利润表数据。银行业上市公司证券代码及证券名称如表 2-3 所示。

表 2-3　银行业上市公司证券代码及证券名称

证券代码	证券名称	证券代码	证券名称	证券代码	证券名称	证券代码	证券名称
600000. SH	浦发银行	601166. SH	兴业银行	601818. SH	光大银行	000001. SZ	平安银行
600015. SH	华夏银行	601169. SH	北京银行	601825. SH	沪农商行	001227. SZ	兰州银行
600016. SH	民生银行	601187. SH	厦门银行	601838. SH	成都银行	002142. SZ	宁波银行
600036. SH	招商银行	601229. SH	上海银行	601860. SH	紫金银行	002807. SZ	江阴银行
600908. SH	无锡银行	601288. SH	农业银行	601916. SH	浙商银行	002839. SZ	张家港行
600919. SH	江苏银行	601328. SH	交通银行	601939. SH	建设银行	002936. SZ	郑州银行
600926. SH	杭州银行	601398. SH	工商银行	601963. SH	重庆银行	002948. SZ	青岛银行
600928. SH	西安银行	601528. SH	瑞丰银行	601988. SH	中国银行	002958. SZ	青农商行
601009. SH	南京银行	601577. SH	长沙银行	601997. SH	贵阳银行	002966. SZ	苏州银行
601077. SH	渝农银行	601658. SH	邮储银行	601998. SH	中信银行		
601128. SH	常熟银行	601665. SH	齐鲁银行	603323. SH	苏农银行		

任务布置：

1. 利用中联大数据中心，通过修改“原始数据-资产负债表数据采集”中预置的千禾味业资产负债表代码中的相关“证券代码”及“文件名称”的方式，采集“光大银行”2018—2022 年的资产负债表数据。

2. 利用中联大数据中心，通过修改“原始数据-利润表数据采集”中预置的千禾味业利润表代码中的相关“证券代码”及“文件名称”的方式，采集“光大银行”2018—2022 年的利润表数据。

说明：由于上市商业银行公司数量较多，本任务只对采集“光大银行（601818）”2018—2022 年的资产负债表和利润表数据进行实训即可。

参考步骤：

1. 采集光大银行资产负债表代码如图 2－21 所示。

```python
import csv  #导入csv模块
import requests  #导入requests请求库
import pandas as pd #导入pandas库
def get_data():  # 定义获取网页链接响应的函数
    url = "http://listxbrl.sse.com.cn/companyInfo/showBalance.do" # 请求Json数据的链接
    headers = {
        'Accept': '*/*',
        'Accept-Encoding': 'gzip, deflate',
        'Accept-Language': 'zh-CN,zh;q=0.9',
        'Connection': 'keep-alive',
        'Content-Length': '54',
        'Content-Type': 'application/x-www-form-urlencoded; charset=UTF-8',
        'Host': 'listxbrl.sse.com.cn',
        'Origin': 'http://listxbrl.sse.com.cn',
        'Referer': 'http://listxbrl.sse.com.cn/companyInfo/toCompanyInfo.do?stock_id=601818&report_period_id=5000',
        'User-Agent': 'Mozilla/5.0 (Windows NT 10.0; Win64; x64) AppleWebKit/537.36 (KHTML, like Gecko) Chrome/81.0.4044.138 Safari/538.36',
        'X-Requested-With': 'XMLHttpRequest',
} # headers为请求头信息，从网页复制后需要转换为python字典类型
# 构造post请求，设置请求的url，headers和提交的字典参数data
    content = requests.post(url=url, headers=headers,
                            data={'report_year': '2022', # report_year        报表年份
                                  'stock_id': '601818', # stock_id          股票代码
                                  'report_period_id': '5000'}).json()  # report_period_id   报表类型
    # 报表类型四种：年报5000、一季报4000、半年报1000、三季报4400
    return content  # 将请求的响应返回

#. . . . . . . . . . . . . . . . . . . . .略

save_csv(get_data(),"光大银行资产负债表.csv")

print('爬取完成')

#读取"千禾味业资产负债表.csv"
df=pd.read_csv('光大银行资产负债表.csv')
#保存为excel文件
df.to_excel('光大银行资产负债表.xlsx',index=False)
print(df)
```

图 2－21　采集光大银行资产负债表代码

2. 采集光大银行利润表代码如图 2－22 所示。

```python
import csv
import requests


headers = {
    "Accept": "*/*",
    "Host":"listxbrl.sse.com.cn",
    "Content-Type":"application/x-www-form-urlencoded;charset=UTF-8",
        "Origin":"http://listxbrl.sse.com.cn",
        "Referer":"http://listxbrl.sse.com.cn/companyInfo/toCompanyInfo.do?stock_id=601818&report_period_id=5000",
        "User-Agent":"Mozilla/5.0 (Windows NT 10.0;WOW64) AppleWebKit/537.36 (KHTML, like Gecko) Chrome/86.0.4240.198 Safari/537.36",
        "X-Requested-With": "XMLHttpRequest"
}

reqData ={'report_year':'2022','stock_id':'601818','report_period_id':'5000'}
def get_data():
    url ="http://listxbrl.sse.com.cn/profit/showmap.do"
    content=requests.post(url=url,headers=headers,data=reqData).json()
    return content

#. . . . . . . . . . . . . . . . . . . . . . . . . . . . . . . . .略

save_csv(get_data(),"光大银行利润表.csv")
#print('爬取完成')
import pandas as pd
df=pd.read_csv('光大银行利润表.csv')
df.to_excel('光大银行利润表.xlsx',index=False)
print(df)

#如需爬取其他上市公司利润表，将上述代码中千禾味业的证券代码"603027"修改为对应上市公司证券代码，并将文件名称"千禾味业利润表.csv"修改为"某某（证券名称）利润表.csv"即可
```

图 2－22　采集光大银行利润表代码

运行结果如图 2-23 所示。

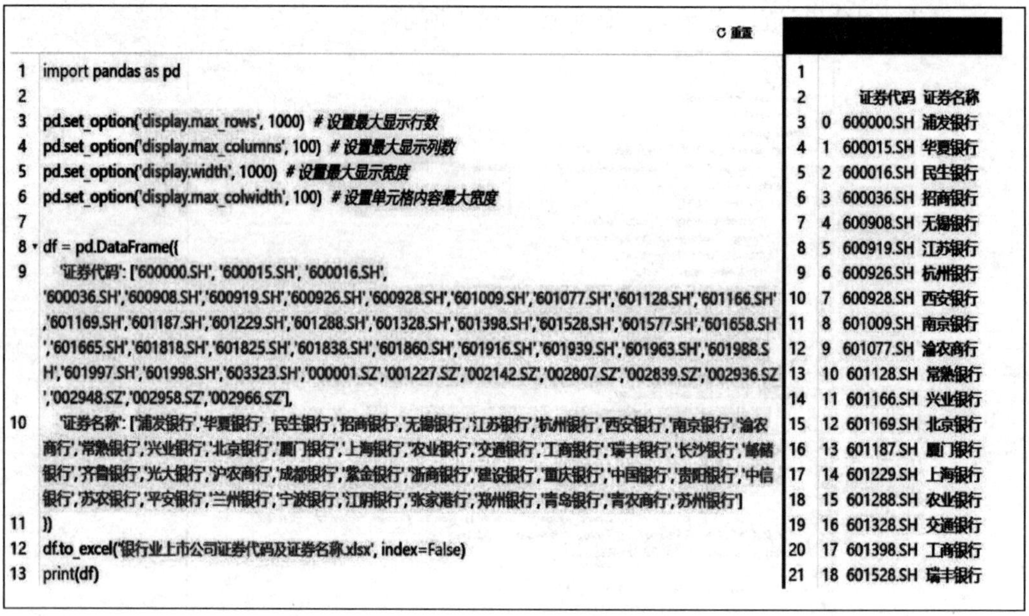

C 重置

```
import pandas as pd

pd.set_option('display.max_rows', 1000) # 设置最大显示行数
pd.set_option('display.max_columns', 100) # 设置最大显示列数
pd.set_option('display.width', 1000) # 设置最大显示宽度
pd.set_option('display.max_colwidth', 100) # 设置单元格内容最大宽度

df = pd.DataFrame({
    '证券代码': ['600000.SH', '600015.SH', '600016.SH',
'600036.SH','600908.SH','600919.SH','600926.SH','600928.SH','601009.SH','601077.SH','601128.SH','601166.SH'
,'601169.SH','601187.SH','601229.SH','601288.SH','601328.SH','601398.SH','601528.SH','601577.SH','601658.SH
','601665.SH','601818.SH','601825.SH','601838.SH','601860.SH','601916.SH','601939.SH','601963.SH','601988.S
H','601997.SH','601998.SH','603323.SH','000001.SZ','001227.SZ','002142.SZ','002807.SZ','002839.SZ','002936.SZ
','002948.SZ','002958.SZ','002966.SZ'],
    '证券名称': ['浦发银行','华夏银行', '民生银行','招商银行','无锡银行','江苏银行','杭州银行','西安银行','南京银行','渝农
商行','常熟银行','兴业银行','北京银行','厦门银行','上海银行','农业银行','交通银行','工商银行','瑞丰银行','长沙银行','邮储
银行','齐鲁银行','光大银行','沪农商行','成都银行','紫金银行','浙商银行','建设银行','重庆银行','中国银行','贵阳银行','中信
银行','苏农银行','平安银行','兰州银行','宁波银行','江阴银行','张家港行','郑州银行','青岛银行','青农商行','苏州银行']
})
df.to_excel('银行业上市公司证券代码及证券名称.xlsx', index=False)
print(df)
```

	证券代码	证券名称
0	600000.SH	浦发银行
1	600015.SH	华夏银行
2	600016.SH	民生银行
3	600036.SH	招商银行
4	600908.SH	无锡银行
5	600919.SH	江苏银行
6	600926.SH	杭州银行
7	600928.SH	西安银行
8	601009.SH	南京银行
9	601077.SH	渝农商行
10	601128.SH	常熟银行
11	601166.SH	兴业银行
12	601169.SH	北京银行
13	601187.SH	厦门银行
14	601229.SH	上海银行
15	601288.SH	农业银行
16	601328.SH	交通银行
17	601398.SH	工商银行
18	601528.SH	瑞丰银行

图 2-23 运行结果

任务 2：从数据平台获取数据

通过任务 1 从上交所网站获取的光大银行等上市银行的资产负债表和利润表等数据属于通用财务报表格式，未能体现银行类企业的独特性，不便于对银行类企业进行精准分析。为了后续分析，中联大数据中心预置了银行类企业 2021—2022 年的资产负债表和利润表数据。

任务布置：

1. 利用中联大数据中心，从“数据采集-原始数据”中采集 2021—2022 年光大银行的资产负债表数据。

2. 利用中联大数据中心，从“数据采集-原始数据”中采集 2021—2022 年光大银行的利润表数据。

说明：由于上市银行数量较多，本任务只需对“光大银行”的资产负债表和利润表数据进行采集即可，可采取同样的方法对其他银行的财务报表数据进行采集（本任务无须评分）。

参考步骤：

1. 预览（见图 2-24）。

2. 点击文件（见图 2-25）。

3. 采集数据（见图 2-26）。

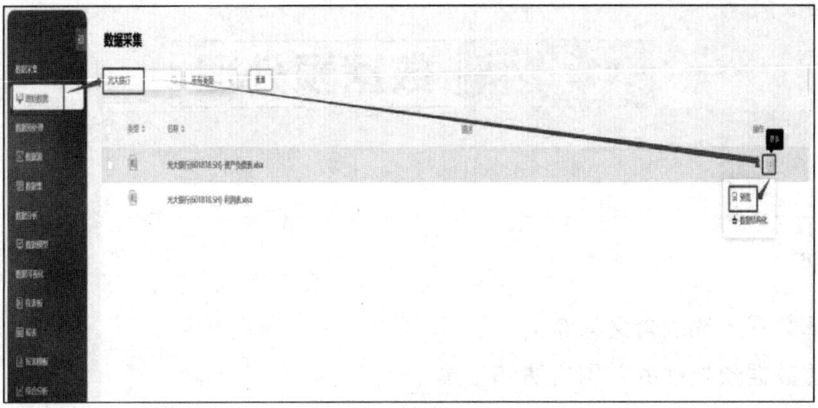

图 2-24　预览

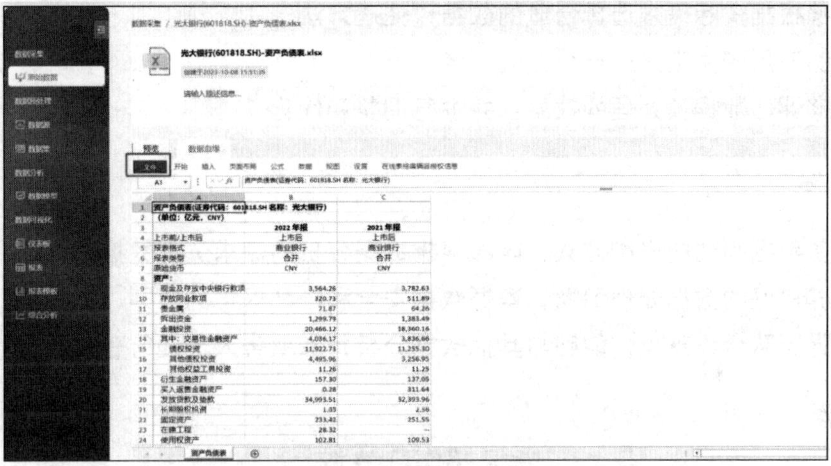

图 2-25　点击文件

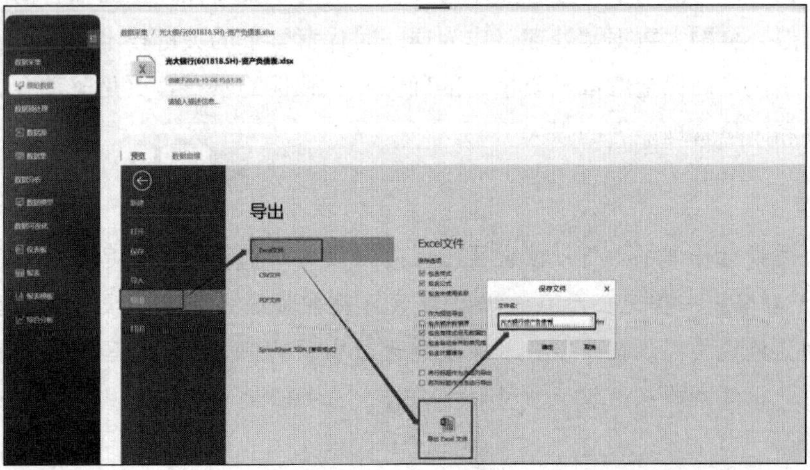

图 2-26　采集数据

任务三 数据预处理

知识目标

1. 了解数据清洗的含义与意义
2. 掌握数据预处理的常用方法和工具

能力目标

1. 能够根据实际需求选择合适的数据预处理方法
2. 能够使用相关工具进行数据清洗操作
3. 能够评估数据预处理的效果，并进行调整和优化

素质目标

1. 具备数据驱动的思维方式，能够根据数据分析的需求进行数据预处理
2. 培养良好的数据处理习惯，遵循数据安全和隐私保护的原则
3. 增强团队合作意识，能够与其他数据分析师和业务人员进行有效的沟通和协作

知识链接

在数字化时代的浪潮中，金融业作为社会经济的重要支柱，正面临着前所未有的数据挑战与机遇。金融大数据预处理，作为这一时代背景下的关键技术，发挥着至关重要的作用。它不仅是确保金融数据质量、准确性和一致性的基石，更是驱动金融创新、提升业务洞察和风险管理能力的强大引擎。

学中做

中国人民银行征信中心是中国重要金融基础设施，负责金融信息基础数据库（征信系统）、动产融资统一登记公示系统以及应收账款融资服务平台建设、运行和管理，为金融机构和其他机构提供征信服务。在金融大数据预处理方面，中国人民银行征信中心采取了一系列措施来确保数据的质量和准确性。你知道主要采取哪些措施来进行数据预处理吗？

数据看中国

中国人民银行
征信中心

一、数据清洗的含义和意义

（一）数据清洗的含义

数据清洗是指识别不正确、不完整、不相关或有其他问题的脏数据，然后替换、修改或删除这些数据。

在进行数据清洗时，首要任务是识别出这些脏数据。这通常需要依靠一系列的数据探索和检查技术，如数据可视化、统计分析等，以识别出数据中的异常值、缺失值、重复项或不合理的值。一旦脏数据被识别出来，下一步就是决定如何处理这些数据。常见的数据清洗操作包括填充缺失值、修正错误值、删除重复项等。对于缺失值，可以采用均值填充、中位数填充或插值等技术进行填充；对于错误值，可以通过业务规则、数据对比或使用算法进行修正；对于重复项，则需要进行去重处理。最后，经过清洗后的数据需要进行评估和验证，以确保其质量和准确性。这包括检查数据的完整性、一致性和准确性，以及确保数据满足业务需求和目的。

（二）数据清洗的意义

数据清洗有助于提高数据准确性，加快分析决策效率，提升数据质量。数据清洗过程一般分为两个步骤：一是预处理，以保障数据的合规；二是数据的质检和修正，即根据数据的具体业务逻辑和使用需求，进行合理的修正。

二、数据预处理的常用方法

（一）空值及缺失值处理

在数据预处理过程中，空值及缺失值的处理是一个重要的环节。空值或缺失值是指数据集中某些位置缺乏有效或准确的数据。这些缺失的数据可能导致分析结果的不准确或倾斜，因此需要进行适当的处理。处理方法主要包括忽略含有缺失值的数据、删除含有缺失值的数据、用替代值填充缺失部分。

1. 忽略含有缺失值的数据

这种方法适用于数据集中的缺失值占比很小的情况。我们可以选择直接忽略含有缺失值的数据行或数据列，从而减少对整体分析的影响。但是，这种方法可能导致数据集的规模减小，进而影响结果的准确性。

2. 删除含有缺失值的数据

这是一种较为常见的处理方式，通过删除含有缺失值的整行或整列数据，确保数据分析的准确性。然而，这种方法可能会导致数据集的规模进一步减小，特别是在缺失值较多的情况下，可能造成数据的倾斜或不完整。

3. 用替代值填充缺失部分

当直接忽略或删除含有缺失值的数据不可行时，可以采用替代值填充缺失部分的方法。常用的替代策略包括以下几种。

（1）补 0：将缺失值替换为 0，适用于某些特定的数据类型和场景。

（2）均值填补：使用数据列或数据集的均值来填充缺失值。

（3）中位数填补：使用数据列或数据集的中位数来填充缺失值。

（4）众数填补：使用数据列或数据集的众数来填充缺失值。

用户可以根据具体情况选择和使用这些替代策略，但需要注意的是，直接用均值或众数填补可能会带来一些问题，因为它们可能会引起更大的误差。因此，在选择合适的替代策略时，用户需要根据数据的特性和业务需求进行权衡和考虑。

（二）重复值处理

1. 数据重复值处理

在数据预处理过程中，处理重复值是确保数据质量和准确性的重要步骤。重复值可能源于多种原因，如数据录入错误、数据整合时的重复记录等。处理重复值的方法取决于数据的性质和分析的目的。

2. 重复值的类型

（1）完全重复：数据集中的两行或多行完全相同，包括所有列的值。

（2）部分重复：数据集中的两行或多行在某些列上相同，但在其他列上不同。

（3）近似重复：数据集中的两行或多行在大多数列上相似，但可能存在细微的差异，如拼写错误、日期格式不统一等。

3. 处理重复值的注意事项

（1）理解业务需求：在处理重复值之前，首先要明确业务需求和目的，确定哪些重复值是需要处理的，哪些可能是合理的重复。

（2）数据备份：在进行重复值处理之前，建议先备份原始数据，以防处理过程中发生意外情况而导致数据丢失。

（3）选择合适的处理方法：根据数据的特性和分析的目的，选择合适的重复值处理方法。

4. 重复值检查的方法

（1）基于特定列的检查：使用特定的列（如 ID、姓名等）来检查重复值。这适用于那些有明确唯一标识的数据集。

（2）基于所有列的检查：检查数据集中所有列的值是否完全相同。这适用于那些没有明确唯一标识的数据集。

（3）基于相似度的检查：使用模糊匹配或近似匹配的方法，检查数据集中近似重复的值。这种方法可以识别出那些虽然不完全相同但具有高度相似性的数据。

5. 处理重复值的方法

（1）删除重复值：直接删除数据集中的重复行，保留唯一的一行。

（2）合并重复值：将重复行的某些列进行合并，形成一个更完整的记录。例如，如果两个重复行在姓名和地址上相同，但在电话号码上不同，可以将它们合并成一个记录，包含两个电话号码。

（3）标记重复值：在数据集中添加一个标记列，用于标识哪些行是重复的。这样可以在后续的分析中轻松识别和处理这些重复值。

（三）异常值检测

在金融数据分析中，异常值检测是至关重要的环节。异常值，又称离群点，是指那些远离其他数据点的观测值。在金融数据中，异常值可能代表欺诈行为、错误输入、市场异常事件或其他重要因素。因此，对异常值的有效检测和处理对于保障数据质量、提高分析准确性以及识别潜在风险具有重要意义。

1. 异常值检测的方法

（1）基于统计的方法。

1）Z-score 或标准分数方法：通过计算每个数据点与平均值的距离（以标准差为单位）来识别异常值。通常而言，Z-score 超过 3 的数据点被视为异常值。

2）IQR（四分位距）方法：使用数据的第 25％分位数（Q1）和第 75％分位数（Q3）来计算 IQR。任何小于 Q1－1.5×IQR 或大于 Q3＋1.5×IQR 的值都被认为是异常值。

（2）基于图形的方法。

1）箱线图：通过绘制数据的分布、中位数、四分位数等统计量，可以直观地识别出异常值。

2）散点图：在多维数据中，通过绘制散点图可以识别出与其他数据点明显偏离的点。

（3）基于机器学习的方法。

1）孤立森林（Isolation Forest）：一种高效的异常值检测算法，通过构建多棵决策树来隔离观测值，并根据隔离的难易程度来判断异常值。

2）一分类支持向量机（One-Class SVM）：通过学习数据的正常模式来识别异常值。

2. 异常值检测在金融数据处理中的应用

（1）交易数据分析：在股票交易、外汇交易等金融市场中，异常值可能代表大额交易、价格异常波动等。通过异常值检测，可以及时发现这些事件，分析其对市场的影响。

（2）信贷风险评估：在信贷业务中，异常值可能代表借款人的异常行为或还款能力的变化。通过异常值检测，可以及时发现潜在风险，调整信贷策略。

（3）欺诈行为识别：在金融欺诈案件中，异常值往往表现为异常频繁的交易、大额转账等。通过异常值检测，可以及时发现这些异常行为，提高反欺诈能力。

（四）逻辑不一致性检查

逻辑不一致性检查对于确保数据质量、提高分析准确性和避免误导性结论具有重要意义。通过逻辑不一致性检查，可以发现并纠正数据中的错误，提高数据的可靠性和可信度。此外，逻辑不一致性检查还有助于发现潜在的数据录入问题、系统错误或数据整合问题，为改进数据管理和提高数据质量提供有力支持。

1. 逻辑不一致性检查的内容

（1）自相矛盾的数据：检查数据集中是否存在自相矛盾的信息。例如，一个人的出生日期和年龄之间存在矛盾，或者一个人的收入与其职业和学历明显不匹配。

（2）违反常识的数据：检查数据是否违反了常识或一般逻辑。例如，一个地区的平均气温超过了可能的理论最大值，或者一家公司的收入明显小于其支出。

（3）数据间关系的不一致性：检查数据之间的关系是否一致。例如，检查一个订单表中订单数量与订单总价的关系，确保它们的乘积等于总金额。

（4）时间顺序的不一致性：检查涉及时间的数据是否存在顺序错误。例如，一个人的教育经历中，学位的获得时间早于入学时间。

（5）数据的不完整性：检查数据是否完整、是否存在缺失值或冗余值。例如，在一个表单中，某些字段是必填项，但存在缺失值。

2. 逻辑不一致性检查的方法

（1）规则检查：根据业务规则和常识，制定一系列检查规则，并使用这些规则对数据集进行逐条检查。

（2）条件筛选：使用条件语句（如 SQL 的 WHERE 子句）筛选出可能存在逻辑不一致的数据。

（3）数据对比：将数据集与其他可靠的数据源进行对比，以发现不一致之处。

（五）数据规范

数据规范涉及数据结构的标准化、数据命名和格式的统一性，以及数据质量和完整性的保障。数据规范的目的在于确保数据的准确性、一致性和可理解性，提高数据的使用效率和价值。

1. 数据规范的重要性

（1）提高数据质量：通过数据规范，可以确保数据的准确性、完整性和一致性，减少数据错误和冗余。

（2）提高数据可理解性：统一的数据命名、格式和结构有助于用户理解和使用数据，减少误解和混淆。

（3）提高数据使用效率：规范的数据结构有利于数据的存储、检索和分析，提高数据处理和分析的效率。

2. 数据规范的主要内容

（1）数据命名规范：确保数据命名具有描述性、简洁性和一致性，避免使用模糊或含义不清的命名。

（2）数据格式规范：统一数据格式，如日期、时间、数字、文本等，确保数据的一致性和可比性。

（3）数据结构规范：通过数据库设计原则，如关系型数据库的范式理论，优化数据结构，减少数据冗余。

（4）数据完整性规范：确保数据的完整性，包括实体完整性、参照完整性和应用程序完整性。

（5）数据质量规范：制定数据质量标准和评估方法，确保数据的准确性、可靠性和及时性。

3. 实施数据规范的步骤

（1）需求分析：明确数据规范的目标和范围，了解业务需求和数据特点。

（2）制定规范：根据需求分析结果，制定数据命名、格式、结构、完整性和质量等方面的规范。

（3）实施规范：将规范应用于数据收集、存储、处理和分析的全过程，确保数据的规范性。

（4）持续监控：定期检查和评估数据质量，及时发现并纠正数据规范中的问题。

课证融通

数据预处理在金融数据大处理中扮演着至关重要的角色，对于提高数据质量、适应特定的挖掘技术或工具、降低计算成本以及提高数据挖掘的精度和效果等方面都具有重要作用。

金融大数据处理（中级）职业技能等级证书对于数据预处理的考核内容主要包括以下几个方面。

（1）数据清洗：检验能否有效识别和纠正数据中的错误、异常或不完整的信息。这可能包括处理缺失值、纠正错误的数据条目、删除重复记录等。

（2）数据整合：评估能否将来自不同源的数据整合到一个统一的格式或结构中。这可能涉及数据合并、数据转换以及处理不同数据源之间的数据冲突或不一致。

（3）数据转换：检验能否将数据从一种格式或结构转换为另一种格式或结构，以便进行进一步的分析或处理。这可能包括数据规范化、数据标准化、特征工程等。

（4）数据质量评估：评估数据的质量和完整性，确定数据是否适合进行进一步的分析或建模。这可能涉及对数据准确性、一致性、完整性和时效性的评估。

（5）数据预处理策略的选择和应用：根据具体的数据集和分析目标，选择和实施适当的数据预处理策略。这可能涉及选择适当的数据清洗、整合、转换或质量评估方法。

（6）使用工具和技术：使用适当的工具和技术进行数据预处理。这可能包括编程语言（如 Python、R 等）、数据处理库（如 Pandas、NumPy 等）或数据可视化工具（如 Tableau、Power BI 等）。

这些考核内容旨在确保具有金融大数据处理（中级）职业技能等级证书的专业人员能够有效地处理和分析金融数据，以提供有价值的见解和决策支持。

在金融行业中，无论是利用数据进行分析决策还是金融产品设计，在保证数据源可靠的同时，还要保证数据质量。未经清洗的错误数据一旦提供给了使用者，就会对使用者产生决策误导。数据清洗作为数据质量管理的重要一环，能够检测并消除数据中出现的不一致问题或错误，以提高数据的质量。

金融大数据处理（初级）职业技能等级证书对于数据清洗的考核内容主要包括以下几个方面。

（1）确保原始数据的准确输入。

（2）检查字符型变量仅包含有效值。

（3）检查数值型变量是否在预定范围内。

（4）检查是否存在缺失数据。

（5）检查并删除重复数据。

（6）检查特殊值是否唯一。

（7）检查是否存在无效数据。

（8）检查每一个文件内的 ID 编号。

（9）确认是否遵循复杂多文件规则。

任务实训

某公司的员工工资如表 2－4 所示，请同学们使用已掌握的数据预处理方法对表 2－4 进行数据清洗。

表 2－4　某公司的员工工资表

日期	出生日期	工号	姓名	所在部门	工资
2024 年 2 月 2 日	1992/1/3	2001801	张一	财务部	5 500
2024/2/2	1995/12/10	2001802	李二	财务部	5 290
2024/2/2	1988/3/3	2001803	王三	财务部	7 158
2022/2/2	1894/11/13	2001804	赵四	财务部	4 583
2024/2/2	1996/5/4	2001804	孙五	财务部	3 398

参考：本次数据预处理使用 Excel 进行操作。

1. 删除空白行。表 2－4 中有一处空白行需删除。在 Excel 软件中可以运用定位法进行操作。首先找到空白的单元格，然后选择空白的单元格将整行删除，可以通过按 Ctrl＋G 调出定位选择定位条件，然后选择空值（见图 2－27），点击“定位”，这样所有的空白行就会被选中，然后点击鼠标右键，选择删除，再选择整行即可。

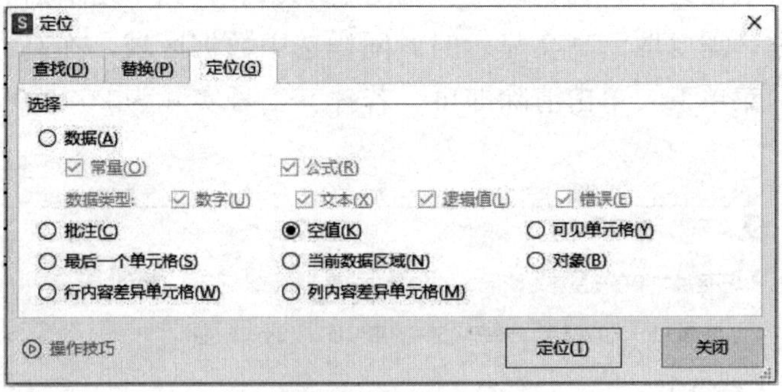

图 2－27　Excel 选择定位

2. 在日期一栏可以看到，日期的格式不统一。将要更改的日期改为“yyyy/m/d”格式。用鼠标右键点击“设置单元格格式”；弹出浅灰色框，点击“自定义”，再输入单元格类型：“yyyy/m/d”（见图 2－28）。

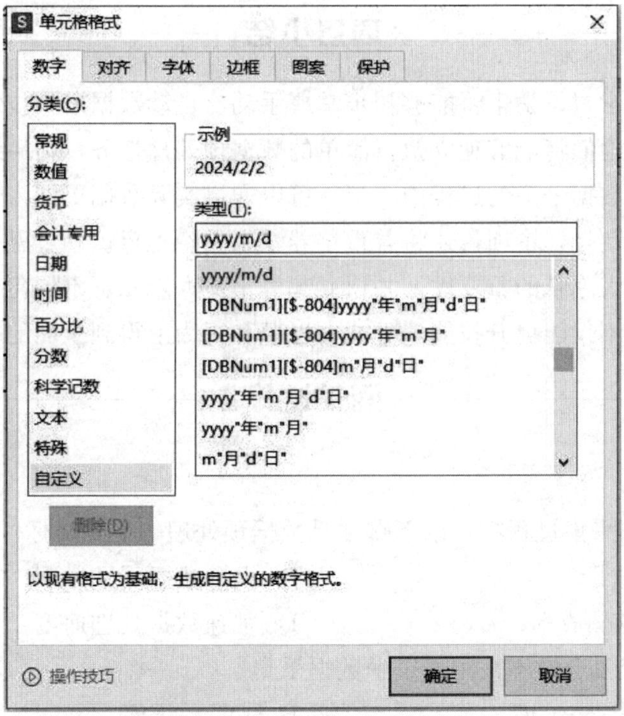

图 2－28　Excel—设置单元格格式—自定义

3. 赵四出生日期有明显逻辑不一致性，出生年份为 1894 年，需查证后更新。若查证后赵四出生日期为 1994 年，可直接在表格处进行更改。

4. 表格中出现重复值，赵四与孙五工号相同。首先我们对具有唯一性的指标字段进行筛查，即工号一栏，在数据选项卡下找到“重复项”功能。包括：高亮显示重复值、拒绝录入重复值、删除重复值等。选中高亮显示重复项，单击设置时，会重新弹出数据区域的选择框，方便重新修改数据区域，确定即可（见图 2－29）。找到重复值后进行查证更改数据，需要取消高亮显示时，同样选中数据区域，在高亮显示重复值横向菜单下，单击清除即可。若孙五工号实际为 2001805，即可直接在表格中进行更改。

直通大赛

项目二

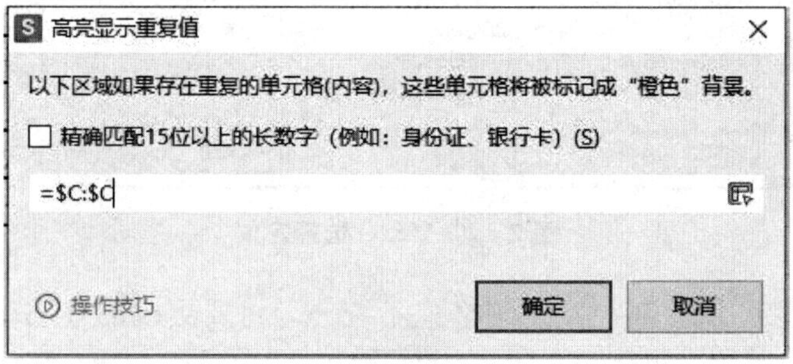

图 2－29　Excel—数据—重复项—高亮显示重复值

项目小结

经过本项目的学习，学生将能够初步掌握手动与自动数据采集技术，以及数据清洗与预处理的方法。他们将能够独立执行简单的数据预处理任务，为后续的数据分析工作奠定基础。同时在数据采集的过程中，学生可以通过实际数据更深入地了解中国经济的发展形势和趋势。此外，本项目还将着重培养学生的隐私意识和金融安全意识，使他们充分认识到保护个人隐私的重要性，并树立起尊重他人隐私、不侵犯他人合法权益的法律观念，促使他们不仅能提升技能，更能在思想和行为上得到全面的提升和成长。

闯关试练

一、单选题

1. 在金融数据采集过程中，以下哪项是数据预处理的主要目标？（　　）

A. 增加数据数量　　B. 提升数据质量

C. 减少数据存储成本　　D. 加速数据处理速度

2. 以下哪个工具通常不被用于金融数据采集？（　　）

A. Python 的 Pandas 库　　B. SQL 数据库

C. Excel　　D. Java 的 Spring 框架

3. 在金融数据采集过程中，数据清洗的主要目的是什么？（　　）

A. 增加数据数量　　B. 提升数据质量

C. 改变数据结构

D. 降低数据维度

4. 以下哪个步骤不是金融数据采集过程的一部分？（　　）

A. 数据规划

B. 数据抓取

C. 数据存储

D. 数据分析

5. 以下哪项不是金融数据采集面临的挑战？（　　）

A. 数据来源的不可靠性

B. 数据格式的多样性

C. 数据采集的自动化

D. 数据安全和隐私问题

二、多选题

1. 数据采集的常用方法包括（　　）。

A. 网络爬虫

B. 问卷调查

C. 传感器收集

D. 第三方数据购买

E. API 接口调用

2. 数据预处理的主要步骤包括（　　）。

A. 数据清洗

B. 数据集成

C. 数据变换

D. 数据归约

E. 数据存储

3. 以下哪些属于数据清洗的操作？（　　）

A. 处理缺失值

B. 纠正错误数据

C. 去除重复数据

D. 数据规范化

E. 数据离散化

4. 在数据采集过程中，以下哪些因素可能影响数据质量？（　　）

A. 数据来源的可靠性

B. 数据采集工具的选择

C. 数据传输过程中的错误

D. 数据存储的格式

E. 数据采集人员的专业水平

5. 数据预处理中，处理缺失值的方法有哪些？（　　）

A. 删除含有缺失值的记录

B. 使用均值、中位数或众数填充

C. 使用插值法填充

D. 使用回归模型预测填充

E. 保留缺失值作为特殊标记

三、判断题

1. 金融数据采集过程中，数据清洗是必不可少的步骤。（　　）

2. 在金融数据采集时，可以随意使用公开可用的 API 来获取数据，无须考虑数据的使用条款和条件。（　　）

3. 金融数据采集只需要考虑数据的来源和质量，而不需要考虑数据的结构和格式。（　　）

4. 在进行金融数据采集时，只有大型企业才需要关注数据的安全性和隐私保护问题。 （　　）

5. 金融数据采集只涉及结构化数据，不涉及非结构化数据。（　　）

四、实训题

假设你是一家金融分析公司的数据分析师，你的任务是为公司收集关于某家上市公司的财务数据。这家公司在全球范围内有多个子公司，并且每个子公司都定期发布财务报告。请描述你将如何设计和执行一个数据采集策略，以确保你能及时、准确地获取并分析这些数据。

要求：

（1）描述你将使用哪些数据来源（如公司网站、证券交易所、第三方数据提供商等）。

（2）阐述你将如何确保数据的准确性和完整性。

（3）讨论你将如何处理数据的格式多样性问题。

（4）说明你将如何确保数据采集过程的合法性和合规性。

项目三

金融大数据存储与查验

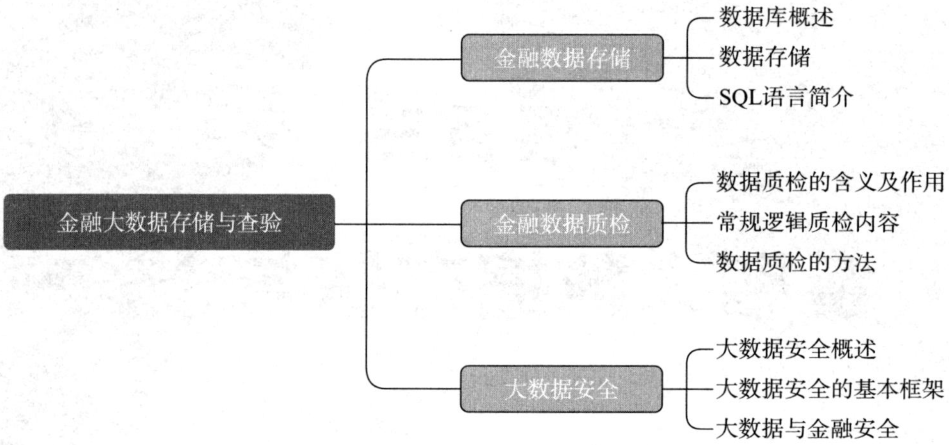
金融大数据存储与查验
金融数据存储
数据库概述
数据存储
SQL语言简介
金融数据质检
数据质检的含义及作用
常规逻辑质检内容
数据质检的方法
大数据安全
大数据安全概述
大数据安全的基本框架
大数据与金融安全

任务一 金融数据存储

知识目标

1. 了解数据库的含义和数据存储的概念
2. 熟悉常用的数据库类型
3. 掌握不同数据库存在的区别

能力目标

1. 能够熟练对数据进行存储
2. 能够对不同类型的数据库进行区分

素质目标

1. 树立依法合规操作的职业理念，培育严谨做事的工作态度
2. 培养数据科学思维以及创新能力

知识链接

一、数据库概述

（一）数据库的含义和特点

1. 数据库的含义

数据看中国

蚂蚁集团开源高性能图数据库TuGraph，成立图计算开源委员会

数据库是按照数据结构来组织、存储和管理数据的仓库。简单来说，它是一个能够合理保管数据的“仓库”，用户在这个“仓库”中存放要管理的事务数据。作为一个长期存储在计算机内的、有组织的、可共享的、统一管理的大量数据的集合，数据库里的数据按照某种数据结构（如关系型或非关系型）进行组织，以便用户应用程序可以方便地进行访问、查询、更新、删除等操作。数据库系统则是由数据库及其管理软件（如 DBMS）组成的系统。它是一个实际可运行的存储、维护和应用系统提供数据的软件系统，是存储介质、处理对象和管理系统的集合体。

2. 数据库的特点

数据库的特点主要包括数据结构化、数据共享性高、数据独立性高以及数据统一管

理与控制四个方面。

（1）数据结构化。

整体数据的结构化是数据库最主要的特征之一。在数据库中，数据是按照一定的结构（如关系型数据库的表格）进行组织和存储的。这种结构化不是针对某个应用，而是面向整个组织的。例如，一个公司的员工信息可以存储在一个结构化的员工表中，包含员工的编号、姓名、部门、职位等字段，方便进行统一的查询和管理。

（2）数据共享性高。

数据库的数据共享性高是由于数据库中的数据是面向整体的，因此数据可以被多个用户、多个应用程序共享使用。这样可以大幅减少数据冗余，节约存储空间，避免数据之间的不相容性与不一致性。以学校的图书馆管理系统为例，多个学生和图书馆管理员可以同时访问数据库中的图书信息，进行借阅、归还和查询等操作，而不需要各自维护一份独立的图书数据。

（3）数据独立性高。

数据独立性包含逻辑独立性和物理独立性。逻辑独立性是指数据库中数据的逻辑结构和应用程序相互独立，即当数据的逻辑结构发生变化时，不需要修改应用程序的代码。物理独立性是指数据物理结构的变化不影响数据的逻辑结构。以电商平台为例，即使底层数据库的存储结构或位置发生变化，上层的应用程序仍然可以通过相同的接口访问商品、订单等数据，无须关注底层的具体实现。

（4）数据统一管理与控制。

数据统一管理与控制是指数据库系统提供了数据的统一控制功能，包括安全控制、完整控制和并发控制。安全控制可以防止数据丢失、错误更新和越权访问；完整控制可以确保数据的正确性和有效性；并发控制则允许在同一时间内对数据库进行多路存取，以防止用户之间的异常交互。以银行的账户管理系统为例，数据库系统可以确保每个账户的交易都是安全、准确且有序的，即使在多个用户同时进行转账、查询等操作的情况下也能保持数据的完整性和一致性。

（二）数据库的类型

数据库的类型主要分为两大类：关系型数据库（Relational Database，RDB）和非关系型数据库（Non-Relational Database，NoSQL）。

1. 关系型数据库

关系型数据库是最常见的数据库类型，通常采用二维表格的形式呈现出来。每个表格由行（记录）和列（字段）组成。关系型数据库使用结构化查询语言（SQL）进行数据操作和管理。以下是应用较为广泛的关系型数据库管理系统。

（1）MySQL。

MySQL是一个流行的开源关系型数据库管理系统（RDBMS），由瑞典公司MySQL AB开发，目前属于Oracle公司的一部分。MySQL以高性能、可靠性和易用性而闻名，特别适用于 Web 应用、中小型网站以及大型企业的各种应用场景。MySQL 所使用的 SQL 语言是访问数据库最常用的标准化语言，其因体积小、速度快、总体拥有成本低且开源的特点，受到很多中小型网站开发者的青睐。

MySQL 在金融行业中的应用非常广泛，无论是数据存储和管理，还是实时分析和报表，或是风险控制和反欺诈，MySQL 都提供了强大的支持和功能。据调研，超过 90%的金融机构已广泛应用或试用 MySQL 数据库，尤其在中国工商银行、中国建设银行、招商银行等大型金融机构中，MySQL 数据库的应用已经得到了规模化推广。

（2）SQL Server。

SQL Server 是由微软（Microsoft）公司开发的关系型数据库管理系统。自首次发布以来，SQL Server 已经成为全球最受欢迎的数据库之一，特别是在企业级应用中。作为一个全面的数据库平台，它提供了企业级的数据管理功能，包括数据存储、处理、分析和保护，特别适用于需要处理大量数据、支持高并发访问和提供高级安全性的应用。

SQL Server 在金融行业中的应用非常广泛，它能够满足金融行业对于数据的安全性、可靠性、高性能和实时处理的需求。例如，SQL Server 可以用于支持金融机构的核心交易系统，包括股票交易、债券交易、外汇交易等。它能够处理大量的交易数据，并提供高并发访问的能力，确保交易系统的稳定性和可靠性。SQL Server 还可以提供强大的数据存储和管理功能，帮助金融机构建立高效的客户关系管理系统，提高客户满意度和服务质量。SQL Server 可以通过数据分析和挖掘功能，帮助金融机构识别、评估和管理风险，并满足合规要求。同时，SQL Server 也提供了数据加密和访问控制等安全功能，保护敏感数据的安全。SQL Server 的数据仓库和数据分析功能可以帮助金融机构建立高效的数据仓库系统，并提供数据挖掘、数据可视化等分析工具，支持业务分析和决策。随着金融科技的快速发展，金融机构需要不断创新和改进服务，SQL Server 提供了灵活的数据处理和分析功能，可以支持金融机构进行金融科技创新，如区块链、人工智能等。

（3）Oracle。

Oracle Database，又称 Oracle RDBMS，简称 Oracle，是由甲骨文公司（Oracle Corporation）开发的关系型数据库管理系统。Oracle Database 是市场上最为流行和广泛使用的数据库之一，特别是在企业级应用中占据重要地位。它提供了全面的数据管理功能、高效的性能、可扩展性和灵活性，以及高级的安全性和工具支持。无论是大型企业还是中小型企业，Oracle Database 都能够满足这些企业的数据管理和业务需求。

Oracle Database 在金融领域有着广泛的应用。金融行业对数据的安全性、可靠性、实时性和分析能力有极高的要求，而 Oracle Database 正是能够满足这些需求的理想选择。

Oracle Database 是许多金融机构的核心业务系统的基石。它支持各种金融业务操作，如账户管理、交易处理、贷款管理等。Oracle Database 提供了强大的数据分析和报告功能，可以帮助金融机构深入了解业务情况、客户行为和市场趋势。通过利用 Oracle 的 BI（商业智能）工具和数据挖掘技术，金融机构可以制定更精确的市场策略、风险管理措施和产品设计方案。金融行业面临着复杂的风险挑战，包括市场风险、信用风险、操作风险等。Oracle Database 可以帮助金融机构建立风险管理系统，实时监控和分析风险状况，并提供合规支持，确保业务操作符合监管要求。在客户管理方面，金融机构需要深入了解客户需求和偏好，以提供更好的服务和产品。Oracle Database 可以支持客户关系管理（CRM）系统的建设，通过整合客户数据、交易记录和行为信息，实现个性化的客户体验和服务。

值得一提的是，Oracle Database 在金融支付和清算领域也发挥着重要作用。它支持高效、安全的支付交易处理，确保资金清算的准确性和及时性。面对金融机构需要满足各种合规和监管要求，包括数据保护、反洗钱（AML）和反恐怖融资（CTF）等，Oracle Database 的安全性和可审计性功能可以帮助金融机构满足这些要求，并提供合规与监管报告的支持，帮助金融机构实现业务创新和合规发展。

以上三种数据库系统在日常生活中应用都较为广泛，且各具特色（见表 3－1），使用者应根据具体的使用场景、配置和需求进行综合考虑。

表 3－1　三种关系型数据库类比

项目	MySQL	SQL Server	Oracle
开放性	开源免费	商业化收费	商业化收费
兼容性	广泛兼容多种操作系统和编程语言	仅在 Windows 平台上运行	广泛兼容多种操作系统和编程语言
社区支持	有强大的社区支持和插件资源	社区支持相对较弱	有强大的社区支持和插件资源
存储引擎限制	不支持事务和外键等功能	支持事务处理和并发控制	支持事务处理和并发控制
性能和可扩展性	性能和可扩展性相对较差	性能和可扩展性较好	高度可扩展性、性能卓越
安全性	安全性相对较弱	没有获得最高认证级别的 ISO 标准认证	获得最高认证级别的 ISO 标准认证
适用场景	适用于轻量级应用和个人用户	适用于 Windows 平台和 .NET 技术栈	适用于大型企业和高性能需求场景

2. 非关系型数据库

非关系型数据库（NoSQL）是相对于传统的关系型数据库的一种数据库类型。它们由于不受严格的 ACID 原则（原子性、一致性、隔离性和持久性）约束，因此通常具有更高的可扩展性和灵活性。非关系型数据库非常适合处理大规模数据集合和多种数据类型，在大数据应用中表现尤为出色。

非关系型数据库在金融领域的应用非常广泛，它们能够满足金融领域对于高性能、可扩展性、灵活性和实时数据处理的需求。例如，金融交易系统需要处理大量的实时交易数据，要求数据库具备高性能和低延迟。非关系型数据库如 Redis 和 Memcache 可以用作缓存层，快速存储和检索热点数据，提高交易系统的响应速度和吞吐量；金融领域需要实时处理各种数据流，如股票价格、市场行情等。非关系型数据库如 Apache Kafka 和 Apache Pulsar 提供了实时流处理的能力，可以接收、处理和传输大量的实时数据，支持金融市场的实时决策和风险管理。金融机构需要根据用户的偏好和行为推荐相应的产品和服务，非关系型数据库如 Neo4j 提供了图数据库的功能，可以构建用户关系图、产品关系图等，实现基于图的个性化推荐算法。

关系型数据库和非关系型数据库各有优缺点，选择哪种数据库取决于具体业务需求和技术栈。在实际应用中，使用者可以根据业务需求和技术要求，结合使用这两种数据库，以最大限度地满足业务需求（见表 3-2）。

表 3-2　关系型数据库和非关系型数据库对比

项目	关系型数据库	非关系型数据库
数据存储方式	结构化数据、表格形式、固定列	非结构化或半结构化数据，灵活的数据模型，如键值对、文档、图结构等
扩展方式	纵向扩展，提高单个服务器性能	横向扩展，通过添加更多普通数据库服务器分担负载
事务支持	支持事务操作，保证数据完整性和一致性	有限的事务支持，更注重性能和扩展性
数据一致性和完整性	遵循 ACID 原则，保证数据一致性和完整性	不遵循 ACID 原则，可能牺牲部分数据一致性和完整性以换取高性能和扩展性
应用场景	需要高度结构化、一致性强的数据，如企业级应用、事务处理、复杂查询等	需要处理大量、非结构化数据或需要高并发性能的场景，如大数据分析、实时流处理、个性化推荐等
技术融合	一些关系型数据库提供 NoSQL 扩展，支持非结构化数据存储和查询	一些非关系型数据库引入关系型数据库的特性，如事务支持和数据一致性保证

二、数据存储

视频

中国数据云市场
第一位——浪潮云

（一）数据存储的概念

数据存储是将数据以特定方式保存在计算机或存储介质中进行持久化维护和管理的过程。其中不仅包括像数据仓库这样的大型数据存储，而且包括简单的存储类型，如简单的文件、电子邮件等。数据库是由数据库管理系统（DBMS）管理的一系列字节，而文件则是由文件系统管理的一系列字节。因此，任何数据库或文件都是一系列字节，一旦存储，就称为数据存储。

数据库系统是现代计算机存储数据最常见的一种形式。数据库系统一般由数据库、硬件、软件和人员构成。数据库是指长期存储在计算机内的、有组织的、可共享的、统一管理的大量数据的集合。它按照特定的数据结构来组织、存储和管理数据，具有较小的冗余性、较高的数据独立性和易扩展性。数据库中的数据可以被各种用户共享，并支持多种数据操作，如查询、插入、更新和删除等。例如，2023 年英国生物银行（UK Biobank）公布的迄今为止世界上最大的全基因组序列数据集就是一个典型的数据库应用，它包含大量的遗传信息数据，用于科学研究和医学诊断等。

（二）数据库存储

1. 数据库存储的基本单元

关系型数据库的基本存储单元是“表”。每个表都有明确的列（Columns）和行（Rows）。行是一条数据，被称为记录，记录的数量根据存储容量来定；列是数据的属性，被称为字段，属性的名字即字段名。

在金融领域，数据库表通常用于存储和管理各种金融数据，如股票价格、交易记录、财务报表等。以下是一个简单的例子，展示了如何使用表来存储股票数据（见表 3-3）。

表 3-3　STOCK 1

股票代码	股票名称	当前价格	52 周最高价	52 周最低价	市盈率	市净率
ABC	Apple Inc.	$150.00	$200.00	$100.00	20	5
DEF	Microsoft Corp.	$250.00	$300.00	$150.00	25	6
GHI	Amazon. com. Inc.	$3 000.00	$3 500.00	$2 500.00	50	10

在这个例子中，我们创建了一个名为“STOCK 1”的表，用于存储股票的基本信息。表中的每一行代表一条记录，也就是一只股票，而每一列则代表该股票的一个属性或指标。属性详情如下：

股票代码：唯一标识每只股票的代码。

股票名称：股票的全称或简称。

当前价格：股票的当前市场价格。

52 周最高价和 52 周最低价：过去 52 周内股票的最高价格和最低价格。

市盈率（P/E Ratio）：股票价格与每股收益的比率，用于评估股票的相对价值。

市净率（P/B Ratio）：股票价格与每股净资产的比率，用于评估股票的投资价值。

通过创建这样的表，金融机构和投资者可以方便地查询和分析各种股票数据。例如，金融机构和投资者可以使用 SQL 查询语句来筛选出市盈率低于某个阈值的股票，或者比较不同股票之间的市净率。在实际应用中，金融机构通常会使用更复杂和多样化的数据库表来存储和管理各种金融数据，包括交易记录、资产负债表、利润表、现金流量表等。这些表的设计和结构会根据具体的金融产品和业务需求而有所不同。

非关系型数据库的基本存储单元则因具体的数据库类型而异。常见的非关系型数据库包括键值对数据库（Key-Value Database）、列式数据库（Column-Oriented Database）、文档数据库（Document Database）和图数据库（Graph Database）等。

2. 数据库存储的一般流程

（1）创建数据库：创建一个数据库通常是在数据库管理系统（如 MySQL、Oracle 等）中进行的。在创建数据库时，需要指定数据库的名称、字符集、排序规则等参数。

（2）确定表的字段：在数据库中创建表之前，需要确定表的字段。字段是表中的一个列，用于存储特定类型的数据。在定义表时，需要为每个字段指定名称、数据类型、约束条件等。

（3）创建数据表：根据确定的字段创建数据表。数据表是数据库中用于存储数据的主要结构，它由行和列组成，每行代表一条记录，每列代表 个字段。

（4）插入数据：在创建好数据表之后，可以向数据表中插入数据，可以通过编写 SQL 语句或使用数据库管理系统的图形化界面来插入数据。插入数据时，需要确保数据符合字段的数据类型和约束条件。

（5）查询和管理数据：一旦数据被插入表中，就可以使用 SQL 语句来查询和管理这些数据。查询语句时，可以根据特定的条件检索数据，而管理语句则可以用于更新、删除或修改数据。

（6）维护数据库：为了确保数据库的稳定运行和数据的完整性，还需要对数据库进行维护。这包括备份数据库、优化数据库性能、处理数据库故障等。

三、SQL 语言简介

（一）SQL 语言的含义和分类

SQL（Structured Query Language）即结构化查询语言，是一种用于管理关系数据库系统的标准编程语言。SQL 让用户能够执行各种操作，如查询、更新、插入和删除数据库中的数据。SQL 语言主要可以分为数据查询语言、数据定义语言、数据操作语言、数据控制语言四种。

（1）数据查询语言（Data Query Language，DQL）：主要用于查询数据库中的数据。它是最常用的 SQL 语言类型，常见的 DQL 语句是 SELECT 语句。

（2）数据定义语言（Data Definition Language，DDL）：主要用于定义或修改数据库结构。例如，CREATE 语句用于创建新的数据库或表，ALTER 语句用于修改现有的数据库或表，DROP 语句用于删除数据库或表。

（3）数据操作语言（Data Manipulation Language，DML）：主要用于处理数据库中

的数据。DML用于对数据库中所存储的记录进行更新，如INSERT INTO语句用于插入新数据，UPDATE语句用于更新现有数据，DELETE语句用于删除数据。

（4）数据控制语言（Data Control Language，DCL）：主要用于控制对数据库对象的访问权限和定义数据库的安全级别。例如，GRANT语句用于授予权限，REVOKE语句用于撤销权限。除此之外，DCL还可以用于创建数据库用户，如use、set等。

这四类SQL语言提供了全面的数据库操作功能，从定义数据库结构，到查询、更新和删除数据，再到控制对数据的访问权限。虽然不同的关系型数据库的SQL存在少量差异，但是全部基本遵循T-SQL规范。

（二）SQL语言操作

1. 数据查询（SELECT）

查询表中的所有数据：

SQL代码

```
SELECT * FROM 表名;
```

查询满足特定条件的数据：

SQL代码

```
SELECT 列名1, 列名2 FROM 表名 WHERE 条件;
```

2. 数据插入（INSERT INTO）

插入一条新记录：

SQL代码

```
INSERT INTO 表名(列名1,列名2) VALUES(值1,值2);
```

3. 数据更新（UPDATE）

更新满足特定条件的记录：

SQL代码

```
UPDATE 表名 SET 列名1 = 值1, 列名2 = 值2 WHERE 条件;
```

4. 数据删除（DELETE）

删除满足特定条件的记录：

SQL代码

```
DELETE FROM 表名 WHERE 条件;
```

5. 数据定义（DDL）

创建新表：

SQL代码

```
CREATE TABLE 表名 (
列名 1 数据类型,
列名 2 数据类型,
...
);
```

删除表：

SQL代码

```
DROP TABLE 表名;
```

修改表结构（添加新列）：

SQL代码

```
ALTER TABLE 表名 ADD 列名 数据类型;
```

学中做

表 3-4 是一张名为“TABLE 1”的股票基本信息表，请写出 SQL 语句并完成以下操作。

表 3-4　TABLE 1

STOCK	SYMBOL	SHARETYPE	PRICE	PROVINCE
平安银行	000001	A	3.58	广东
长安 B	200625	B	7.11	重庆

（1）新增两只股票的数据。

万科 A（股票代码 000002，A 股，股价 26.77，广东省）；北京城乡（股票代码 600861，A 股，股价 14.38，北京市）

（2）将平安银行股价改为 16.25。

（3）删除长安 B 的数据。

任务实训

由于银行业上市公司数量众多，但中联大数据中心目前尚无完整的银行业上市公司证券代码及证券名称等信息，不便于后续分析，因此需要将相关信息保存至中联大数据中心。小李在预览 42 家上市商业银行财务报表数据后，将各商业银行的证券代码和证券名称信息统计到了表 2－3 中。请根据表 2－3 相关信息完成下列任务。

任务布置：

利用中联大数据中心，根据表 2－3“银行业上市公司证券代码及证券名称”，将“综合分析——数据存储”中的预置代码补全，从而将表 2－3 中银行业上市公司的证券代码及证券名称保存至原始数据中，保存的文件名称为“银行业上市公司证券代码及证券名称．xlsx”。

参考步骤：

```
import pandas as pd
pd.set_option('display.max_rows', 1000)      # 设置最大显示行数
pd.set_option('display.max_columns', 100)    # 设置最大显示列数
pd.set_option('display.width', 1000)         # 设置最大显示宽度
pd.set_option('display.max_colwidth', 100)   # 设置单元格内容最大宽度
df = pd.DataFrame({
    '证券代码': ['600000.SH', '600015.SH', '600016.SH', '600036.SH','600908.SH',
'600919.SH','600926.SH','600928.SH','601009.SH','601077.SH','601128.SH','601166.SH',
'601169.SH','601187.SH','601229.SH','601288.SH','601328.SH','601398.SH','601528.SH',
'601577.SH','601658.SH','601665.SH','601818.SH','601825.SH','601838.SH','601860.SH',
'601916.SH','601939.SH','601963.SH','601988.SH','601997.SH','601998.SH','603323.SH',
'000001.SZ','001227.SZ','002142.SZ','002807.SZ','002839.SZ','002936.SZ','002948.SZ',
'002958.SZ','002966.SZ'],
    '证券名称': ['浦发银行','华夏银行', '民生银行','招商银行','无锡银行','江苏银
行','杭州银行','西安银行','南京银行','渝农商行','常熟银行','兴业银行','北京银行','厦门
银行','上海银行','农业银行','交通银行','工商银行','瑞丰银行','长沙银行','邮储银行','齐
鲁银行','光大银行','沪农商行','成都银行','紫金银行','浙商银行','建设银行','重庆银行',
'中国银行','贵阳银行','中信银行','苏农银行','平安银行','兰州银行','宁波银行','江阴银
行','张家港行','郑州银行','青岛银行','青农商行','苏州银行']
})
df.to_excel('银行业上市公司证券代码及证券名称.xlsx', index=False)
print(df)
```

运行结果如图 3－1 所示：

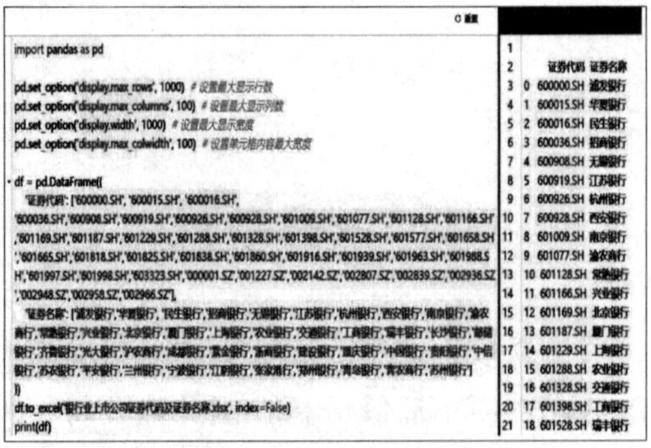

图 3－1　运行结果

保存后的原始数据如图 3－2 所示：

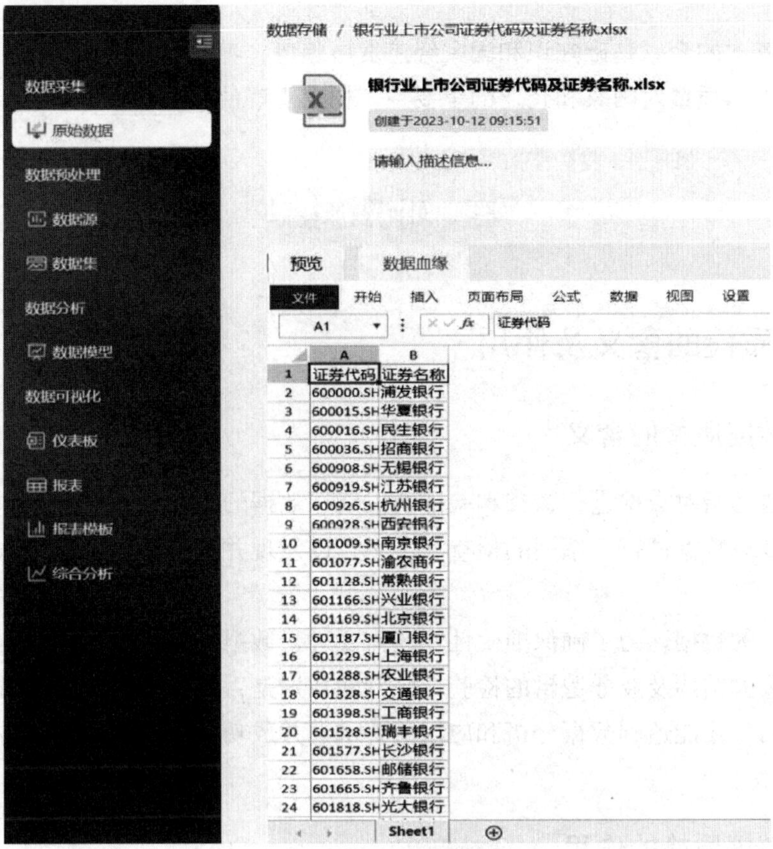

图 3－2　原始数据

任务二　金融数据质检

知识目标

1. 了解数据质检的原因及作用
2. 掌握常规的逻辑之间的规则和方法

能力目标

能够运用业务关系、业务规则及金融知识对数据进行质检

素质目标

1. 了解基本的金融基础知识和国家经济发展趋势，养成认真的习惯
2. 了解数据质量对国家和企业的重要性，树立正确的价值观

知识链接

一、数据质检的含义及作用

（一）数据质检的含义

数据质检是指对数据进行核查和验证，以确保数据的准确性、完整性、一致性和及时性。它涉及对数据进行一系列的检查和测试，以发现并纠正数据中的错误、异常或不一致之处。

经过清洗的数据，为了确保准确性，还需要进行数据质检。数据质检是通过对数据中的字段、表的结构及业务逻辑的检验，来判断数据是否需要进行二次清洗。只有质检的数据通过后，才能达到数据分析和应用的要求，并成功存入数据库中，方便后续的查询和使用。

（二）数据质检的作用

数据质检是数据产品质量保障的必要环节，对于保障数据产品设计合理性、维护产品质量、提高建模准确度和决策准确度有着重要的意义。对于金融行业来说，它有助于风险控制、合规经营、提高效率和准确度、改善客户服务水平以及支持监管机构的工作。

1. 风险控制

在金融行业中，数据质量直接关系到风险的大小。金融机构通过质量检测，能够及时发现和纠正数据中的错误和异常，避免资金安全风险和信誉危机。例如，在信贷业务中，如果数据不准确，可能导致错误的信贷决策，从而带来巨大风险。通过数据质检，金融机构可以更加准确地评估风险，确保金融系统的平稳运行。

2. 合规经营

金融行业的合规性是非常重要的。数据质检可以确保金融机构在业务运营过程中遵循相关法律法规和监管要求，避免因数据质量问题而面临的合规性风险。这有助于维护金融机构的声誉，增强其在客户心中的信任度，并降低因违规行为所造成的经济损失。

3. 提高效率和准确度

传统的数据质检方法往往依赖人工，效率较低且容易出错。而智能质检利用人工智

能和大数据技术，可以实现自动化实时监控和分析，提高数据质检的效率和准确度。这有助于金融机构提高工作效率，减少人为错误的风险，并快速响应市场变化。

4. 改善客户服务水平

数据质检可以帮助金融机构更好地了解用户需求和行为，及时发现并解决服务中存在的问题。通过分析客户的服务行为和投诉反馈，金融机构可以提高服务质量和满意度，从而改善客户服务水平。这将使金融机构在竞争激烈的市场中更具吸引力，降低因服务不到位而导致的客户流失。

5. 支持监管机构的工作

数据质检能够提供实时监控和分析服务，及时发现并提醒监管机构存在的风险和问题。这有助于形成规范的监管框架，支持监管机构的工作，维护金融市场的稳定和健康发展。

学中做

2022 年 12 月 19 日，原中国银保监会安徽监管局（现为国家金融监督管理总局安徽监管局）信息公开表更新多个行政处罚信息，安徽马鞍山农村商业银行股份有限公司存在以下违法违规事实：（1）监管数据报送不准确；（2）开展同业存放业务严重不审慎。依据《中华人民共和国银行业监督管理法》第四十六条（第五项）的规定，该行被罚 60 万元。

思考：（1）监管数据不准确会产生什么后果？（2）数据质检有什么作用？

二、常规逻辑质检内容

（一）数据属性质检

数据属性质检是对数据属性的质量和准确性进行检查和验证的过程。数据属性是指数据集中描述数据特征的字段或变量，如姓名、年龄、地址等。数据属性质检的目的是确保数据属性的值符合预期规范，没有错误或不一致之处。

在进行数据属性质检时，通常会定义一系列规则和约束条件，用于检查数据属性是否满足这些要求。这些规则和约束条件可以基于数据类型、格式、范围、唯一性等方面进行设置。例如，对于年龄属性，可以定义规则要求其值必须在 0 到 150 岁之间，并且只能为整数。金融数据的数据属性质检是对金融数据集中数据属性的质量和准确性进行检查和验证的过程。金融数据通常涉及大量的属件，如客户信息、交易记录、资产负债表等。

（二）金融知识质检

金融知识质检是根据每一个金融数据代表的内容和展示的信息，来挖掘相应的金融知识质检关系。金融知识质检是对金融机构员工或相关人员的金融知识水平进行检测和评估的过程。金融知识质检的目的是确保员工具备足够的金融知识和技能，以提供高质量的金融服务。

例如，在中国A股主板市场，股票代码通常为6位数字。若员工错误地输入了5位或7位数字的股票代码，这就表明他们在股票代码长度方面的知识存在缺陷；在中国A股主板市场，普通股票的涨跌幅限制为±10%（ST/*ST股票的涨跌幅限制为±10%），若员工对涨跌幅理解不准确，未进行数据质检，可能会出现在执行交易时违反规定等情况。

（三）关联关系质检

关联关系质检是对金融数据中不同数据项之间的关联关系进行检查和验证的过程。在金融领域，数据项之间往往存在复杂的关联关系，如客户与账户、交易与订单、资产与负债等。关联关系质检的目的是确保这些关联关系正确无误，以保证数据的完整性和准确性。

关联关系质检的具体内容包括以下几个方面。

（1）数据匹配性检查：验证不同数据项之间是否存在正确的匹配关系。例如，检查客户信息与对应的账户信息是否匹配，确保每个客户与其账户之间建立正确的关联。

（2）数据一致性检查：确保相关联的数据项在逻辑上保持一致。例如，检查客户的交易记录与账户余额是否一致，确保交易的发生正确影响了账户余额的变动。

（3）数据关联性检查：验证数据项之间是否存在预期的关联关系。例如，在客户关系管理中，检查客户与其联系人、地址、交易记录等是否正确关联，以便能够全面了解客户的信息和交易行为。

（4）数据完整性检查：确保关联关系所需的所有数据项都已完整记录。例如，检查每笔交易记录是否都包含交易双方的信息、交易时间、交易金额等关键要素。

关联关系质检可以通过数据比对、逻辑验证、关联分析等方法进行。金融机构可以利用自动化工具和算法来辅助进行关联关系质检，以提高效率和准确性。关联关系质检是金融数据管理和分析的重要环节，有助于发现数据中的错误、不一致或遗漏，提高数据的质量和可靠性，为金融决策提供有力支持。

三、数据质检的方法

（一）函数检验

1. IF函数

IF函数是Excel中的一个逻辑函数，用于根据条件进行真假值判断，并返回不同的结果。它的语法结构为：IF(logical_test,value_if_true,value_if_false)，其中logical_test表示一个能返回True或False的测试条件，value_if_true表示当条件为真时的返回值，value_if_false表示当条件为假时的返回值。

使用 IF 函数可以在 Excel 中进行条件判断和数据处理。例如，可以使用 IF 函数来判断某个单元格的值是否大于或小于某个数值，并返回相应的结果。具体的操作步骤为：首先选中需要返回结果的单元格，然后在公式栏中输入 IF 函数，并输入相应的条件和返回值。按下回车键后，Excel 会根据条件判断并返回相应的结果。

例如，=IF(C2="Yes",1,2)，表示 C2 是“Yes”字符，则返回 1，否则返回 2。

学中做

假设部分股票 2021 年 3 月 15 日及 16 日收盘价如表 3-5 所示，现在需要判断这几只股票的涨跌情况。请利用 Excel 使用 IF 函数进行操作，与表给出的涨跌进行对比并修正。

表 3-5　股票收盘价

股票名称	股票代码	2021 年 3 月 15 日收盘价	2021 年 3 月 16 日收盘价	涨跌	IF 判断
平安银行	000001	21.6	21.66	+	
京东方 A	000725	6.12	5.96	—	
贵州茅台	600519	1 975.45	2 010.5	+	
中信证券	600030	23.26	23.4	+	
东方财富	300059	27.33	27.21	—	
老白干酒	600559	19.38	19.7	+	
润和软件	300339	8.23	8.39	+	
长安汽车	000625	15.24	15.1	—	
宁德时代	300750	312.3	323	+	

操作步骤简述如下：

在首行数据右侧空白单元格 F2 中输入=IF(D2>=C2,"涨","跌")，即 3 月 16 日收盘价大于等于 3 月 15 日收盘价，则返回“涨”，反之则返回“跌”。

2. MIN、MAX、MEDIAN 函数

MIN、MAX、MEDIAN 是 Excel 里的常用函数，分别用于计算最小值、最大值和中值。在数据质检的过程中，根据业务数据的正常范围区内，可先检验一组数据中的中位数是否在该区内，再检验最小值和最大值，若都证明没有异常数据，数据质检通过。

例如，对于数据集 {1,5,3,9,2}，MIN 函数将返回 1。在数据分析中，了解数据的最小值有助于理解数据范围和分布。如果你正在分析一家公司的销售额，知道最小的销售额可以帮助你确定是否有任何异常值或是否需要进一步调查某些情况。对于数据集 {1,5,3,9,2}，MAX 函数将返回 9。与最小值类似，了解数据的最大值也是了解数据范围和分布的关键。在销售产品的过程中，知道最大的销售额可以帮助我们确定哪些产品或服务最受欢迎。对于数据集 {1,5,3,9,2}，首先将数据排序得到 {1,2,3,5,9}，中位

数是 3（因为它是中间的数）。对于数据集 {1,5,3,9,2,4}，排序后得到 {1,2,3,4,5,9}，中位数是 (3+4)/2=3.5。中位数是一个很合适的中心趋势度量，因为它不受极端值的影响（与平均值不同）。例如，如果在一家公司的销售额数据中有一个异常高的值，使用中位数来描述中心趋势可能更为合适。

学中做

假设 9 只股票的 2021 年 5 月 31 日 15：00 换手率数据如表 3-6 所示。换手率又称周转率，是指在一年的时间内市场中股票转手买卖的频率，是反映股票流通性强弱的指标之一。由于换手率的区间范围为 0%～100%，因此通过该规则区间可以判断这些股票的换手率是否都在合理范围内。请用 MIN、MAX、MEDIAN 函数查找异常数据，查看该数据是否通过质检。

表 3-6　股票收盘价

股票名称	股票代码	换手率
平安银行	000001	0.27%
京东方 A	000725	168%
贵州茅台	600519	0.25%
中信证券	600030	0.94%
东方财富	300059	2.73%
老白干酒	600559	14.10%
润和软件	300339	22.62%
长安汽车	000625	5.59%
宁德时代	300750	1.47%

操作步骤简述如下：

在首行数据右侧空白单元格 C2 中填写＝MIN(C2:C10) 得到最小值为 0.25%；填写＝MAX(C2:C10) 得到最大值为 168%；填写＝MEDIAN(C2:C10) 得到中位数为 2.73%。由于 168%不在合规的范围内，因此判断该数据错误，需要进行修正。

（二）勾稽关系质检

勾稽关系质检是指在财务数据处理过程中，对财务数据之间的逻辑关系进行验证和核查，以确保数据的准确性和合规性。勾稽关系是指不同财务数据之间存在的相互关联和相互制约的关系，通过对这些关系的验证，可以发现数据之间的不一致性和错误，从而及时纠正和修正数据。

在进行勾稽关系质检时，需要对财务数据进行全面的核查和比对，包括资产负债表、利润表、现金流量表等各个报表之间的数据关系。例如，资产负债表中的资产总额应该等于负债总额加上所有者权益总额，这是资产负债表的基本勾稽关系。如果这个等式不成立，就说明资产负债表中的数据存在问题，需要进一步核查和修正。

除了基本的勾稽关系外，还需要对财务数据之间的逻辑关系进行深入的分析和验证。例如，可以通过比较不同时期的财务数据，分析数据的变化趋势和合理性；通过对比同行业或同类型企业的财务数据，评估企业的财务状况和经营绩效；通过对财务数据进行比率分析和趋势分析，发现数据之间的异常和疑点。

在进行勾稽关系质检时，需要采用科学的方法和工具，如数据分析软件、审计软件等，以提高数据处理和核查的效率和准确性。同时，还需要加强人员培训和管理，提高财务人员的专业素质和责任意识，确保财务数据的准确性和合规性。

总之，勾稽关系质检是确保财务数据准确性和合规性的重要手段，通过对财务数据之间的逻辑关系进行验证和核查，可以发现和纠正数据中的错误和不一致性，为企业的财务管理和决策提供有力支持。

常见的勾稽关系有平衡勾稽关系、对应勾稽关系以及和差勾稽关系。

平衡勾稽关系是指资金平衡表左右两方必须保持平衡。

对应勾稽关系是根据复式记账法对每项经济业务用相等金额在两个或两个以上互相关联的账户中登记，表明资金运动的来龙去脉以及相互对应关系。例如，资产负债表中“未分配利润”年末数减年初数与利润表中的“净利润”相等。

和差勾稽关系是指报表中有些勾稽关系表现为一个指标等于其他几个指标的和或者差。常见的和差勾稽关系有以下几种：

（1）所有者权益的增加＝股本、资本公积的增加＋净利润－分配的股利；

（2）现金流量表中，经营活动、筹资活动、投资活动等各项活动“小计”＝该项数据的合计值，净额＝流入小计－流出小计。

在数据清洗过程中，对勾稽关系的使用还需要根据具体情况来进行分析。

学中做

A银行2023年资产负债表（部分）如表3-7所示，需要对该表进行数据质检，发现问题并进行修正。

表3-7　A银行2023年资产负债表（部分）　　单位：元

负债及股东权益	2023年12月31日	2022年12月31日
负债合计	4 104 383 000 000.00	3 626 087 000 000.00
股东权益		
股本	19 406 000 000.00	19 406 000 000.00
其他权益工具		39 948 000 000.00
其中：优先股	19 953 000 000.00	19 953 000 000.00
永续债	49 991 000 000.00	19 995 000 000.00

续表

负债及股东权益	2023 年 12 月 31 日	2022 年 12 月 31 日
资本公积	80 816 000 000.00	80 816 000 000.00
其他综合收益	462 000 000.00	2 314 000 000.00
盈余公积	10 781 000 000.00	10 781 000 000.00
一般风险准备	51 536 000 000.00	46 348 000 000.00
未分配利润	131 186 000 000.00	113 370 000 000.00
股东权益合计	364 131 000 000.00	312 983 000 000.00
负债及股东权益总计	4 468 514 000 000.00	3 939 070 000 000.00
注：股东权益合计＝股本＋其他权益工具＋资本公积＋其他综合收益＋盈余公积＋一般风险准备＋未分配利润		

操作步骤简述如下：

根据勾稽关系计算得出，股东权益合计＝股本＋其他权益工具＋资本公积＋其他综合收益＋盈余公积＋一般风险准备＋未分配利润＝294 187 000 000.00，与表中披露值有差异，需进一步进行质检，看是否有数据遗漏。

任务实训

假设你是一家企业的数据分析师，需要对企业的资产负债表进行质检和清洗。资产负债表如表 3－8 所示。

表 3－8　某企业资产负债表

资产/负债项目	金额（万元）
流动资产	1 000
存货	200
应收账款	300
现金及现金等价物	500
固定资产	2 000
累计折旧	500
无形资产	500
流动负债	800
应付账款	200

续表

资产/负债项目	金额（万元）
短期借款	600
长期负债	1 200
所有者权益	1 500

1. 要求

（1）数据完整性检查：

检查是否存在缺失数据；

核实各项目之间的金额是否合理，如流动资产是否大于存货和应收账款之和。

（2）数据一致性检查：

核实固定资产与累计折旧之间的关系，确认累计折旧是否小于固定资产；

检查无形资产是否有相关折旧或摊销项目。

（3）数据准确性检查：

检查负债总额（流动负债 ＋ 长期负债）是否等于总负债；

检查资产总额（流动资产 ＋ 固定资产 ＋ 无形资产）是否等于负债总额 ＋ 所有者权益。

（4）数据清洗：

如果发现任何错误或不一致，请进行必要的调整或修正；

如果某些数据无法核实或存在明显错误，请标记为“需进一步核实”。

2. 操作步骤简述

（1）数据完整性检查：

所有项目都有相应的金额，没有缺失数据；

流动资产（1 000 万元）确实大于存货（200 万元）和应收账款（300 万元）之和（500 万元）。

（2）数据一致性检查：

固定资产（2 000 万元）大于累计折旧（500 万元），这是合理的。

无形资产（500 万元）没有显示相关的折旧或摊销项目，但此点需要进一步核实是否为正常情况。

（3）数据准确性检查：

负债总额 ＝ 流动负债（800 万元）＋ 长期负债（1 200 万元）＝ 2 000 万元，与给出的数据一致。

资产总额 ＝ 流动资产（1 000 万元）＋ 固定资产（2 000 万元）＋ 无形资产（500 万元）＝ 3 500 万元。这与负债总额（2 000 万元）＋ 所有者权益（1 500 万元）一致。

（4）数据清洗：

目前没有发现需要调整的明显错误或不一致。

标记“无形资产”项目为“需进一步核实”，以确认是否需要包括相关的折旧或摊销项目。

任务三 大数据安全

知识目标

1. 了解大数据安全的定义与重要性
2. 熟悉大数据安全的基本框架，包括数据的采集、存储、处理、传输和共享等各环节的安全要求
3. 掌握大数据对金融安全的挑战与机遇

能力目标

1. 能够运用大数据分析工具，对海量数据进行有效分析，发现潜在的安全风险
2. 能够遵循大数据安全的法规和政策，确保企业或个人在大数据应用中的合规性
3. 能够分析大数据对金融安全产生的风险与挑战，并提出改善措施

素质目标

1. 培养高度的信息安全意识，时刻关注数据安全，防范潜在风险
2. 树立责任心和对工作负责的态度，确保在大数据应用中的每一个环节都符合安全标准
3. 培养创新精神，探索大数据安全领域的新方法、新技术

知识链接

在数字化时代，数据已成为社会发展的重要驱动力。数据的安全性与可靠性对于个人、组织乃至国家都具有至关重要的意义。然而，黑客攻击、数据泄露、网络犯罪等事件层出不穷，给个人隐私、企业利益和国家安全造成了严重威胁。那么面对这些挑战我们应该如何应对？大数据安全又对金融领域有着怎样的挑战与机遇？接下来让我们一同走进大数据安全的世界，一同探寻其奥秘和应对之策。

一、大数据安全概述

（一）大数据安全的定义

大数据安全是指在处理、存储和分析庞大且复杂的数据集时，采用各种技术和策略来确保数据的完整性、可用性和机密性，从而防止数据被未经授权的访问篡改、破坏或泄露。这些数据集可能包括结构化数据（如数据库中的表格）和非结构化数据（如社交媒体帖子、日志文件、视频和音频文件等）。

中华人民共和国
数据安全法

（二）大数据安全的重要性

1. 保护敏感信息

大数据中可能包含个人身份信息、财务信息、企业机密等敏感信息。如果这些数据被泄露或滥用，将给个人、企业和国家造成重大损失。

2. 维护业务连续性

大数据已成为许多业务运营的核心，如在线购物、金融服务、医疗诊断等。如果大数据系统受到攻击或出现故障，将导致业务中断，造成巨大的经济损失。

3. 促进信任与透明度

大数据技术在政府、企业和消费者之间建立了更紧密的联系。确保大数据的安全和隐私性有助于建立信任，促进数据的共享和利用。

4. 满足法律法规要求

许多国家都制定了数据保护法律法规，要求组织在收集、存储和处理个人数据时遵循严格的安全标准，违反这些法律法规可能导致重大的法律后果。

5. 推动数字经济发展

大数据是数字经济的重要基础。确保大数据的安全将促进数字经济的健康发展，推动创新和技术进步。

二、大数据安全的基本框架

视频

大模型成为数据基础
设施建设“催化剂”

（一）大数据安全体系架构概述

大数据安全体系架构是为了确保大数据环境中数据的机密性、完整性和可用性而设计的一系列安全组件和策略的集合。它涵盖了从数据的产生、采集、存储、处理、传输到共享和销毁的整个生命周期，确保数据在各个阶段都受到适当的保护。

一个健全的大数据安全体系架构应该包括以下几个关键组成部分：

1. 数据安全政策和标准

制定全面且明确的数据安全政策和标准，这些政策和标准需涵盖数据的收集、存储、处理、传输和销毁等各个环节。这些政策和标准不仅应明确数据的保护要求，还应规定违反政策的后果和处罚措施。为确保这些政策和标准得到有效执行，金融机构应定期组织培训和宣传活动，使所有相关人员，包括企业员工、合作伙伴和第三方服务提供商，都能充分了解并遵循这些政策和标准。

2. 访问控制和身份认证

实施严格的访问控制和身份认证机制，确保只有经过授权的用户才能访问和操作数据。这包括但不限于设置复杂的密码策略、定期更换密码、使用多因素认证等。同时，金融机构还应限制用户在不同系统之间的访问权限，遵循最小权限原则，即用户只能访问其完成工作所需的最小权限范围。

3. 数据加密与保护

使用先进的加密技术保护数据的机密性，确保数据在传输和存储过程中不被未授权访问。对于敏感数据，金融机构应采用高强度的加密算法，并在必要时对数据进行分段加密。此外，金融机构还应定期对密钥进行管理和更新，防止密钥泄露或被破解。

4. 数据安全审计与监控

建立完善的数据安全审计和监控机制，实时监测和分析网络流量、用户行为等数据，以发现潜在的安全威胁。通过部署专业的安全设备和软件，金融机构可以实现对数据的全面监控和预警，及时发现并应对安全事件。同时，金融机构还应定期对数据进行安全评估和分析，以发现潜在的安全风险，并采取相应的措施进行防范。

5. 应急响应与恢复计划

金融机构应制订详细的应急响应与恢复计划，以快速应对数据安全事件，减少损失。这包括但不限于制定应急预案、建立应急响应团队、进行应急演练等。在发生安全事件时，金融机构应迅速启动应急响应机制，及时采取措施防止事态扩大，并尽快恢复数据的正常使用。同时，金融机构还应定期对恢复计划进行测试和更新，确保有效性和可行性。

（二）各环节安全要求

1. 数据采集安全

在数据采集阶段，安全性是至关重要的。为了防止数据被篡改或泄露，金融机构必须采取一系列严格的安全措施。

（1）确保数据采集源头的可信度，只从受信任的来源获取数据。同时，与数据采集相关的所有系统和设备都应进行定期的安全检查和更新，以消除潜在的安全隐患。

（2）在数据传输过程中，采用安全协议（如 HTTPS）是确保数据机密性和完整性的关键。HTTPS 通过在传输层对数据进行加密，能够防止数据在传输过程中被窃取或篡改。此外，HTTPS 还提供了身份验证机制，确保数据只传输到正确的目的地。

（3）在数据采集完成后，还需要对数据进行验证和清洗，以消除潜在的恶意代码或非法数据。验证过程包括对数据的格式、长度、范围等进行检查，确保其符合预期的规范。而清洗过程则是对数据进行进一步的筛选和处理，去除重复、无效或异常的数据，确保数据的质量和可靠性。这些措施可以有效地提高数据采集过程的安全性，为后续的数据处理和分析奠定坚实的基础。

2. 数据存储安全

（1）使用加密技术（如磁盘加密）保护存储在磁盘上的数据。为了确保存储在磁盘上的数据的安全性，使用加密技术是一项至关重要的措施。其中一种常用的加密技术是磁盘加密，它可以对整个磁盘或磁盘上的特定文件进行加密，以保护数据的机密性。通过磁盘加密，即使磁盘丢失或被盗，未经授权的人员也无法读取其中的数据。

在实施磁盘加密时，需要选择适合组织需求的加密算法和密钥管理策略。加密算法的选择应考虑到数据的敏感性、加密性能以及兼容性等因素。同时，密钥管理也是加密技术中的关键环节，要确保密钥的安全存储和访问控制，防止密钥泄露或被滥用。

（2）实施访问控制策略，确保只有授权的用户才能访问数据。通过访问控制策略，可以限制对数据的访问权限，确保只有授权的用户才能访问数据。这可以通过设置密码、身份验证、角色权限等方式实现。在制定访问控制策略时，金融机构需要综合考虑组织的安全需求、用户角色和职责等因素。例如，对于敏感数据，金融机构可以实施更为严格的访问控制，如双因素认证、定期审查用户权限等。同时，金融机构还应定期评估和调整访问控制策略，以适应组织发展和安全需求的变化。

（3）定期进行数据备份和恢复测试，确保数据的可用性。通过备份数据，金融机构可以在数据丢失或损坏时迅速恢复，减少损失。而恢复测试则可以验证备份数据的完整性和可用性，确保在需要时能够成功恢复数据。在进行数据备份和恢复测试时，金融机构需要选择合适的备份工具和技术，并制定详细的备份计划和恢复流程。同时，金融机构还应定期检查和测试备份数据的完整性和可用性，及时发现并解决问题。通过这些措施，金融机构可以确保在数据丢失或损坏时能够及时恢复数据，保障组织的正常运营和业务发展。

3. 数据处理与分析安全

（1）在处理和分析数据时，确保数据的机密性和完整性不被破坏。在数据的整个生命周期中，从收集到处理、再到分析，确保其机密性和完整性是数据安全的基石。特别是在数据处理和分析阶段，涉及大量的数据流动和计算，这增加了数据被不当访问或篡改的风险。因此，金融机构必须采取严格的安全措施来保护数据。这包括使用加密技术来确保数据的机密性，以及实施完整性校验机制来防止数据在传输和处理过程中被篡改。

（2）使用安全算法和工具进行数据分析和挖掘，防止数据泄露或被滥用。在数据分析和挖掘过程中，选择安全、可靠的算法和工具是至关重要的。这些算法和工具不仅要提供强大的分析和挖掘能力，还要确保数据的机密性不被破坏。此外，它们还应该包括防止数据滥用和误用的机制。例如，某些工具可能提供数据脱敏功能，以确保在分析过程中不会泄露敏感信息。

（3）对处理后的数据进行验证和审核，确保结果的准确性和可靠性。在数据处理和分析完成后，对结果进行验证和审核是确保数据准确性和可靠性的最后一道防线。这一步骤涉及对数据的完整性、一致性、逻辑性和真实性进行全面的检查。验证和审核过程可以通过自动化的测试、同行评审或专家审核等方式进行。通过这些措施，金融机构可以及时发现并纠正数据处理和分析过程中可能出现的错误或偏差，确保最终结果的准确性和可靠性。同时，这也为后续的决策提供了坚实的数据支持。

4. 数据传输安全

（1）使用加密技术（如 TLS/SSL）保护数据的传输过程。在数据的安全传输过程中，加密技术发挥着至关重要的作用。其中，传输层安全性（TLS）协议及其前身——安全套接层（SSL）协议被广泛用于保护数据在网络中的传输安全。当数据在客户端和服务器之间传输时，TLS/SSL 协议通过对通信双方进行身份验证、协商加密套件，以及使用对称密钥对传输的数据进行加密，确保数据在传输过程中不被窃取或篡改。此外，TLS/SSL 协议还提供数据完整性校验和消息认证码，以进一步增强数据传输的安全性。

（2）实施访问控制和流量监控，确保数据只能被授权的用户访问。仅仅依赖加密技术还不足以确保数据只能被授权的用户访问。因此，实施严格的访问控制和流量监控同样至关重要。访问控制可以通过网络防火墙、入侵检测系统（IDS）和入侵防御系统（IPS）等设备来实现，这些设备能够识别并阻止未经授权的访问请求。同时，通过流量监控，组织可以实时检测网络中的数据传输情况，发现异常流量或潜在的安全威胁，并及时采取应对措施。

（3）对传输的数据进行压缩和优化，提高传输效率和安全性。在提高数据传输效率和安全性方面，对传输的数据进行压缩和优化是一种有效的手段。数据压缩可以减少传输过程中所需的数据量，从而降低网络带宽的占用和传输延迟。此外，通过优化数据传输协议和算法，金融机构可以进一步减少数据包的大小和传输次数，提高数据传输的效率和稳定性。这些优化措施不仅有助于提升数据传输的性能，还能在一定程度上增强数据传输的安全性，因为更少的数据传输意味着更少的潜在安全风险。

5. 数据共享与交换安全

（1）建立安全的数据共享和交换平台，确保数据在共享过程中不被泄露或滥用。这样的数据共享和交换平台不仅需要具备高效的数据处理能力，还要融合先进的安全技术，如数据加密、身份验证和访问控制等，确保数据在共享过程中不会被未经授权的用户访问、泄露或滥用。

（2）实施数据共享协议和访问控制策略，确保只有符合条件的用户才能访问共享数据。仅仅拥有一个安全的平台并不足够，还需要制定严格的数据共享协议和访问控制策略。数据共享协议应明确数据的来源、使用目的、共享范围、共享期限以及共享双方的权利和责任等关键信息，确保数据的合法性和合规性。而访问控制策略则是对用户访问共享数据的具体规定，包括用户的身份验证、权限分配、访问审计等方面，确保只有符合条件的用户才能访问共享数据，防止数据被非法获取或滥用。

（3）对共享的数据进行追踪和监控，确保数据的使用符合规定和协议。这包括对数据的传输、存储、使用等各个环节进行记录和分析，同时，金融机构还需要建立数据异常检测机制，及时发现和处理数据泄露、滥用等安全问题。通过这样的追踪和监控，金融机构不仅可以保障数据的安全性和合规性，还可以为数据的管理和优化提供有力的支持。

视频

夯实GCI发展底座
为千行百业赋能

三、大数据与金融安全

（一）金融安全概述

1. 金融安全的定义

金融安全（Financial Security）是指货币资金融通的安全和整个金融体系的稳定，它既是国家安全的重要组成部分，也是国家安全的前提条件和重要保障。金融安全是和金融风险、金融危机紧密联系在一起的，既可以用风险和危机状况来解释和衡量安全程度，也可以用安全来解释和衡量风险与危机状况。安全程度越高，风险就越小；风险越大，安全程度就越低。危机是风险大规模积聚爆发的结果，危机就是严重不安全，是金融安全的一种极端现象。

2. 金融安全组成部分

（1）国家货币体系安全。

国家货币体系安全是金融安全的核心组成部分之一。它涉及国家货币的发行、流通、管理和稳定。一个安全的国家货币体系需要确保货币的供应量与市场需求相匹配，防止通货膨胀或通货紧缩的发生。此外，还需要维护货币的信誉和稳定性，防止货币被恶意攻击或操纵。为了保障国家货币体系的安全，国家需要建立完善的货币政策和监管机制，确保货币政策的独立性和有效性，同时加强与其他国家的合作，共同维护全球货币体系的稳定。

（2）金融体系安全。

金融体系安全是指整个金融系统的稳定和安全。这包括银行、证券、保险等各类金融机构的运营安全，以及它们之间的协调与合作。一个安全的金融体系需要确保金融机构的稳健经营和风险管理能力，防止因个别机构的破产或失误而引发整个金融体系的危机。同时，还需要加强对金融市场的监管，防范金融风险的积累和扩散。为了维护金融体系的安全，政府需要建立完善的金融监管体系和风险处置机制，提高金融机构的风险管理水平和应对能力。

（3）金融市场安全。

金融市场安全是指金融市场的稳定和运行安全。金融市场是金融体系的重要组成部分，它涉及资金的筹集、分配和流动。一个安全的金融市场需要确保市场的公平、透明和有序运行，防止市场操纵、欺诈和非法交易的发生。同时，还需要加强对金融市场的监管，防范市场风险的积累和扩散。为了维护金融市场的安全，政府需要建立完善的市场监管体系和风险防控机制，加强对市场参与者的监管和约束，提高市场的自我修复能力。

（4）金融支付安全。

金融支付安全是指金融交易过程中的支付安全和资金安全。随着电子支付和互联网金融的快速发展，金融支付安全问题日益突出。一个安全的金融支付系统需要确保支付交易的安全性、可靠性和便捷性，防止支付风险的发生和资金的损失。为了保障金融支付安全，政府需要加强对支付机构的监管和管理，建立完善的支付安全标准和规范，提高支付系统的安全性和稳定性。

（5）金融信息安全。

金融信息安全是指金融数据的保密性、完整性和可用性。随着信息技术的快速发展，金融数据的安全问题日益突出。一个安全的金融信息系统需要确保金融数据的机密性不被泄露、完整性不被破坏、可用性不被影响。为了保障金融信息安全，金融机构需要加强对信息系统的安全管理和技术防范，建立完善的信息安全制度和规范，提高信息系统的安全防御能力和应急响应能力。

（6）消费者权益保护。

在金融市场中，消费者是市场的重要组成部分，他们的权益保护直接关系到市场的稳定和可持续发展。一个安全的金融市场需要确保消费者的知情权、选择权、公平交易权和隐私权等权益得到充分保障。为了维护消费者权益，政府需要加强对金融机构的监督和管理，建立完善的消费者权益保护制度和机制，提高消费者的金融素养和风险防范能力。同时，政府还需要加强对金融产品的信息披露和风险提示，引导消费者理性投资和消费。

（二）大数据对金融安全的挑战

1. 对国家货币体系安全的挑战

（1）数据泄露风险：大数据环境下，货币交易和相关数据的规模激增，可能导致关键货币流动信息的泄露，对货币政策的制定和执行构成威胁。

（2）算法操纵风险：高级算法和机器学习可能被用于操纵货币市场，通过预测和干预市场行为来影响货币价值，对国家货币稳定造成冲击。

（3）跨境数据流动挑战：随着数字货币和跨境支付的兴起，大数据的跨境流动给国家货币体系监管带来新的挑战。

2. 对金融体系安全的挑战

（1）系统性风险识别：大数据虽然能够提升风险识别能力，但是使得金融体系内的关联性更加复杂，系统性风险更难以预测和管理。

（2）数据质量挑战：金融大数据的质量参差不齐，错误或误导性的数据可能导致风险误判，进而影响金融体系的稳定。

（3）技术更新压力：金融机构需要不断更新大数据处理和分析技术，以适应日益复杂和多样化的金融数据，这增加了技术更新和成本投入的压力。

3. 对金融市场安全的挑战

（1）市场操纵风险：利用大数据分析，不法分子可能更容易发现市场的弱点并进行操纵，损害市场公平性和透明度。

（2）高频交易挑战：大数据驱动的高频交易可能加剧市场波动，使市场更加不稳定。

（3）信息泄露与滥用：金融市场的大数据可能包含敏感信息，一旦泄露或被滥用，将对市场参与者造成重大损失。

4. 对金融支付安全的挑战

（1）欺诈风险增加：在大数据环境下，金融支付数据量激增，使得欺诈行为更加难以识别和防范。

（2）支付系统脆弱性：大数据技术的广泛应用可能暴露支付系统的安全漏洞，增加被攻击的风险。

（3）用户隐私保护挑战：在大数据分析中保护用户支付信息和隐私变得更加困难。

5. 对金融信息安全的挑战

（1）数据泄露风险加剧：金融机构持有大量敏感数据，大数据环境使得这些数据更容易成为攻击目标。

（2）复杂环境下的安全防护：大数据技术的多样性和复杂性给金融信息安全防护带来新的挑战。

（3）合规性压力：随着数据保护法规的日益严格，金融机构在大数据处理和分析方面面临更大的合规性压力。

6. 对消费者权益保护的挑战

（1）隐私泄露风险：大数据的收集和分析可能侵犯消费者隐私，对消费者权益造成损害。

（2）不公平交易风险：基于大数据分析的价格歧视和不公平交易可能损害消费者利益。

（3）消费者教育挑战：在大数据环境下，提高消费者对金融产品和服务的认知能力以及风险防范意识变得更加重要和迫切。

（三）大数据为金融安全带来的机遇

1. 为国家货币体系带来的机遇

（1）优化货币政策制定：大数据可以提供更全面的经济数据和金融市场信息，帮助决策者更准确地制定货币政策，提高货币政策的针对性和有效性。

（2）风险预警和防范：通过对大数据的实时分析，监管部门可以及时发现货币体系中的潜在风险，为风险预警和防范提供有力支持。

（3）提升监管效率：大数据技术可以帮助监管部门更有效地监控货币流动和金融市场动态，提高监管效率和准确性。

2. 为金融体系安全带来的机遇

（1）强化风险管理：大数据可以提供更丰富的风险信息，帮助金融机构更准确地评估和管理风险，提高风险防控能力。

（2）优化资源配置：通过对大数据的分析，金融机构可以更准确地了解市场需求和资金流向，优化资源配置，提高金融体系的稳定性和效率。

（3）促进金融创新：大数据技术的应用可以推动金融产品和服务的创新，满足多样化的金融需求，提升金融体系的竞争力。

3. 为金融市场安全带来的机遇

（1）提高市场透明度：大数据可以提供更全面的市场信息和交易数据，增强市场的透明度和公平性，减少市场操纵和欺诈行为。

（2）优化交易策略：通过对大数据的分析，投资者可以更准确地把握市场趋势，制定更合理的交易策略，降低投资风险。

（3）促进市场稳定：大数据技术的应用可以帮助监管部门及时发现和应对市场异常波动，维护市场的稳定和健康发展。

4. 为金融支付安全带来的机遇

（1）提升支付效率：大数据可以优化支付流程，提高支付效率，降低支付成本，提升用户体验。

（2）增强支付安全：通过对支付数据的实时监控和分析，金融机构可以及时发现和防范支付风险，保障资金安全。

（3）推动支付创新：大数据技术的应用可以推动支付方式和支付工具的创新，满足多样化的支付需求，提升支付系统的便捷性和安全性。

5. 为金融信息安全带来的机遇

（1）提升信息安全防护能力：大数据技术可以帮助金融机构更好地识别和防御信息安全威胁，提高信息安全防护能力。

（2）优化信息安全管理：通过对大数据的分析，金融机构可以更准确地了解信息安全风险点和薄弱环节，优化信息安全管理策略和措施。

（3）促进信息安全技术创新：大数据技术的应用可以推动信息安全技术的创新和发展，提升金融信息安全整体水平。

6. 为消费者权益保护带来的机遇

（1）加强消费者权益保护力度：大数据可以提供更全面的消费者信息和市场数据，帮助监管部门更准确地了解消费者需求和市场动态，加强消费者权益保护力度。

（2）提升消费者服务水平：通过对大数据的分析，金融机构可以更准确地了解消费者偏好和行为特征，提升服务水平和质量，满足消费者多样化的金融需求。

（3）增强消费者风险意识：大数据技术的应用可以帮助金融机构向消费者提供更全面、准确的风险信息，增强消费者风险意识和风险防范能力。

任务实训

随着大数据技术的迅速发展，金融领域对数据的利用越来越广泛，但同时也面临着严峻的数据安全挑战。在这个背景下，金融机构需要在数据利用和安全保障之间找到平衡点，以确保金融业务的稳定运行和客户的信息安全。请围绕以下问题展开讨论，并提出具体的解决方案和建议。

（1）金融机构在利用大数据时面临的主要安全挑战是什么？

（2）在保障数据安全的前提下，金融机构应如何有效地利用大数据来优化业务流程、提升风险管理能力和创新能力？

（3）在制定大数据安全策略时，金融机构应如何平衡数据利用和隐私保护之间的关系？

（4）金融机构应如何构建完善的大数据安全治理体系，以确保数据的安全性和合规性？

（5）监管部门在推动金融领域大数据安全发展方面应发挥哪些作用？如何加强监管力度以提高金融行业的整体数据安全水平？

直通大赛

项目三

项目小结

数据存储是大数据应用的基础，它涉及数据的收集、保存和管理。数据质检是确保数据质量的关键环节。通过数据质检，我们可以发现数据中的错误、异常和冗余，从而保证数据的准确性和可靠性。在大数据环境下，金融安全面临着前所未有的挑战。为了保障大数据金融安全，金融行业采取了多种措施，如数据加密、访问控制、安全审计等，以防止数据泄露、被篡改和被滥用。通过本项目，学生能够深刻认识到数据存储、质检和大数据安全在金融行业中的重要性。

闯关试练

一、单选题

1. 数据存储的主要目的是（　　）。

A. 提高数据处理速度　　B. 确保数据的安全性

C. 永久保存数据以供将来使用　　D. 减少数据冗余

2. 质检在数据存储中的重要作用是（　　）。

A. 提高存储效率　　B. 确保数据完整性

C. 加快数据读写速度　　D. 扩大存储容量

3. 在大数据环境中，以下哪项技术常用于保障金融安全？（　　）

A. 数据加密　　B. 数据压缩

C. 数据去重　　D. 数据备份

4. 以下哪种方法可以有效防止数据泄露？（　　）

A. 使用弱密码　　B. 定期备份数据

C. 在公共网络上进行数据传输　　D. 对敏感数据进行加密

5. 关于数据质检，以下哪个描述是不正确的？（　　）

A. 数据质检可以确保数据的准确性

B. 数据质检是数据治理的重要组成部分

C. 数据质检不需要专业的工具和人员

D. 数据质检可以帮助工作人员发现数据中的错误和异常

二、多选题

1. 关于大数据存储的描述，正确的有（　　）。

A. 大数据存储通常是指将数量巨大以及难以收集、处理、分析的数据集持久化到计算机中

B. 大数据存储不需要考虑数据的安全性和可靠性

C. 文件存储（NAS）相对块存储来说更能兼顾多个应用和更多用户访问

D. 对象存储主要解决海量数据、海量并发访问的需求

2. 关于金融大数据查验，以下描述正确的有（　　）。

A. 需要从多个可靠的数据源采集数据

B. 数据采集过程中不需要建立实时的数据质量监控机制

C. 可以使用数据清洗算法和工具对数据进行去噪、去重、填充缺失值等处理

D. 不需要对数据进行标准化和归一化处理

3. 以下哪些措施可以提高金融大数据存储的安全性和可靠性？（　　）

A. 使用分布式文件系统和数据库

B. 不需要对数据仓库进行定期的维护和优化

C. 对数据进行版本控制，记录数据的变更历史

D. 不需要建立完善的数据仓库

4. 在金融大数据存储中，以下哪些技术或方法常用于提高数据处理的效率和可扩展性？（　　）

A. 列式存储　　B. 分布式数据库

C. 关系型数据库　　D. 内存数据库

5. 在进行金融大数据查验时，以下哪些步骤是必要的？（　　）

A. 数据采集与清洗　　B. 数据验证与核对

C. 数据挖掘与分析　　D. 数据备份与恢复

三、判断题

1. 数据存储的目的是快速处理数据。（　　）

2. 数据质检是确保数据质量和准确性的重要手段。（　　）

3. 在大数据环境下，金融安全的风险相对较低。（　　）

4. 数据加密是保障大数据金融安全的有效措施之一。（　　）

5. 数据存储中的冗余性会增加存储成本和数据处理的复杂性。（　　）

项目四

金融大数据可视化

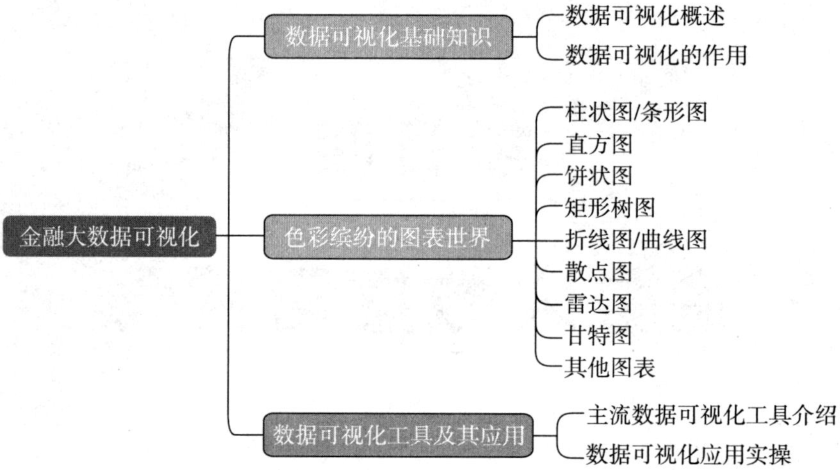
金融大数据可视化
数据可视化基础知识
数据可视化概述
数据可视化的作用
色彩缤纷的图表世界
柱状图/条形图
直方图
饼状图
矩形树图
折线图/曲线图
散点图
雷达图
甘特图
其他图表
数据可视化工具及其应用
主流数据可视化工具介绍
数据可视化应用实操

任务一 数据可视化基础知识

知识目标

1. 了解什么是数据可视化
2. 了解数据可视化的作用
3. 认识主要的数据可视化形式

能力目标

1. 能够结合实际需求，对可视化效果作出初步设想
2. 能够读懂几种典型的可视化图表
3. 能够对照可视化作品判断其优缺点

素质目标

1. 培养用数据进行客观分析、保证数据真实性的职业道德
2. 培养热爱科学、热爱实践的精神
3. 培养用数据了解国情的良好习惯与爱国情怀

数据看中国

中国银行线上贷款实况大屏

知识链接

一、数据可视化概述

（一）数据可视化的概念

可视化对应两个英文单词：Visualize 和 Visualization。Visualize 是动词，意即“生成符合人类感知”的图像，通过可视元素传递信息。Visualization 是名词，表达“使某物、某事可见的动作或事实”，对某个原本不可见的事物在人的大脑中形成一幅可感知的心理图片的过程或能力。Visualization 也可用于表达对某目标进行可视化的结果，即一帧图像或动画。

在计算机学科的分类中，利用人眼的感知能力对数据进行交互的可视表达以增强认知的技术，称为可视化技术。

例如，表 4-1 中出现了 4 个二维数据点集，它们看似杂乱无章，通过传统的统计方法难以对其直接进行区分，但它们的单维度均值、最小二乘法回归方程、误差的平方

和、方差的回归和、均方误差的误差和、相关系数等统计属性均相同，而当将实际的数据分布情况用二维可视化呈现时，观察者可迅速地从数据中发现它们的不同模式和规律（见图 4-1）。

表 4-1　4 个二维数据点集

A1		A2		A3		A4	
X1	Y1	X2	Y2	X3	Y3	X4	Y4
10.00	8.04	10.00	9.14	10.00	7.46	8.00	6.58
8.00	6.95	8.00	8.14	8.00	6.77	8.00	5.76
13.00	7.56	13.00	8.74	13.00	12.74	8.00	7.71
9.00	8.81	9.00	8.77	9.00	7.11	8.00	8.84
11.00	8.33	11.00	9.26	11.00	7.81	8.00	8.47
14.00	9.96	14.00	8.10	14.00	8.84	8.00	7.04
6.00	7.24	6.00	6.13	6.00	6.08	8.00	5.25
4.00	4.26	4.00	3.10	4.00	5.39	19.00	12.50
12.00	10.84	12.00	9.13	12.00	8.15	8.00	5.56
7.00	4.82	7.00	7.26	7.00	6.42	8.00	7.91
5.00	5.68	5.00	4.74	5.00	5.73	8.00	6.89

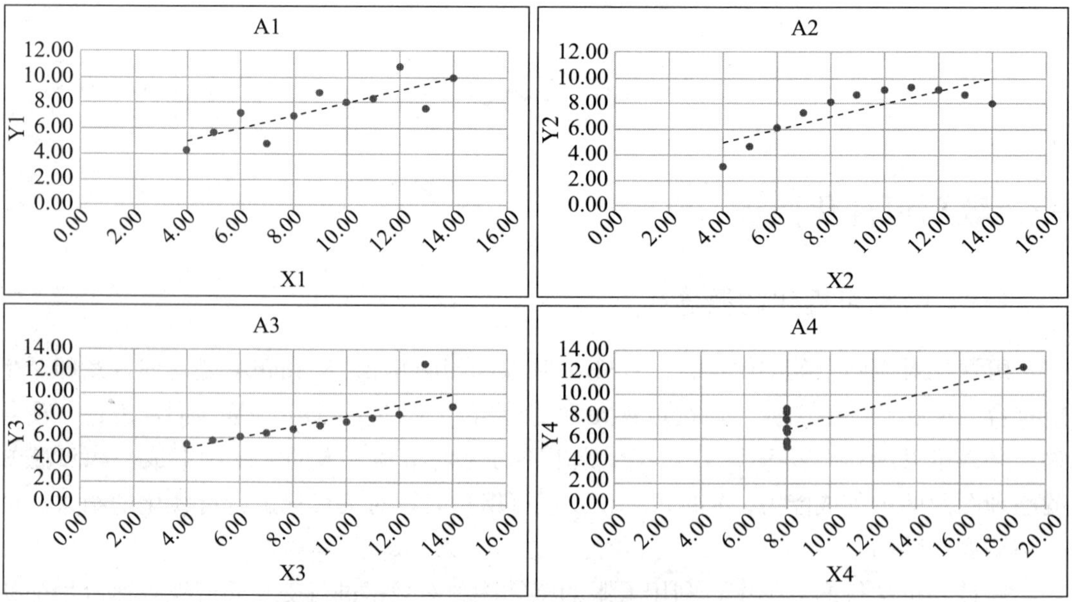

图 4-1　Anscombe 实验的 4 个二维数据点集的可视化

数据可视化帮助我们管理信息，而为了充分利用这些信息，就不能将“数据可视化”作为单一词汇来对待，而是应该将它看作一个概括性称呼。对不同的用户群，它具有不同的内容。

它是一种图形化语言，由于使用者不同，因此具有不同的应用方式。图形设计师、统计学家和管理人员都基于同样的数据可视化基础，但他们具有不同的目的、技巧和背景，这些差异会体现在他们不同的可视化选择中。

这里的数据不仅指狭义上的数字，还可以是具有一定意义的文字、字母、数字符号的组合、图形、图像、视频、音频等，或者客观事物的属性、数量、位置及其相互关系的抽象表示。例如，“399 元”“明日晴转多云”“学生在校期间的档案记录”“过去三个月货物的运输情况”等都是数据。

数据是符号，是物理性的；信息是对数据进行加工处理之后所得到的、能够对决策产生影响的数据集合，是逻辑性和观念性的。两者既有联系又有区别。数据是信息的表现形式和载体，可以呈现上文列举的多种形式；而信息是数据的内涵，它是加载于数据之上、对数据做出的具有含义的解释，它们之间是形与质的关系。庞杂的数据本身并没有意义，它只有对实体行为产生影响时才成为信息，因此数据和信息是不可分离的。信息依赖数据来进行更加简洁、生动的表达，数据则更加准确、具体地描述信息。

数据可视化就是数据中信息的可视化。人类对图形、图像等可视化符号的处理效率要比对数字、文本的处理效率高很多。经过可视化处理的数据，可以让人更直观、更清晰地了解到数据中蕴含的信息，从而使数据价值最大化。

（二）数据可视化所寻求的信息

数据可视化主要从数据中寻找三个方面的信息：模式、关系和异常。

1. 模式

模式即数据中的规律。例如，城市交通流量在不同时刻差异很大，而流量变化的规律就蕴含在海量传感器源源不断地传来的数据中。如果能及时从中发现交通运行模式，就可以为交通的管理和调控提供依据，进而减轻堵塞现象。

广西壮族自治区防城港市利用数据可视化的办法，对上一周的城区交通数据进行分析研判，结合市内道路施工情况、下周天气等因素，能够提前对市民发布交通拥堵预估、预警（见图 4－2）。

同样的方法也可以应用于更为复杂的规律总结与模式预测中，例如法定节假日旅游高峰、春运等较为极端的交通情况，有利于相关部门提前做好统筹安排及应急预案。

2. 关系

关系即数据之间的相关性。在统计学中，这种关系通常代表数据间的关联性和因果关系。无论数据的总量和复杂程度如何，数据间的关系大多可分为三类：数据间的比较、数据的构成，以及数据的分布或联系。例如，收入水平与幸福感之间的关系是否成正比？据调查，收入越低的人群，收入的增加对于他们提升幸福感所产生的影响越显

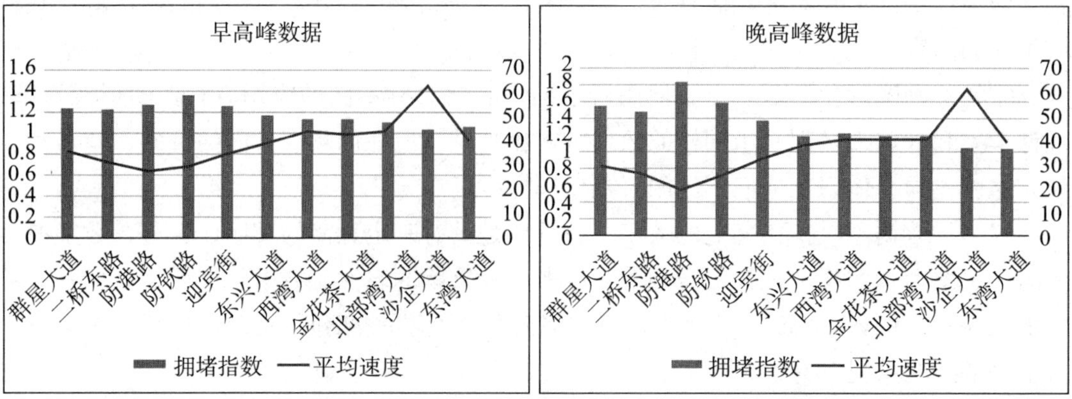

图 4-2　广西壮族自治区防城港市早、晚高峰交通拥堵数据可视化

著，而对于高收入人群，幸福感并不会随着收入水平的提高而有明显提升，这种非线性就是一种关系。

3. 异常

异常数据即有问题的数据。异常数据不一定都是错误的数据，有些异常数据可能是设备出错或者人为错误输入导致的，有些可能就是正确的、需要特别注意与分析的数据。例如，在居民区的用水、用电统计中，通过异常用量分析，可以帮助水电部门或刑侦机关及时发现隐藏在异常数据后的违法犯罪情况（见图 4-3）。

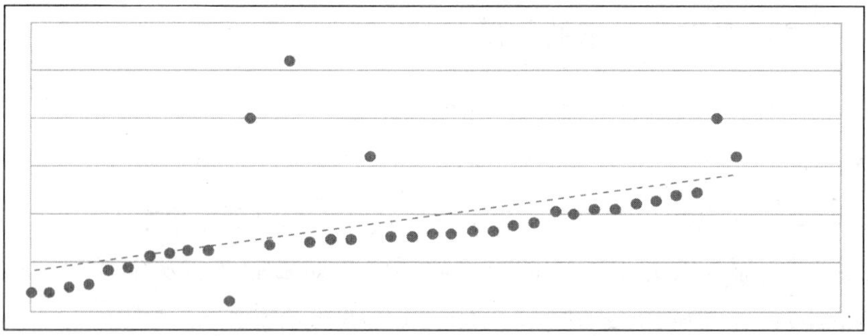

图 4-3　异常点可视化效果

如图 4-3 所示，图中大部分点都集中在同一条趋势线附近，极少数点分散在过高或过低位置，正是这些点可能会影响对数据合理性的判断，通过可视化可以将其快速、准确地识别出来。

由此可见，可视化通过将数据转换为图形，将抽象的、复杂的、不易理解的数据转换为可感知的、直观的、有意义的图形化表示，从而传达数据中蕴含的信息，可以帮助我们通过视觉这一有效手段快速理解和分析数据。

数据可视化并不仅仅是将数据转换成图形化表示，更重要的是给我们提供了探索和分析数据的交互手段。

表示和交互是可视化的两个主要组成部分。表示是将数据转化为可视化元素呈现出来，而交互则是在此基础上提供更多可操作的手段。可视化通过数据的交互式可视表达，辅助我们从数据中发掘有用信息、提高数据认知、作出决策。它的目标是实现对数据的分析和认知，进而实现对数据规律的洞悉，而不仅仅是所绘制的可视化结果本身。

二、数据可视化的作用

数据可视化的作用体现在多个方面，从宏观角度来看，数字可视化的作用包括以下几个方面。

（一）记录信息

自古以来，人类就有使用图形化方式记录信息的习惯。例如，居住于中国西南部大山深处的苗族祖先，早在没有文字的时候便会在竹制的“歌棒”上用工具刻画下符号与图形，来记录婚嫁聘礼等信息，一个叉号代表 100 只大公鸡、3 条等长横线代表 300 匹骡马等，一目了然（见图 4－4）。再如，意大利天文学家伽利略于 1609 年使用自制的天文望远镜对准月球，并绘制了月球表面图形，清楚地记录了月球在一定时间内的变化（见图 4－5）。

图 4－4　中国苗族歌棒图示

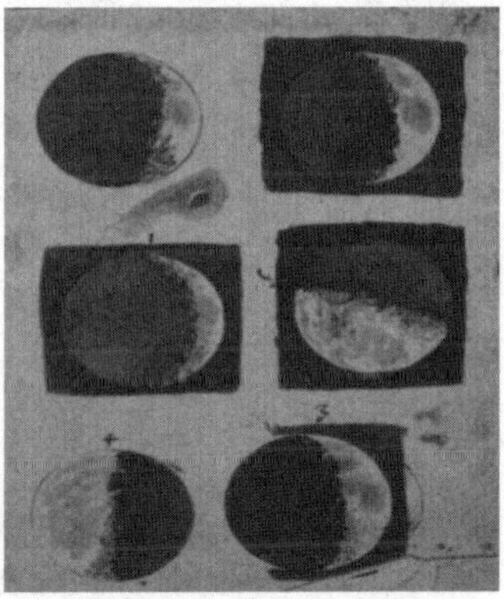

图 4－5　伽利略月球周期图

可见，将浩瀚烟云的信息记录成文、世代传播的有效方式之一，便是将信息成像或采用草图记载。

（二）信息分析与推理

数据分析的任务通常包括定位、识别、区分、分类、聚类、分布、排列、比较、关联、关系等。将信息以可视化的方式呈现给用户，可以直接提升用户对信息认知的效率，并引导用户从可视化结果中分析和推理出有效信息。这种直观的信息感知机制极大地降低了数据理解的复杂度，突破了常规统计分析方法的局限性。

可视化能显著提高分析信息的效率，其重要原因是扩充了人脑的记忆，帮助人脑形象地理解和分析所面临的任务。例如，图 4－6 展示了我国古代天文学和数学著作《周髀算经》对于勾股定理的探索。

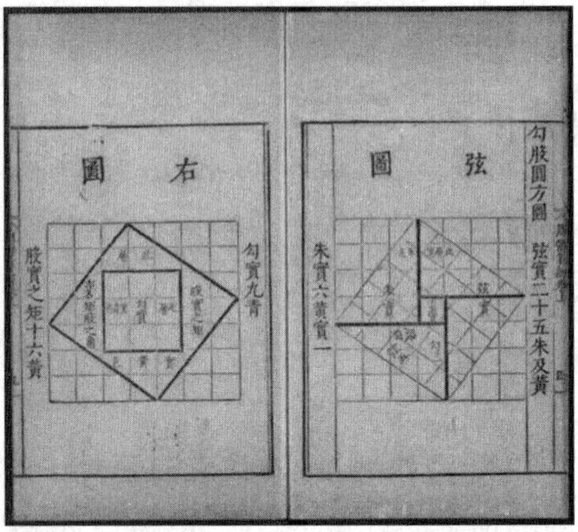

图 4－6 《周髀算经》对于勾股定理的探索

将数据进行可视化表达可以有效提升数据认知效率，引导用户分析和推理出有效信息。1854 年，英国医生约翰·斯诺研究伦敦布拉德街区的霍乱疫情，基于对病例数据的分析绘制了一张街区地图，如图 4－7 所示。他在地图上标记了水泵的位置并用图符表示病例，发现宽街水泵附近的病例明显偏多，从而找到了霍乱暴发的根源在于水源污染。

图 4－7 1854 年伦敦霍乱疫情街区地图

（三）信息传播与协同

人的视觉感知是最主要的信息界面，人从外界获取的信息中的 70％由它输入。因此，俗语说“百闻不如一见”“一图胜千言”。面向公众用户，传播与发布复杂信息的最有效途径是将数据可视化，从而达到信息共享与论证、信息协作与修正、重要信息过滤等目的。

任务实训

在新浪财经上抓取自己感兴趣的股票相关数据。制作一个名为“股票价格”的Excel工作表，其中包含以下列：日期、开盘价、最高价、最低价、收盘价。请按照以下要求完成任务：

计算并添加一列“涨跌幅”[涨跌幅=(收盘价－开盘价)/开盘价×100%]。

使用筛选功能，找出涨跌幅超过5%的所有日期。

绘制一幅折线图，展示该股票在指定时间段（如2024年6月至8月）内的收盘价走势。

步骤1：计算涨跌幅。

在“股票价格”工作表的末尾添加一个新列，标题为“涨跌幅”。

在“涨跌幅”列的第一个单元格中，输入公式=((C2－B2)/B2)×100%（假设B列为“开盘价”，C列为“收盘价”），然后按Enter键。

将此单元格的公式向下拖动，以填充整个“涨跌幅”列。

步骤2：使用筛选功能找出涨跌幅超过5%的日期。

选中包含日期和涨跌幅的数据区域。

在Excel的“开始”选项卡中，点击“筛选”按钮，在数据区域的标题行添加筛选下拉箭头。

点击“涨跌幅”列的筛选下拉箭头，选择“数字筛选”→“大于”，在弹出的对话框中输入5，然后点击确定。

步骤3：绘制折线图展示收盘价走势。

选中包含日期和收盘价的数据区域。

在Excel的“插入”选项卡中，选择“折线图”图表类型（如“带数据标记的折线图”）。

调整图表的标题、坐标轴标签等，以清晰地展示收盘价走势。

任务二 色彩缤纷的图表世界

知识目标

1. 了解常见的数据可视化图表

2. 知晓各种常见图表表达的重点、适用的场合
3. 重点掌握柱状图/条形图、折线图/曲线图

能力目标

1. 能够结合实际需求，对数据可视化效果作出初步设想
2. 能够根据各类图表的优势或缺点，选择合适的数据可视化方法

素质目标

1. 培养用数据进行客观分析、保证数据真实性的职业道德
2. 培养热爱科学、热爱实践的精神

知识链接

统计图表是最早的数据可视化形式之一，作为基本的可视化元素仍然被非常广泛地使用于很多百年后才被开发出来的复杂大型可视化系统中，这类图表作为基本组成元素，成为整个系统中不可或缺的一环。

华为公司在各种峰会上的演示文稿，一向以其卓越的可视化效果笑傲业内。但暂且不论那些给出高分评价的观看者具有多高的审美水平，我们仍然可以看到，这种极为成功的现代化演示在遇到数据信息的分析与处理时，依旧离不开那些最基础的数据可视化图表，如折线图、柱状图等（见图 4-8）。

数据看中国

腾讯云再次打破国外垄断！图数据库 TGDB 为国产数据库争光

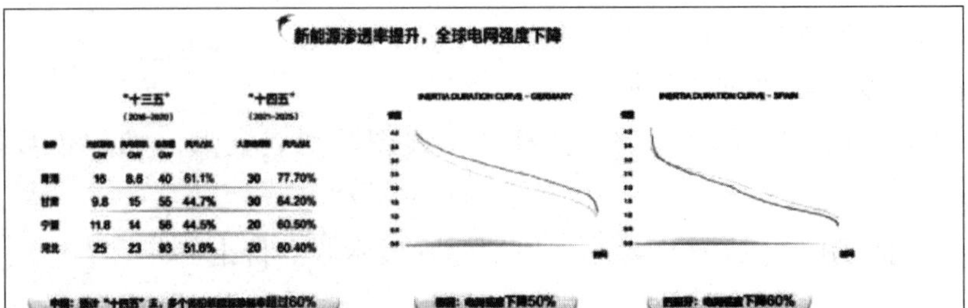

图 4-8　华为公司在峰会演示文稿中的数据可视化

基本的可视化图表按照所呈现的信息和视觉复杂程度通常可以分为三类：原始数据绘图、简单统计值标绘和多视图协调关联。使用不同的可视化工具绘制图表的操作步骤各不相同，但是所使用的图表类型、使用方法、适用场景、使用数据类型是基本相同的。

这里将介绍一些原始数据绘图、简单统计值标绘的基本图表和适用的场景，通过这样的实例介绍，希望同学们能够对数据可视化设计所遵循的惯例或准则有基本的了解和认识，能够基于需求选择合适的数据可视化手段。

一、柱状图/条形图

（一）竖直柱状图

柱状图，又称柱形图、条形图，是以高度或长度的差异来显示统计指标数值的一种图形。我们按照更多人对于字面上的理解偏好，在下文中更多地将竖直方向的簇状图形称为柱状图，将水平方向的横条图形称为条形图。但请注意，无论是竖直柱状图还是水平条形图的称呼，它们在本质上都是同一种图表形式。

柱状图简明、醒目，是一种常用的统计图形，它既可以用于显示一段时间内的数据变化，或显示各项之间的比较情况，也可以用于排序。一般来说，数值的体现就是竖直柱形的高度或者水平条形的长度，形状越短则数值越小，形状越长则数值越大。

如图 4－9 所示，可以通过柱形的高度来轻易判断数值的大小，由此看出我国在2020 年至 2022 年三年期间，四个直辖市的地区生产总值排名均是上海市＞北京市＞重庆市＞天津市。

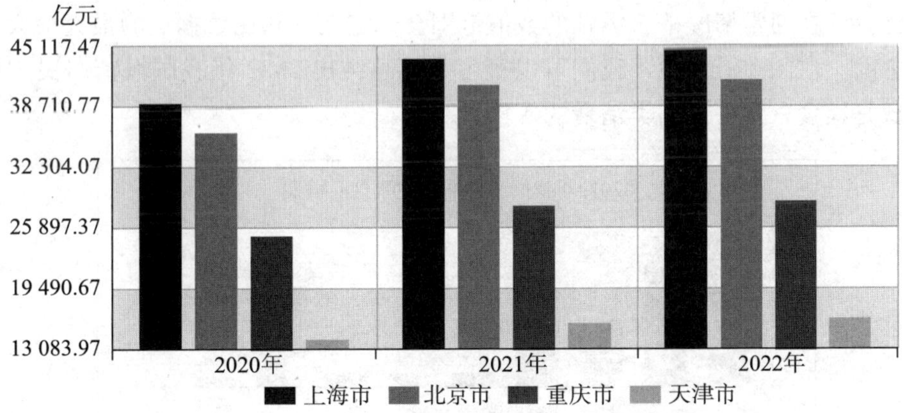

图 4－9　我国四个直辖市的地区生产总值柱状图

需要注意的是，很多时候柱形或条形的宽度与相邻形状之间的间距决定了整个视觉效果的美观程度。有时过于窄小的图形与过于宽大的间距会使用户的注意力集中在空白处而忽略了数据，所以合理地选择与设计图形也很重要。如图 4－10 所示，在显示相同数据的时候，明显下方的图形在视觉效果上更加清晰美观、一目了然。

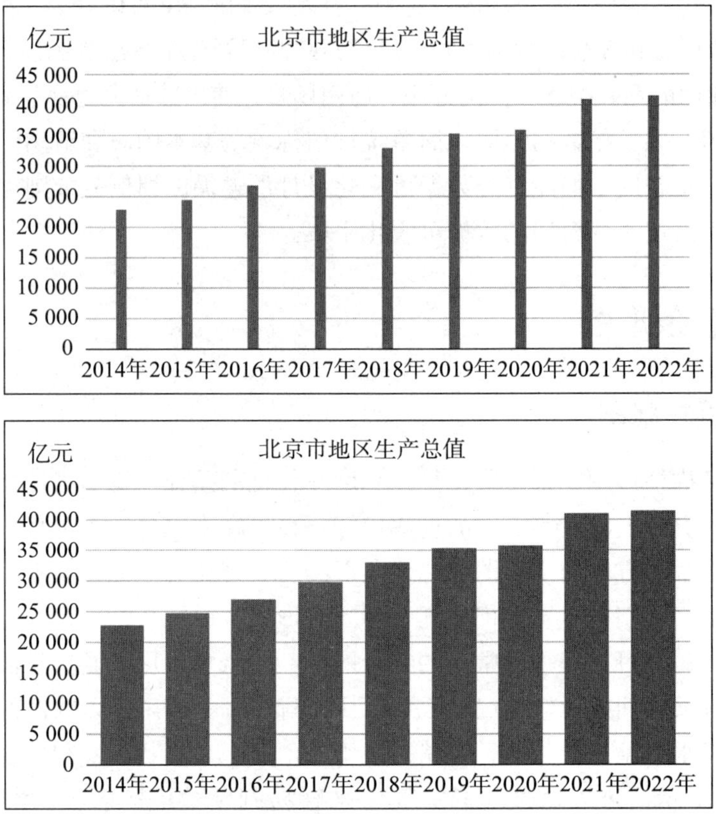

图 4-10　北京市 2014—2022 年地区生产总值柱状图

竖直柱状图的数据点沿纵轴分布，水平轴上等距离分布变量，以便更好地辨别和标注对应标签。在通常情况下，纵轴的数值范围会选定在 0 和比数据点的最大值大一点的整数值之间。在图 4-11 中，我们可以很容易地总结出 2022 年我国城镇居民主要食品消费对象是粮食，几乎是肉类消费的 4 倍。

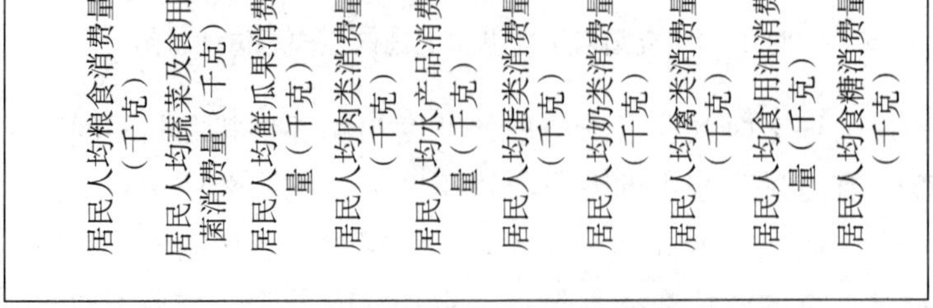

图 4-11　2022 年我国城镇居民主要食品消费竖直柱状图

（二）水平条形图

此时观察者在上图中一定注意到了标签的尴尬之处，因为图形中的变量过多、标题过长，10个分类的横版文字显然排布不下，会导致重叠，而将它们旋转则会导致阅读困难，而且占用了很大的空间。有时候我们可以将标签分为两行或更多行来解决这个问题，但阅读起来显然仍然帮助不大。那么除了旋转标签之外，更好的办法就是旋转柱状图，转而创建水平条形图，如图4-12所示。

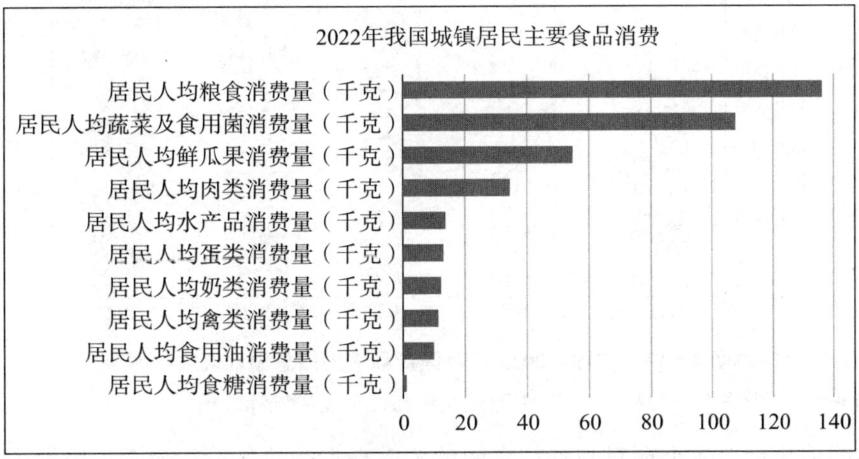

图4-12　2022年我国城镇居民主要食品消费水平条形图

将竖直柱状图转为水平条形图是更适合多个变量的可视化方法。通常我们认为，竖直柱状图和水平条形图之间的区别是可为每个数据点打标签的空间大小，但实际上它并非这么简单，而是需要根据实际情况灵活地加以运用和变化。例如，如果数据中需要时间维度的信息，则最好使用竖直柱状图，从而让时间可以按照阅读习惯，正常地从左向右流逝，而坐标轴中如果没有使用有明确顺序的名义变量，则可以更为灵活地设计可视化图形。

需要注意的是，如果在连续的数据可视化效果展示时，要同时用到多幅柱状图，那么它们的方向最好要保持一致，尽可能避免在竖直和水平图形之间随机切换。如果必须变化，一定要确保读图者能够理解这样设计的意图。

（三）堆叠柱状图

在柱状图的基础上，将同一横坐标所对应的不同类型数据进行累加，构成一个完整的柱状图，并且以不同色块来进行区分显示，就可以构成柱状图的变体　　堆叠柱状图（又称堆积柱形图）。

堆叠柱状图可以形象地展示一个大分类包含的每个小分类的数据，显示的是单个项目与整体之间的关系，适用于比较每个分组的数据总量。

“我国2023年全年货物进出口总额为417 568亿元，比上年增长0.2%。其中，出口237 726亿元，增长0.6%；进口179 842亿元，下降0.3%。货物进出口顺差57 884

亿元，比上年增加 1 938 亿元。”以上文字信息经过提炼、简化，再对比 2019 年至 2022 年的数据，就形成了堆叠柱状图（见图 4－13）。图 4－13 展示了我国近几年的货物进出口情况，一个完整的柱形代表当年的进出口总额，又用浅灰与深灰切割整柱，分别形成进口与出口的小柱形。读图者看到这张图，立刻能够对 5 年内的进出口规模与比例留下一个初步的印象并作出一个初步判断。堆叠柱状图可以展示单个项目与整体间的关系。

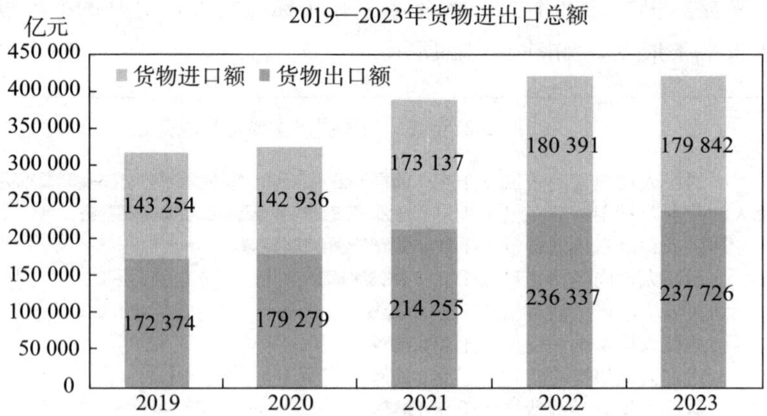

图 4－13　2019—2023 年我国货物进出口总额堆叠柱状图

资料来源：《中华人民共和国 2023 年国民经济和社会发展统计公报》。

这种图表虽然对单个项目与整体之间的关系有很好的表示，却无法进一步精确地体现增长率等数据，仍然需要文字资料的辅助或者综合添加其他的数据可视化手段。

（四）百分比堆叠柱状图

在堆叠柱状图的基础上，产生了一种新的变形——百分比堆叠柱状图，主要用于观测分类占比情况。

通过百分比堆叠柱状图，读者可以清晰地观测到各分组数据中，每个小类数据的占比变化情况。根据图 4－14，读者可了解我国近五年三次产业增加值在国内生产总值（GDP）中的占比情况，同时可发现它们连续 5 年的占比变化幅度不大。

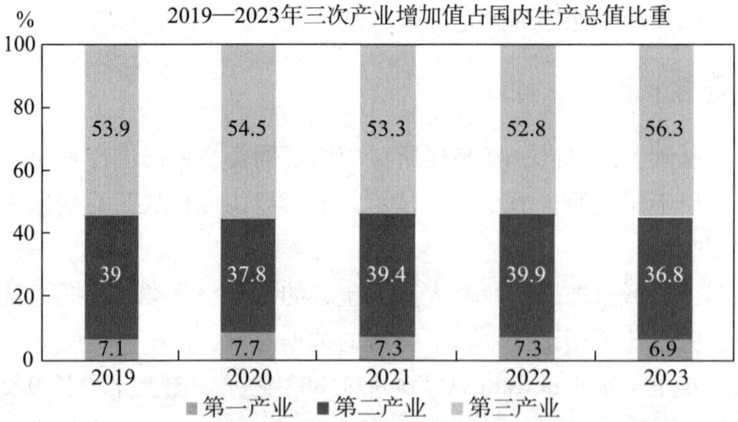

图 4－14　2019—2023 年三次产业增加值占国内生产总值比重百分比堆叠状柱图

百分比堆叠柱状图不适合观测小类中的数据大小，也不适合对比各分组的总数，因为各分组总数在图形中均显示为100%。

二、直方图

直方图，又称质量分布图，是数值数据分布的精确图形表示。直方图中横轴分割为多个子区间，每个子区间用一个直立的长方块表示变量的数值频率，柱形越高、频率越大。

我们简单了解直方图，主要是为了厘清它与柱状图之间的区别。它们看起来很相似，但柱状图可以按照任意的顺序展示分类值，而为了显示不同类别在值与值之间没有连续性，长条之间应该留有空隙。

但直方图中，在数量横轴上的各个部分都是接续的，我们把轴上的每一个子区间都称为一个容器，而其中一个容器的上限值就是下一个容器的下限值，这导致在直方图中，长条之间并没有空隙。

图 4-15 左侧图就是一幅直方图，其中很清楚地定义了各个容器的界限，从 10 到 15，从 15 到 20，诸如此类，一个区间紧接着一个区间。如果我们想要对直方图中表示频率的柱体进行排序，只能将它们作为 7 个不同的类别，形成右侧的柱形图。而因为排序导致了容器的不连续，导致这在左侧的直方图中是行不通的。

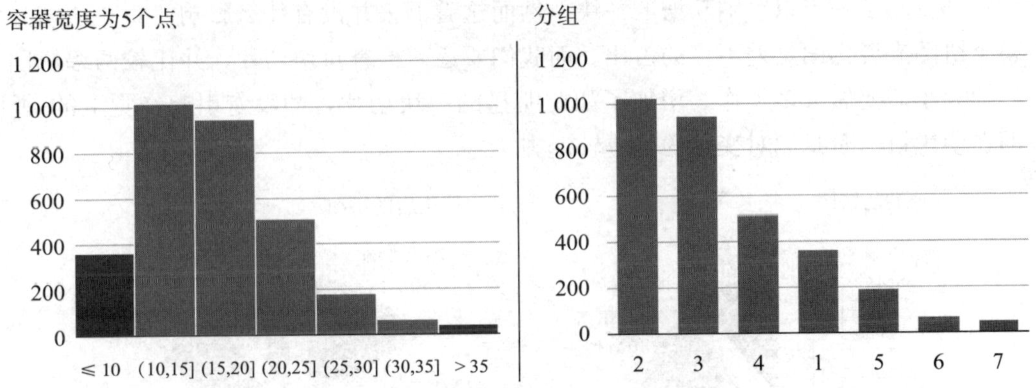

图 4-15 直方图与柱状图的对比

三、饼状图

（一）基础饼图

饼状图（简称饼图）是十分常见的统计学模型，用来表示比例关系十分直观形象。饼图在设计师手里能衍生出视觉效果各异的图形，但是它们都遵循饼图的基本框架，将数据中的每一个值编码为一定比例的切片，使用面积、角度或弧长来衡量各分量与整体的关系。

从图 4－16 我们可以看出，虽然我们能够在饼图对应的部分标上精确数据，但是有时楔形角度过小，数据标注会存在一定困难，无法兼顾美观。这使得饼图不太适合表示精确的数值，但是可以直观地呈现各部分占比的差别，以及部分与整体之间的比例关系。

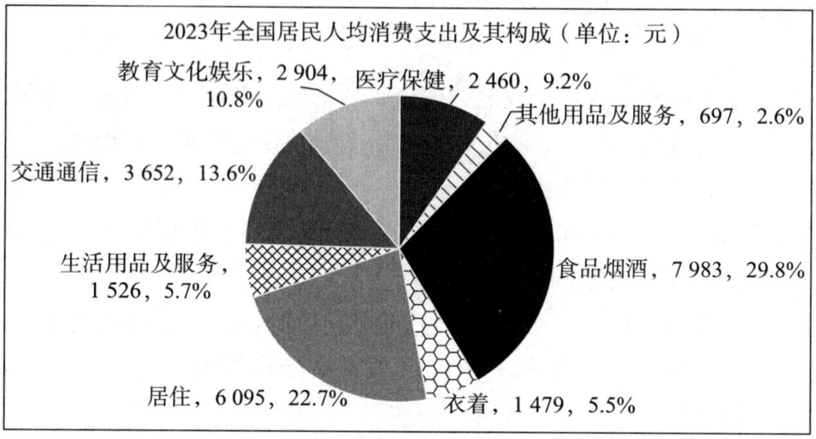

图 4－16　2023 年全国居民人均消费支出及其构成饼图

资料来源：国家统计局. 2023 年居民收入和消费支出情况，2024－01－17.

饼图由于很难对各个切片之间进行比较，因此经常为人所诟病。如图 4－17 中的右侧饼图，它是在完全复制了图左侧饼图的内容后，加上了缺失的切片（财务转账），其他切片都变小了一点以容纳新增的一块。然而这看上去并没有什么影响，每一块切片对照整个饼图来说仍旧是差不多的占比。而我们要逐一检查每块切片，并比较两幅饼图中它们的大小需要做太多工作。增加了如此明显的一块切片，却没有引起知觉上的关注，表明在使用饼图时我们对变化的反应较迟钝。

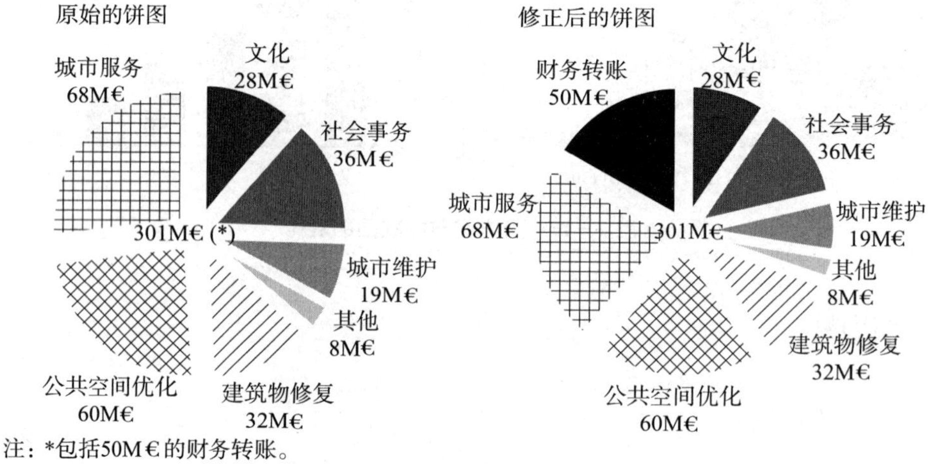

图 4－17　饼图在切片对比上的缺点

在制作饼图的时候我们经常犯的错误是：将不是同一维度的度量值硬凑成一张饼图。例如，饼图并不能表示平均数或增长率，各个切片的百分比数据加起来如果不是

100%则不能显示为一张饼图（这在数据可视化泛滥的互联网中是很容易搜索到的糟糕作品），需要引起我们的警惕。

（二）环状图

尽管饼图遭受了激烈的批评，但环状图几乎被忽略了，它被看作一种小型分支图。饼图的所有缺点都可以显现在环状图上，它甚至还有一些其他不足，如由于缺少可见的圆心，使得在不同切片之间进行比较更为困难。

环状图的优势是可以比较两个或多个系列的数据，每个环表示一个系列。如图 4－18 所示，我们可以看到三种类型的女性用于社会或家庭活动的时间比例。因为我们不可能为环状图的每一个条目都加上标注，使得它的切片更难精确描述数值与判断比例，那么为了更充分地利用这样一幅图，就往往需要加入交互性，以便及时识别每一个条目及其子项。例如，我们可以在可视化工具中，通过鼠标悬停来识别其中的某一段信息。

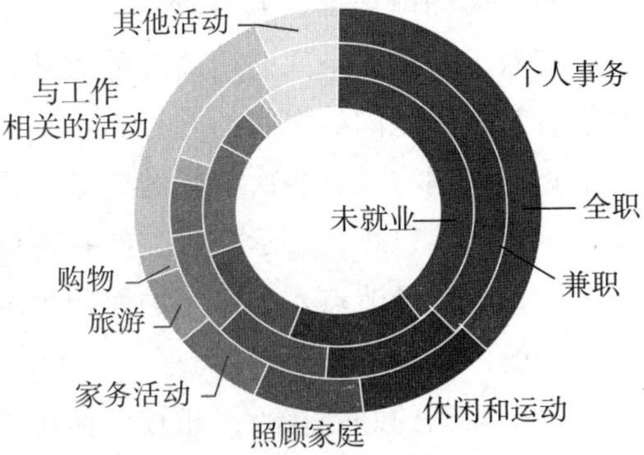

图 4－18　环状图很难标注每一段切片信息

（三）旭日图

旭日图可以说是优化的饼图加上环状图，而它对层级关系的表述则更类似于树状图，它既能展示内容之间的包含关系，也可以利用分割切片的大小来观察占比，如图 4－19 所示。它最大的弊端就是很难在较小的切片上标注内容，需要展示分辨率很高、尺寸很大的图片才能看清内容。

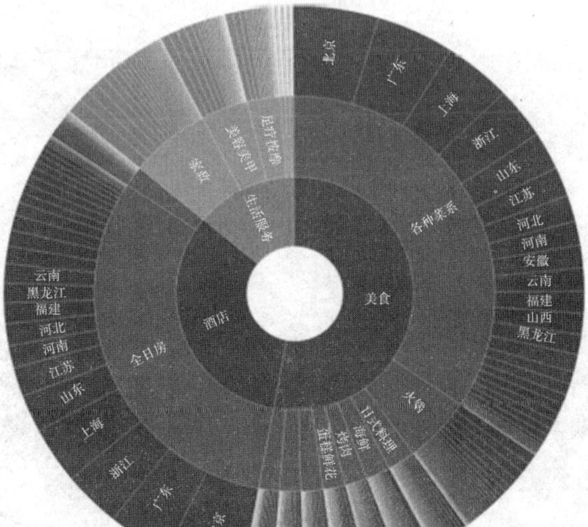

图 4－19　旭日图示例

四、矩形树图

矩形树图由马里兰大学教授本·施耐德曼于20世纪90年代提出，起初是为了找到一种有效了解磁盘空间使用情况的方法。它常用于对具有层级关系数据的可视化展示，并能直观地对比同级之间的差异。

矩形树图将具有层次关系的树形结构数据可视化为一组嵌套的矩形，它直观地以面积表示数值，以颜色表示类目，所有矩形的面积之和表示整体的大小，各个小矩形相当于树结构中的子节点，小矩形的面积表示每个子项的占比，矩形面积越大，表示子项在整体中的占比越大。

矩形树图的好处在于：相较于传统的树形结构图，矩形树图能更有效地利用空间，并且拥有展示占比的功能，现代的矩形树图甚至可以交互，点击矩阵块，就能进入子分支，因此特别适合展示类别多、层级复杂，且带权重（占比）的树形结构数据。矩形树图的缺点在于：当分类占比太小的时候文本会变得很难排布。相较于分叉树图，矩形树图的树形数据结构表达得不够直观、明确。

当类目数据较多且有多个层次的时候，饼图的展示效果往往会打折扣，此时不妨试一试矩形树图，它能更清晰、层次化地展示数据的占比关系。尤其是当我们遇到电子商务、产品销售等涉及大量品类的数据可视化分析时，都可以利用矩形树图来更好地进行展示。

图4-20所示为我国各省级行政区2022年总人口，我们可以从图形面积上初步判断各省级行政区人口的多少，但如果两个比较的变量较为接近，则很难通过块状图形来进行更精确的数值判断，因此矩形树图在展示精准数据方面不如柱状图更加简便、清晰。

我国2022年总人口（单位：万人）

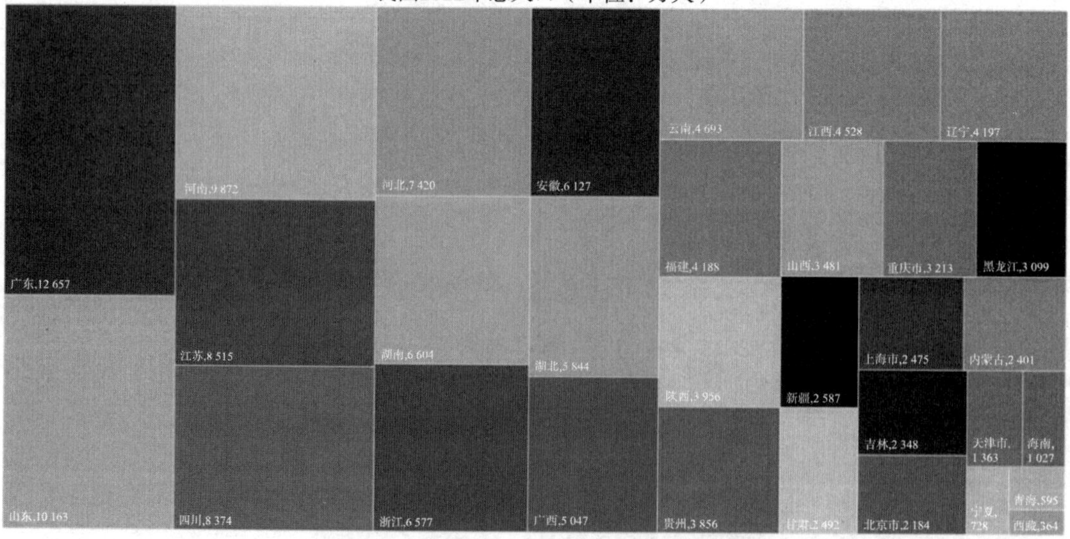

图4-20　我国2022年总人口矩形树图

虽然矩形树图在数值比较方面略有缺欠，但将嵌套层次加进去的时候，它的优势就展现出来了。如图 4－21 所示，它与图 4—20 中的数据是相同的，但是在各省级行政区的基础上加入了地理区划层次，将中国划分为华北、东北、华东、中南、西南及西北六个地理分区，此时通过矩形树图，我们就能根据颜色与形状大小来更清晰、层次化地展示各地理区划与全国、各省级行政区与各地理区划的占比关系。

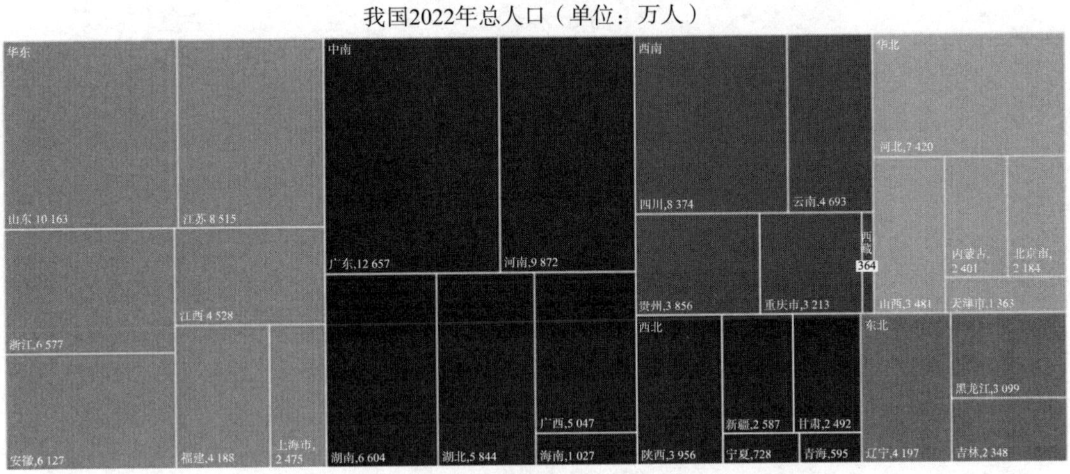

图 4－21 加入地区层次的我国 2022 年总人口矩形树图

五、折线图/曲线图

折线图/曲线图是一种能够紧凑、简洁地描述数据趋势的表达方式。它既可以制作成高分辨率、大尺寸的图表，通过加注标签以传递更多的数据信息，也可以制作成大小与文本相仿的简洁线条，直接嵌入在文本或表格中。

在折线图中，通常沿水平轴均匀分布的是时间，沿垂直轴均匀分布的是数值。它常出现在展现人口增长趋势、表达货物销售量、描述增长进度等场合。

自古希腊以来，河流就被用作描述时间流逝的隐喻。因此，在数据可视化中，使用隐喻河流的一条线来作为时间的基本表达形式也就很自然了。我们当然也可以使用其他图表形式来表示时间，如用折线图来显示非时间性的数据，但对比起来，时间序列与折线图显然更为匹配。它从左到右代表了时间流逝的方向，专注于表述流量，而流量可以被理解为有意义的趋势和模式，而不是单个的数据点。

如图 4－22 所示，上方的折线图用两条颜色不同的折线清楚显示了西班牙居民旅游住宿的变化。从中我们可以看出，非居民的变化更复杂，线条从最开始的上升趋势变为指数增长，然后在 21 世纪最初的 10 年中进入稳定阶段，之后经历了一段小幅下滑后恢复了增长态势。而下方的柱状图使用了同样的数据，但提供了不同的方法，使用柱状图表达出的信息，这是为了将居民与非居民的情况进行成对的组合对比分析。

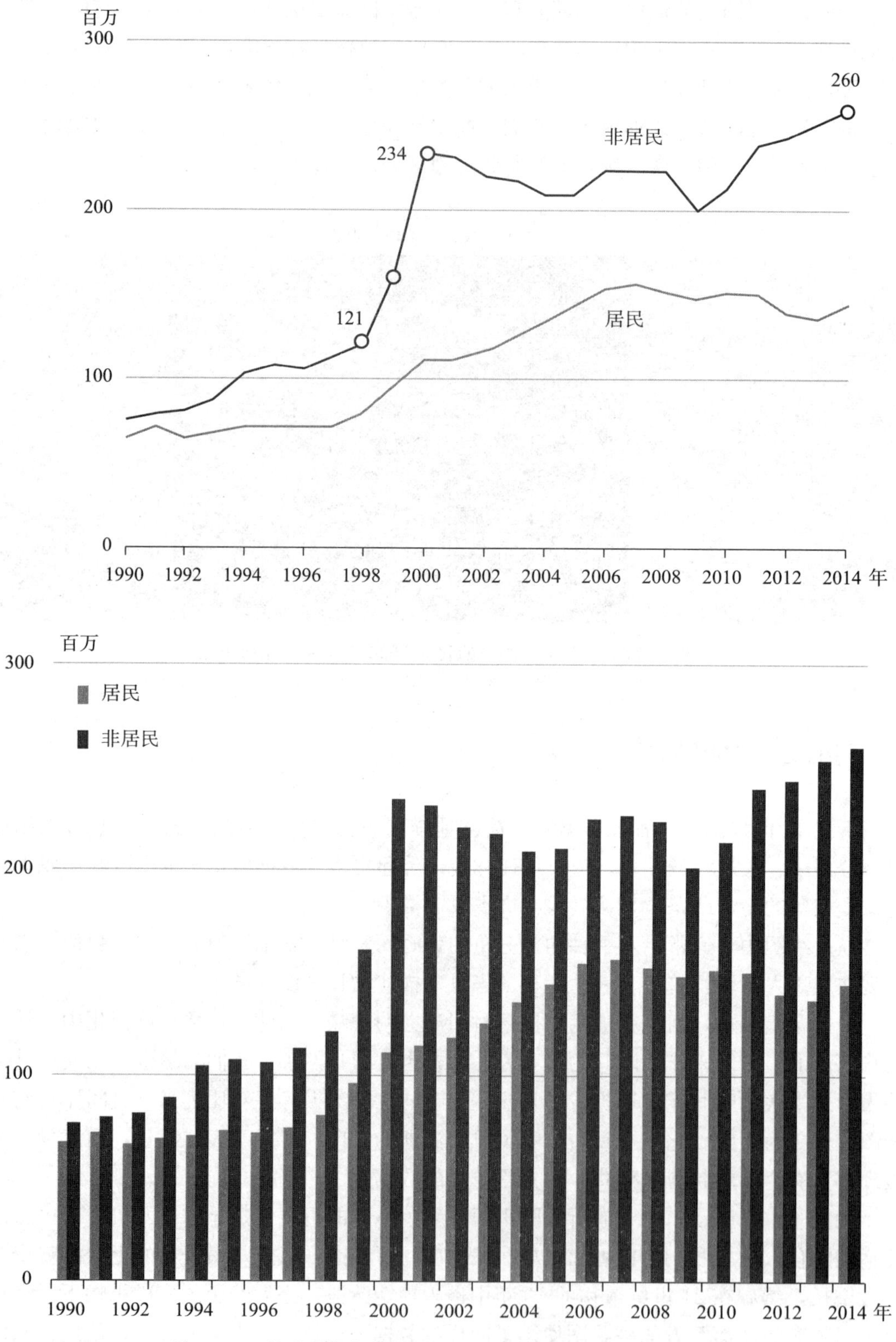

图 4-22　使用相同数据的折线图和柱状图有不同的表达倾向

折线图因为能够展示数据随某一变量（通常是时间）的变化趋势，所以常用于商业数据表达，如股票走势、市场行情等。它在呈现数据变化非常细微或者人为忽略了少数离散的数据时，会表现得平滑、美观，这时候就成了曲线图。尽管在阅读这种图形时我们关注的是流动性，但如果想要让线上的数据点变得更显著，可以更多地确定局部变量的值。

横轴长度也会在很大程度上影响展现的线条趋势。若图中的横轴过长，点与点之间分隔的间距比较大，则会使得整条折线非常夸张；若横轴过短，则用户又有可能看不出数据的变化趋势，所以合理地设置横轴的长度十分重要。

折线图是显示数据随时间变化的最好和最灵活的图形之一，但它也并不是完美的。一些细微的内容可能会被漏掉，有时候会使人得出并不存在的关系，因此我们也需要讨论其他的替代形式。

六、散点图

散点图是表示二维数据的标准方法，也称为 X－Y 图，它可将所有数据以点的形式展现在直角坐标系上，变量的数值决定点的位置，以显示变化的趋势以及变量之间的相互影响程度。

在散点图中，所有数据以点的形式出现在笛卡尔坐标系中，每个点所对应的横纵坐标即代表该数据在坐标轴所表示维度上的属性值大小。通过观察散点图上点的分布情况，我们不仅可以看出数据的变化趋势，还能了解数据集群的形状以及数据集群中各数据点的关系。散点图适用于数据的相关性分析和展示。

如图 4－23 上方左图所示，当两个变量同时增加时，两个变量是“正相关”关系；如上方右图所示，当一个变量增加，另一个变量减小时，两个变量是“负相关”关系；如下方图所示，当一个变量变化，而另一个变量不变化时，则两个变量“不相关”。

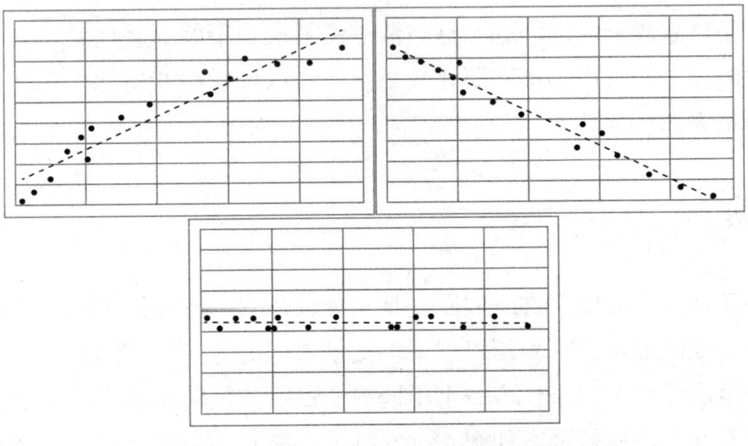

图 4－23　散点图表现出的相关性

散点图矩阵是散点图的高维扩展，用来展现大于二维的数据属性分布。我们可以通过采用尺寸、形状和颜色等来编码数据点的其他信息，在观测多变量或不同特征群组间的关系时很方便。如图 4-24 所示，我们对不同属性进行两两组合，生成一组散点图来紧凑地表达属性之间的关系，这样就能看出变量 G 与 3 个变量 J 均有不同数据点偏离较远，这预示着在多维空间里这些点具有特殊性，这样就能结合更专业的残差图等来进行综合分析。

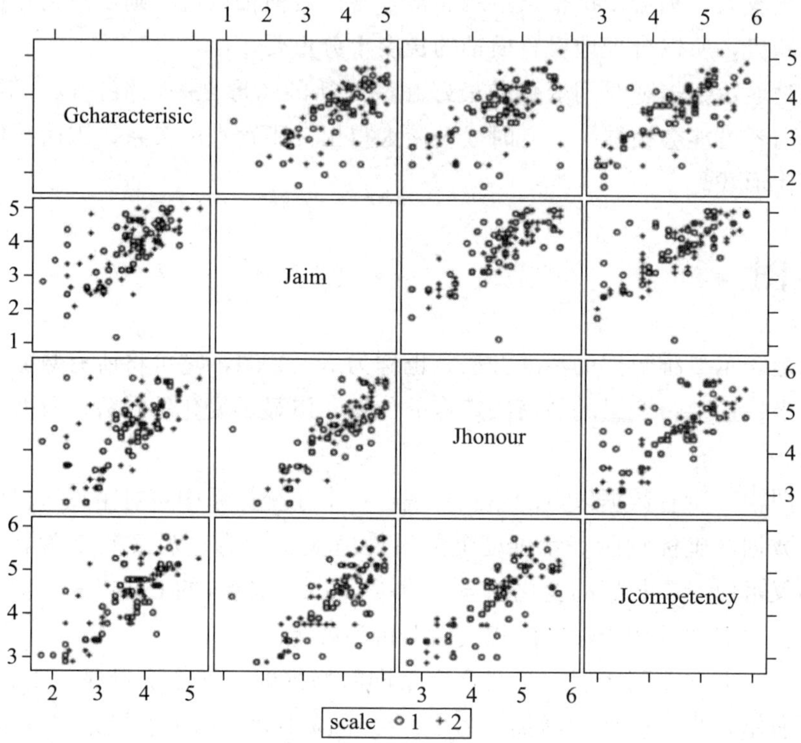

图 4-24　散点图表现出的相关性

视觉混乱是柱状图最大的问题，这时散点图就成了很好的替代品，它避免了杂乱无章产生的过度刺激，并且因为不需要比较高度，所以可以截断坐标以提高分辨率，这与柱状图相比是很大的优势。

七、雷达图

雷达图，又称极坐标图、蜘蛛网图，是一种以从同一点开始的轴上表示的三个或以上定量变化的二维图形，是一种用以展现多变量数据的方法。该图由一系列从中心点向外辐射的辐条组成，每个辐条代表一个不同的变量。数据使用线或区块绘制在每个辐条上，最终结果看起来像蜘蛛网。如图 4-25 所示，在同一张图上以颜色区分新加坡、沙特阿拉伯、印度尼西亚、马来西亚四个国家，并描述了它们在六个维度上的不同表现。

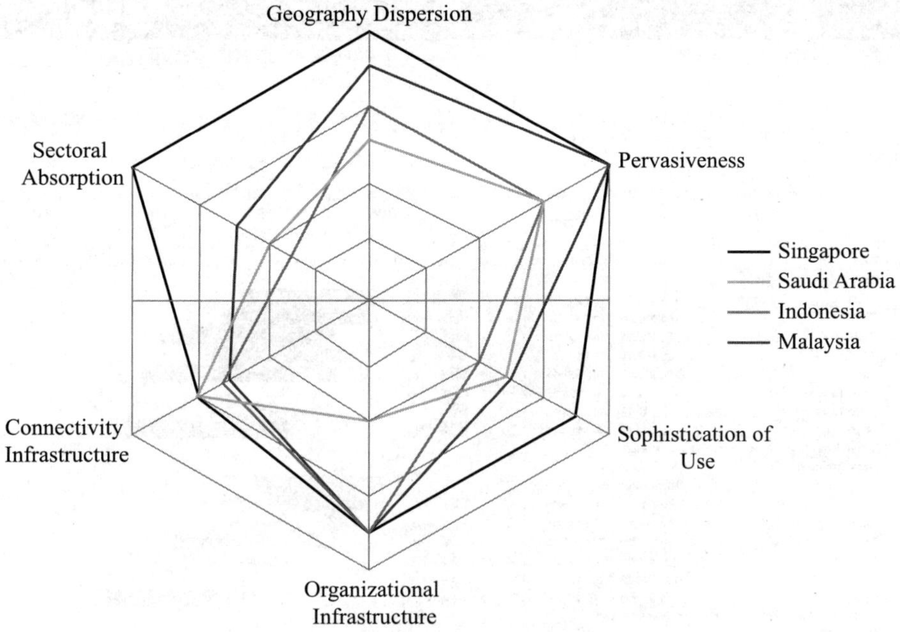

图 4－25　雷达图可以展现多种变量

事实上，虽然雷达图最初是为了展现多维数据，但人们在使用中为了更容易理解和统一比较，会将雷达图的坐标轴人为地统一成一个度量，如统一成分数、百分比等，使之成为一个二维图表，而这种二维雷达图也成了如今最常见的图表之一。

雷达图常用于企业经营状况的展示及指标性能的展示，是对企业进行经济效益综合分析的重要工具。我们既可使用雷达图横向对比企业的各种财务指标比率与其竞争对手或行业的财务指标比率，也可使用雷达图纵向比较企业现在与过去的财务指标比率，从中发现财务及经营情况的变化方向。雷达图可以很好地结合横向与纵向的数据在同一个图表上进行对比展示。

八、甘特图

甘特图以提出者亨利·甘特先生的名字命名，最初是一种随时间推移而对大型项目进行把控的直观视图，它能够以图示的方式形象地展示项目列表和时间刻度，清晰地标识出每一个项目的起始与结束时间，如图 4－26 所示。

管理学界有人认为，甘特用图表帮助管理者进行计划与控制的做法是当时管理技术上的一次革命。仅用一张图我们就可以非常直观地看到任务计划的持续时间、每项任务具体的开始时间和结束时间、该任务在整个项目计划中所处的位置、整体项目计划的工作量和节奏。

在很多较大型且时间跨度较长的工程、信息技术、市场营销、电商运营等项目中，都会涉及诸多对人员、时间、质量等方面的控制，大多数时候都需要跨部门进行

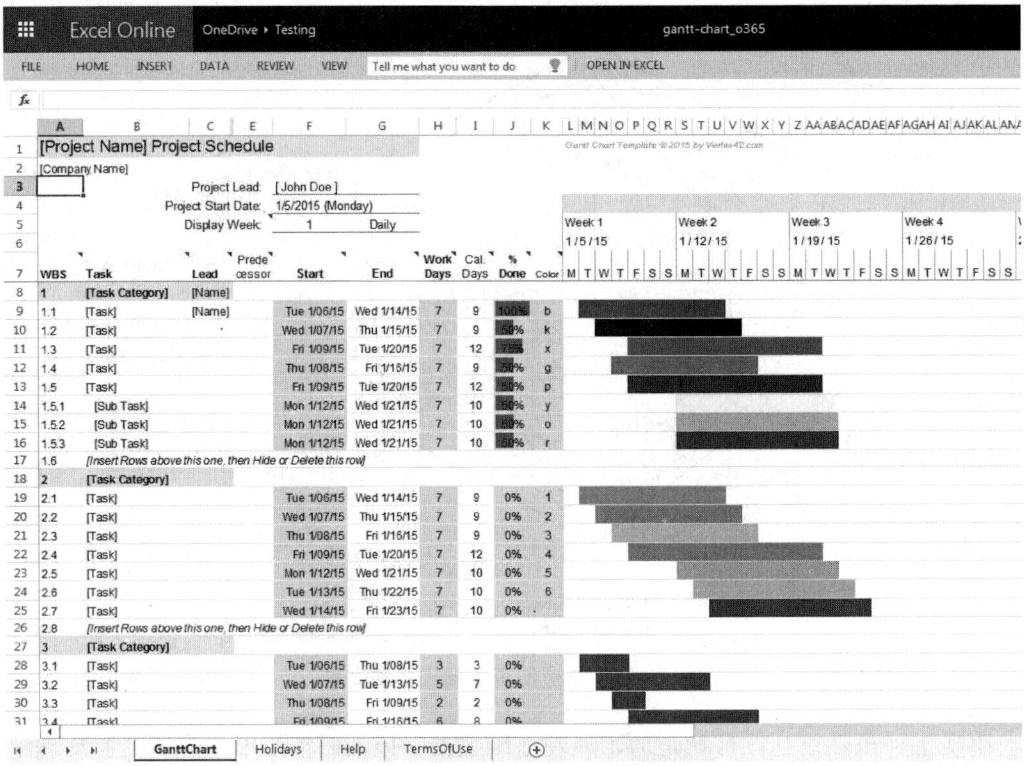

图 4-26 甘特图展示多任务进度

协作，因此如何把控整个项目管理流程就显得非常重要，使用甘特图就可以实现这样的目的。

甘特图的横轴是时间，纵轴是任务，非常适合对任务进行梳理分解。管理者可以通过甘特图评估具体任务耗时多久、需要使用多少资源，且当不同任务出现时间重叠时，管理者可以进行任务优先级的判断与调整，让整个项目的规划变得清晰、流畅。

当然，甘特图也是评估任务进度的有力工具之一，能够直观地呈现实际进展与计划要求之间的差异，用可视化的手段来跟踪项目具体情况，帮助使用者掌控全局。

九、其他图表

在数据可视化的过程中，还有许多其他有趣、实用的图表，如由上文所述的基础图表衍生而来的面积图、面积堆叠图、玉玦图（见图 4-27（a））、玫瑰图（见图 4-27（b））等，在这里不再赘述；还有一些专业性更强、更为复杂的图表，如回归曲线图、K 线图（见图 4-27（c））等，其中的一部分我们也会在相关的基金课程中进行更为深入的学习；另外还有随着大数据发展衍生出的文字信息可视化绘图，其中最常见的便是词云图，这部分内容也留给大家自行探索学习。

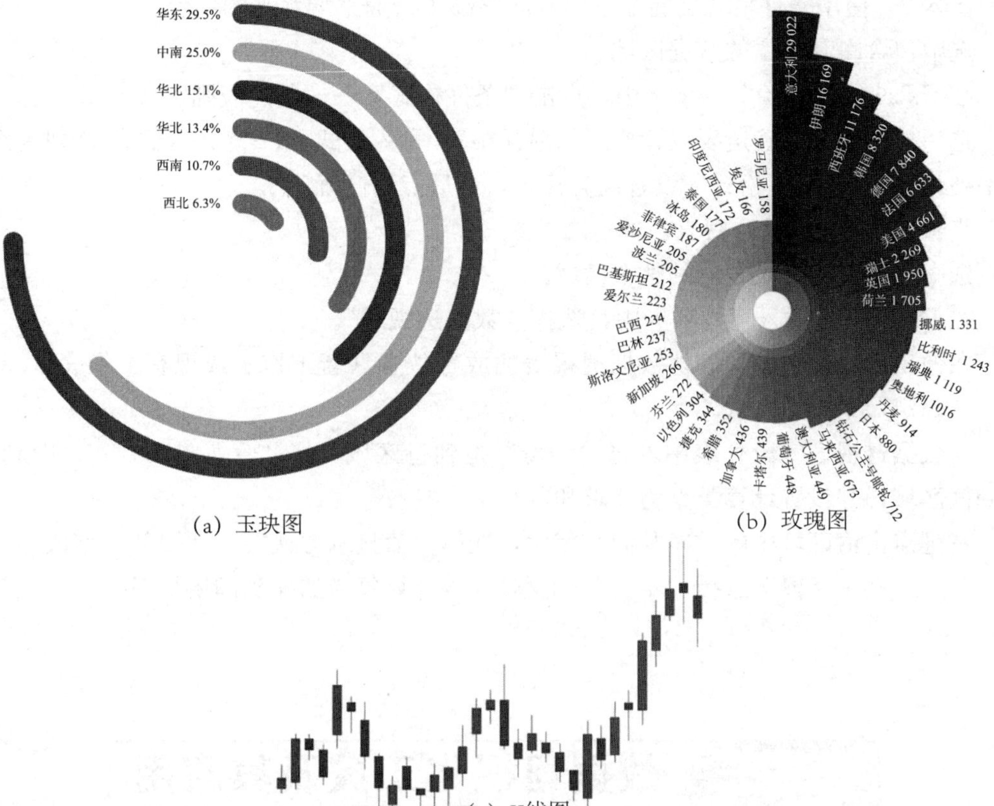

(a) 玉玦图　　(b) 玫瑰图

(c) K线图

图 4-27　玉玦图、玫瑰图、K 线图

任务实训

查找平安银行 2023 年的财务报表，并转换为 Excel 工作表，选取年份、营业收入、净利润、总资产等数值。请按照以下要求完成任务：

（1）计算并添加一列“净利润率”（净利润率=净利润/营业收入×100%）。

（2）使用条件格式，将净利润率高于行业平均水平的年份高亮显示（假设行业平均水平为 10%）。

（3）创建一个数据透视表，按年份汇总营业收入和净利润，并计算每年的净利润增长率（与前一年相比）。

步骤 1：计算净利润率。

在财务报表工作表的末尾添加一个新列，标题为“净利润率”。

在“净利润率”列的第一个单元格中，输入公式=(D2/C2)×100%（假设 C 列为“营业收入”，D 列为“净利润”），然后按 Enter 键。

将此单元格的公式向下拖动，以填充整个“净利润率”列。

步骤 2：使用条件格式高亮显示净利润率高于行业平均水平的年份。

选中包含净利润率的数据区域。

在 Excel 的“开始”选项卡中，点击“条件格式”→“新建规则”。

选择“使用公式确定要设置格式的单元格”，输入公式＝D2＞10（假设 D 列为净利润率列），然后点击“格式”设置高亮样式，最后点击“确定”。

步骤 3：创建数据透视表。

选中包含财务报表数据的整个区域。

在 Excel 的“插入”选项卡中，选择“数据透视表”。

在弹出的对话框中，确认数据透视表的放置位置（新工作表或现有工作表），然后点击“确定”。

在数据透视表字段列表中，将“年份”拖到行区域，将“营业收入”和“净利润”拖到值区域，并设置计算类型为“求和”。

右键点击值区域中的“净利润”字段，选择“值显示方式”→“按某一字段显示百分比”→“基本字段”选择“年份”（上移），以计算每年的净利润增长率。

任务三 数据可视化工具及其应用

知识目标

1. 重点了解基础办公的数据可视化工具
2. 简单了解商业专用数据可视化工具、编码类数据可视化工具
3. 掌握 WPS 或 Microsoft Office 中各种图表共通的制作步骤

能力目标

1. 能够结合实际需求，挑选最适合自己的数据可视化工具
2. 能够利用办公软件独立制作柱状图、曲线图等，并能根据可视化作品进行分析与展示
3. 能够按照步骤提示制作其他常见的图表，并进行分析

素质目标

1. 培养用数据进行客观分析、保证数据真实性的职业道德
2. 培养热爱科学、热爱实践的精神
3. 培养用数据了解国情的习惯，培养爱国情怀

知识链接

数据可视化是将科学计算可视化、信息可视化、可视分析三者结合起来的一门技术，被广泛应用于科学计算、商业智能、安全风控等领域。

数据看中国

工商银行：数据可视化开拓风险大数据应用新价值

数据可视化可以帮助人们觉察差异、发现规律，为判断提供依据。特别是在大数据应用领域，以往的数据分析方法都是基于先验模型，用于检查已知规律，而在对复杂、异构、大量数据进行处理时，传统模型经常失效。例如，出现不知道大量数据中的关键指标是哪些、不清楚数据蕴含的规律、搜索范围过大等情况。智能可视化恰好可以辅助解决这些问题，通过可视化的交互，将“只可意会、不可言传”的推理决策融入数据处理过程，将数据的复杂度降低到机器可处理的范围。

目前，数据可视化已经与各专业领域进行深度结合，出现了如生命科学可视化、地理信息可视化、产品可视化、知识可视化等众多应用分支，帮助人们更好地“视物致知”。本任务分别对几种主流的可视化工具进行介绍，并着重训练利用基础工具来进行数据可视化的能力。

一、主流数据可视化工具介绍

（一）金山与微软的 Office 办公软件

在大部分企业的日常办公与业务数据分析的使用场景中，常使用金山（WPS）和微软（Microsoft）的 Office 办公软件中自带的绘图功能进行柱状图、折线图、饼图、条形图、面积图、散点图、股价图、雷达图、组合图等图例的绘制（见图 4-28）。这种方法是最适合办公人员进行轻量级数据展示的手段，是典型的入门级数据可视化工具。

在 Office 的“图表”模块中，还提供了数据看板功能，如图 4-29 所示，内置多种展示模板，可以通过修改模板工作表里的数据内容，自动生成美观图表，使用方便、快捷。

Office 绘图工具的优点是使用普遍、方便获取，大部分企事业单位、个人电脑都会安装。其缺点是模板均为静态、扁平化图表，无法进行动态数据的展示；无法直接提取数据库中的数据，不适用于大数据的处理；且对于异构数据和科学计算也缺少相应的模板。

（二）DataV 可视化组件库

DataV 是阿里云和浙江大学合作开发的数据可视化组件库，被广泛地应用到阿里巴

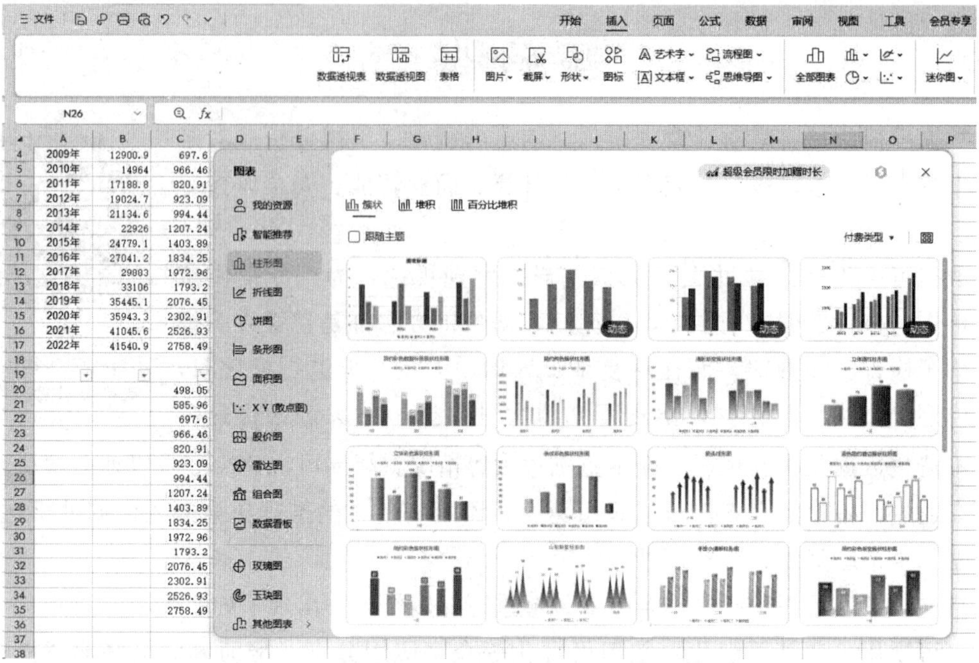

图 4-28　WPS 表格中的图表工具

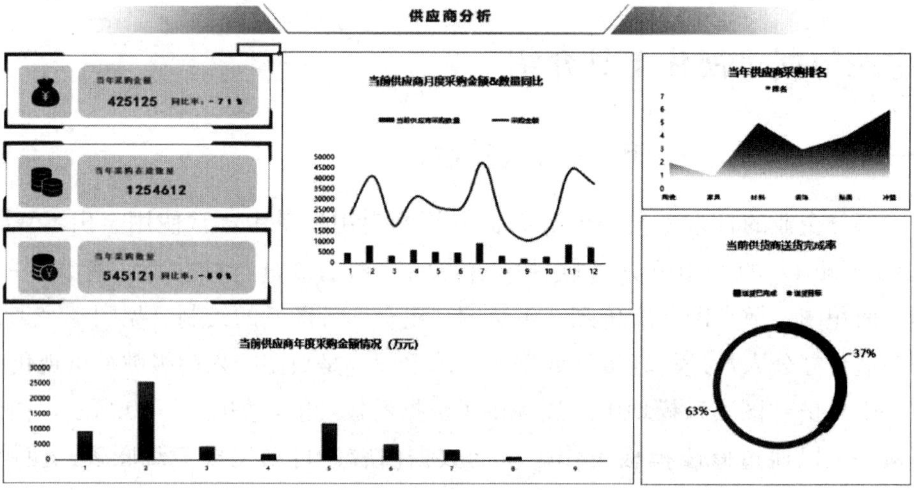

图 4-29　WPS 表格中的数据看板功能

巴的各类产品线中，天猫“双 11”大屏、阿里云城市大脑、数据魔方、淘宝指数等产品的可视化展示都是使用 DataV 制作的。

打开阿里云（https://www.aliyun.com/）网站，在产品目录栏的“大数据计算”专栏内可以找到 DataV 数据可视化工具，该工具需付费使用。

DataV 的特点是调用便捷，支持阿里云分析型数据库、关系型数据库、本地 CSV 上传、在线 API 接入及动态请求。

在图形绘制方面，DataV 可以通过图表模板拖拽、数据导入、参数调整，快速实现大屏展示报告，无须编程。它还能提供轮播图等动态展示功能（见图 4－30），呈现效果相当精美华丽。此外，它也提供了指挥中心、地理分析、实时监控、汇报展示、动态抽奖等多种场景模板，除了常规图表，还可绘制地理轨迹或飞线、热力分布、地域区块、3D 地图或地球，并支持地理数据进行多层叠加，同时也支持 ECharts、AntV－G2 等第三方开源图表库。

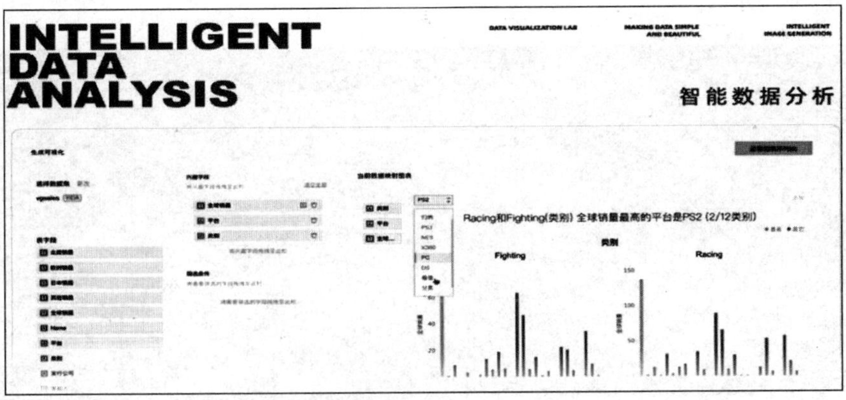

图 4－30　DataV 智能数据分析图示

(三) 腾讯云图

腾讯云图是腾讯旗下公司制作的一款数据可视化展示工具，该产品需付费使用。使用者可通过腾讯云图直接将所要呈现的组件拖拽到画布上进行自由配置和布局，通过点击拖拽即可调整图层顺序，全程图形化编辑操作，使用简便，无须编码。它支持从静态数据 CSV 文件、公网数据库、腾讯云数据库和 API 等多种数据源接入数据，支持数据实时更新的大屏动态展示，如图 4－31 所示。

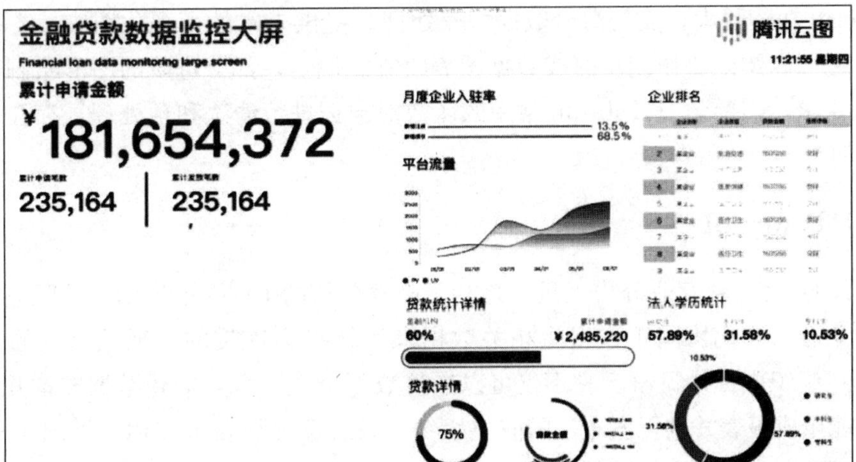

图 4－31　腾讯云图实时数据可视化展示

（四）Tableau

随着大数据的发展，企业对海量数据分析和处理能力的要求不断提升，因此商业智能可视化分析工具应运而生。商业智能可视化软件通常采用“仪表盘”的方式，呈现公司状态和商业环境，并内置常用的商业分析图表和数据分析模型，用户选择相应的字段或参数，即可自动生成分析图形。其中，Tableau 就是商业智能可视化分析工具的代表，如图 4－32 所示。

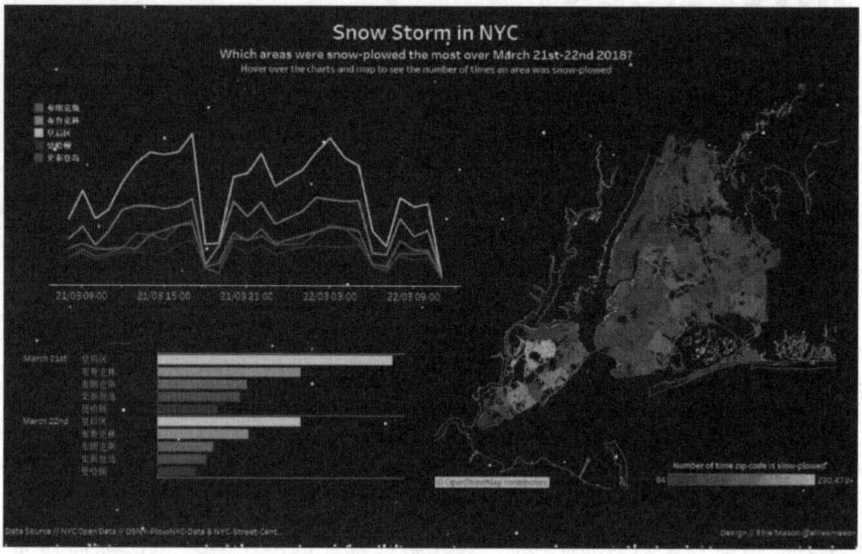

图 4－32　Tableau 数据可视化效果展示

Tableau（https://www.tableau.com/）起源于美国斯坦福大学的科研成果，其设计目标是以可视的形态呈现关系型数据库之间的关联，用户通过拖拽式操作制作完成数据分析和可视化图表与报告的创建，并可进行探索式数据分析。

Tableau 功能强大，支持海量数据快速处理，提供丰富的可视化图表；支持个人单独使用，也可以团队协作同步完成数据图表绘制。但是，部分进阶的图形绘制对数据结构有特殊要求，需要学习 Tableau 常用的函数对数据进行清洗和预处理，存在一定学习成本。

（五）Power BI

Power BI 是一套商业分析工具，是基于微软公司的 Excel 衍生的软件服务、应用和连接器的集合，它们协同工作以将相关数据来源转换为连贯的、视觉逼真的交互式演示，用于在组织中提供见解。它不仅可以连接数百个数据源，简化数据准备并提供即时分析，还能生成报表并进行发布，随时供组织在各种联网设备上使用（见图 4－33）。用户可以创建个性化仪表板，获取针对其业务的全方位独特见解。

图 4－33　Power BI 可以同时在 Web 端和移动端进行可视化

Power BI 是基于云的商业数据分析和共享工具，它也需要一定的学习成本，如用户需学习常用函数。它最大的优势在于与微软旗下的 ChatGPT 处于共同的智能生态圈中，未来必将全面融入更加智能、高效的可视化进程。

事实上，主流的数据可视化工具大部分能通过简单操作，完成可视化看板的制作，但这类工具的数据预处理功能较弱，如数据是未经清洗的脏数据，则会导致可视化出图效果较差。因此，在数据分析、数据挖掘、科学计算等领域，只有结合更加专业的数据处理工具，才能让可视化作品更好地呈现。Tableau 相较于上文提及的几种可视化工具显然在这方面更有优势，而要进行更加专业的数据处理，则需用到学习成本更高的编码类可视化工具。

（六）ECharts

ECharts 可视化工具最初由百度公司团队开源，于 2018 年初捐赠给 Apache 基金会，是一款开源免费的数据可视化图表库。

打开 ECharts 网址（https://echarts. apache. org），可以查看一系列通过 JavaScript 语言制作的数据可视化图表模板，如图 4－34 所示。用户使用时通过简单的程序配置方式和插件就可以设计定制图表。在保证易用性的同时，相较于前文提到的金山的 WPS 和微软的 Office 办公软件绘图，ECharts 也具有可扩展性。

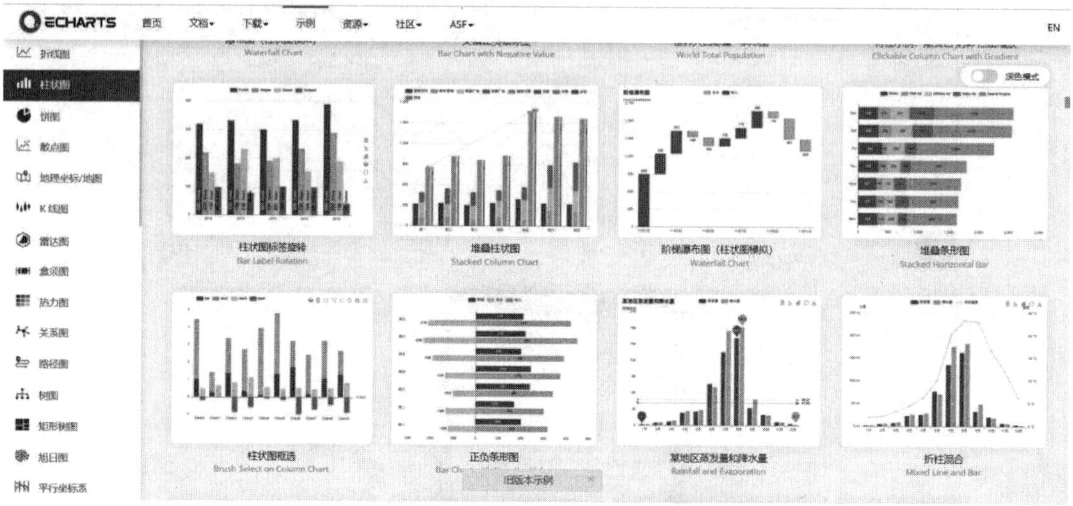

图 4－34　ECharts 数据可视化图表模板

ECharts 是一款需编程的可视化工具，为软件开发人员和工程师这一特定需求的人群提供了巨大的方便。它图表种类众多，开发人员可以在 Web 端直接使用开放源码定制可视化图表，并且可以进行 3D 动态图的绘制。但对于不懂 JavaScript 语言的人来说，使用难度较大。

（七）Python 语言绘图

Python 由荷兰国家数学和计算机科学研究中心的吉多·范罗苏姆于 20 世纪 90 年代初设计，该语言提供了运算高效的数据结构，还能简单、有效地面向对象编程，是数据分析领域的主流技术和工具，如图 4－35 所示。Python 语言由于简单易用、第三方库强大（如 Matplotlib、Pandas 等），并提供了完整的数据分析框架，因此深受数据分析人员的青睐。

数据分析的根本目的是对繁杂数据进行挖掘和分析以获得结论，并将其结论进行可视化呈现。因此，几乎所有的科学计算类工具都有与绘图相关的函数和功能，如 Python 语言、R 语言、Matlab 语言、SAS 语言等。这类绘图技巧需要以掌握编程语言为前提，受众小、使用难度高，更适用于专业的数据分析师、科研工作者等。它们绘制的图形渲染效果往往并不如商业数据可视化平台提供的工具精美，但优点是可操作性强，能绘制出科学计算中特殊的专业图形。

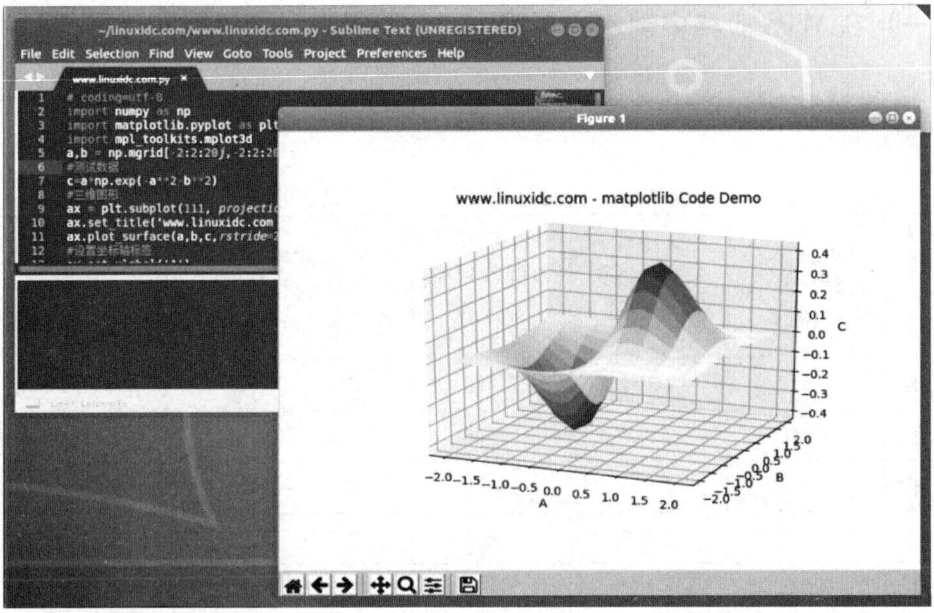

图 4-35　Python 语言绘图展示

(八) 可视化工具推荐

1. 专业分析需求

如果有较为专业的绘图需求，需要挖掘、清洗大量数据，首选可视化工具当然是编程语言类的绘图工具，如 Python、ECharts 等。

2. 普通商业分析需求

如果只是常见的商业场合数据分析，可以任意选择公司购买的商业可视化分析工具，如 Tableau、Power BI 等。用户学会了 Power BI 的使用方法，只要花上几个小时去熟悉其他类似的数据分析工具，基本就能够动手做出想要的可视化作品了。

3. 最基础的数据可视化需求

WPS 与 Office 软件自带的绘图功能（如 Excel、PPT 图表等）是基础数据可视化需求的首选，它们的优势在于学习成本低，且大多数功能都会提供一些免费模板。实在无法使用任何可视化工具的情况下，用户还可以手绘图表来进行数据分析与展示。

二、数据可视化应用实操

不同的可视化工具绘制图表的操作步骤各不相同，我们充分考虑了入门成本，在这里主要讲解基础的数据可视化工具。

（一）在 WPS 表格中制作柱形图

根据表 4－2，制作我国 2018—2022 年内的境内上市公司数（A、B 股）的柱状图并进行展示讲解。

表 4－2　我国近年来上市公司数量统计表

指标	境内上市公司数（A、B股）（家）	上交所境内上市公司数（A、B 股）（家）	深交所境内上市公司数（A、B 股）（家）	仅发 A 股境内上市公司数（家）	发 A、B 股境内上市公司数（家）	仅发 B 股境内上市公司数（家）
2022 年	4 917	2 174	2 743	5 067	74	86
2021 年	4 615	2 037	2 578	4 685	78	90
2020 年	4 154	1 800	2 354	4 140	82	96
2019 年	3 777	1 572	2 205	3 760	80	97
2018 年	3 584	1 450	2 134	3 567	82	99
2017 年	3 485	1 396	2 089	3 467	82	100
2016 年	3 052	1 182	1 870	3 034	82	100
2015 年	2 827	1 081	1 746	2 808	82	101
2014 年	2 613	995	1 618	2 592	83	104
2013 年	2 489	953	1 536	2 468	85	106
2012 年	2 494	954	1 540	2 472	85	107
2011 年	2 342	931	1 411	2 320	86	108
2010 年	2 063	894	1 169	2 041	86	108
2009 年	1 718	870	848	1 696	86	108
2008 年	1 625	864	761	1 602	86	109
2007 年	1 550	860	690	1 527	86	109
2006 年	1 434	842	592	1 411	86	109
2005 年	1 381	834	547	1 358	86	109
2004 年	1 377	837	540	1 363	96	110

注：根据原证监会的建议，境内上市公司数据采用新的统计分类。
资料来源：国家统计局。

在 WPS 表格中，筛选首行标题后按照年份进行升序排序，这样方便柱形图也按照时间由左至右升序排列，以便更清楚地表现变化趋势。选中需要插入图表的数据区域 A16：B20，然后单击“插入”选项卡，并单击“簇状柱形图”，任意选取一个个人偏好的图表效果（见图 4－36）。

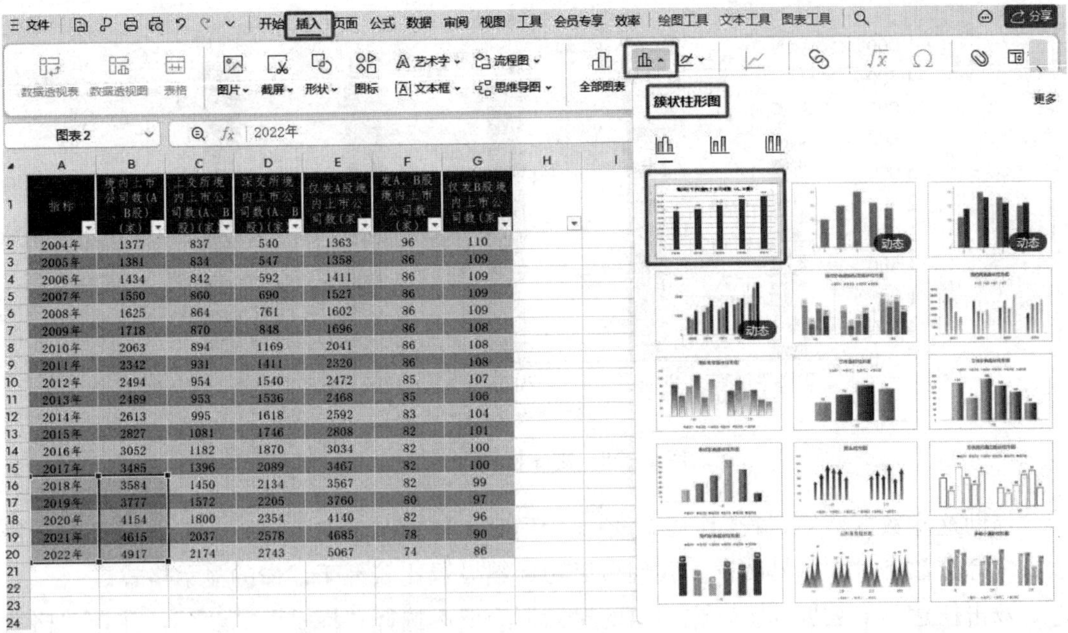

图 4-36　制作柱形图图示 1

WPS 表格会根据选择的数据，生成一张柱形图，并且会自动添加图表标题，纵坐标轴也会根据数据的大小自动调整（见图 4-37）。

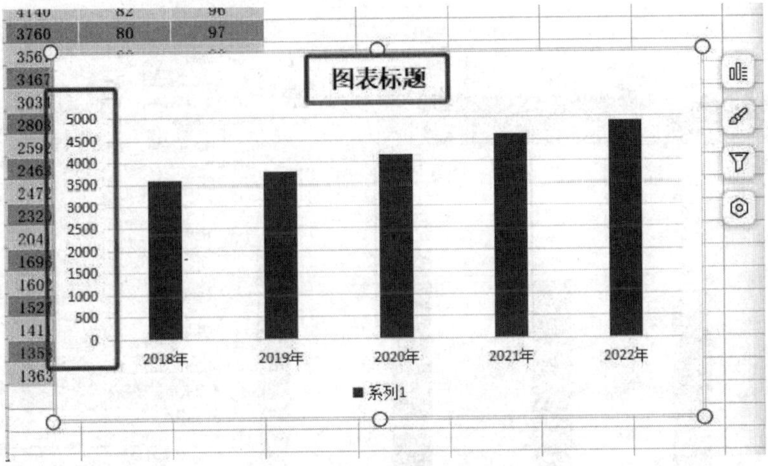

图 4-37　制作柱形图图示 2

在 WPS 表格中插入图表是为了方便对数据进行分析。如果两个数据过于接近，人们用肉眼很难判断哪个柱形更高，即使仔细观察纵坐标轴的数据，也难以估计每个柱形所代表的数字。为了解决这个问题，可以在每个柱形上显示数据标签，这样有助于高效地进行比较和分析。

在柱形图中的任意一个柱形上单击鼠标右键，在弹出的快捷菜单中选择“添加数据标签”命令，图表就会在每个柱形的上方显示数据（见图 4-38）。

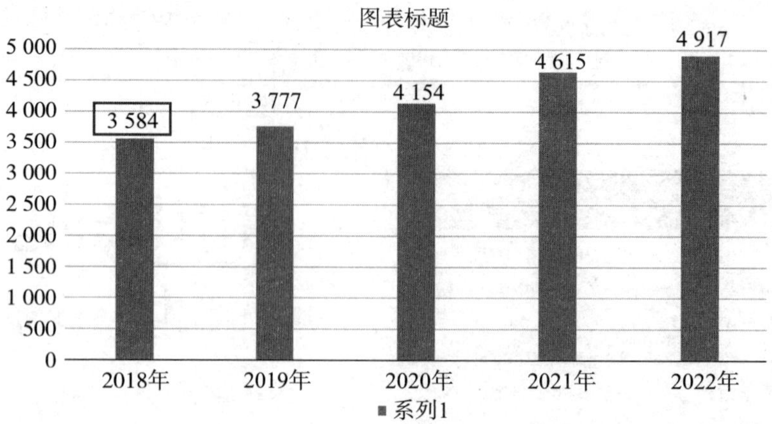

图 4－38　制作柱形图图示 3

借助这些数据标签，我们可以清楚地看到每个柱形对应的公司数目，如果有些图表上方的标签数字过大不易阅读，我们可以为标签设置比较易于读懂的显示格式。

双击任意一个数据标签，在弹出的对话框中依次选择“标签”“数字”，并在“格式代码”中输入“0.0,"k" ”（双引号里均为英文半角符号），然后单击“添加”按钮，此时的标签就变成了以“千”为单位的数字（见图 4－39）。这种方法比较适合位数较多的数字阅读，如在格式代码中添加“0！.0,"万"”，则会将 568293 这样的长数字显示成 56.83 万。

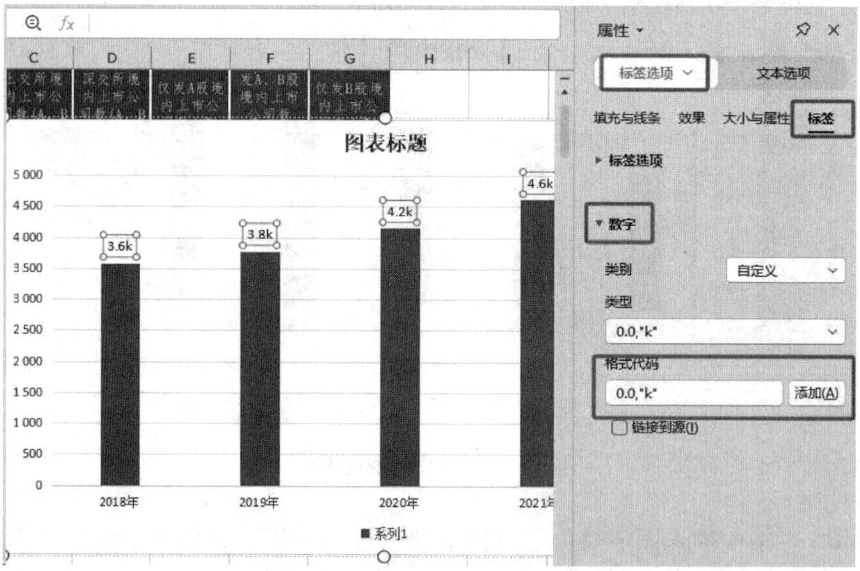

图 4－39　制作柱形图图示 4

此时，我们将表格的标题手动修改为合适的文字内容，左键点击图表元素按钮，去除不需要的图例，就完成了此次 WPS 图表的制作，可以进一步进行数据分析与展示了（见图 4－40）。

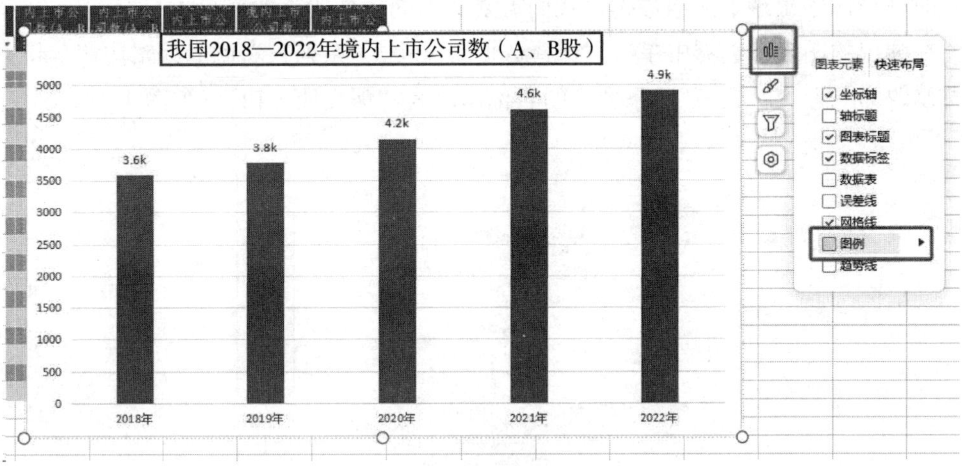

图 4－40　制作柱形图图示 5

（二）在 WPS 表格中制作堆积柱形图

我们仍然基于表 4－2 来展开可视化实操，如果想要将柱形图中的每个柱形所代表的境内上市公司数显示为我国 2013—2022 年“上交所上市＋深交所上市”的堆积柱形图，应该如何操作呢？

首先，我们将“上交所上市＋深交所上市”的两列数据剪切、粘贴，使其紧贴年份列右侧，方便选中数据进行制图。我们也可以按住 Ctrl 键后，以左键拖选同时选中多个数据区域的方法来选择目标数据。选中 WPS 表格中的 A11：C20 单元格区域，单击“插入”选项卡，单击簇状柱形图图标中的“堆积柱形图”，选择任意图表样式（见图 4－41）。

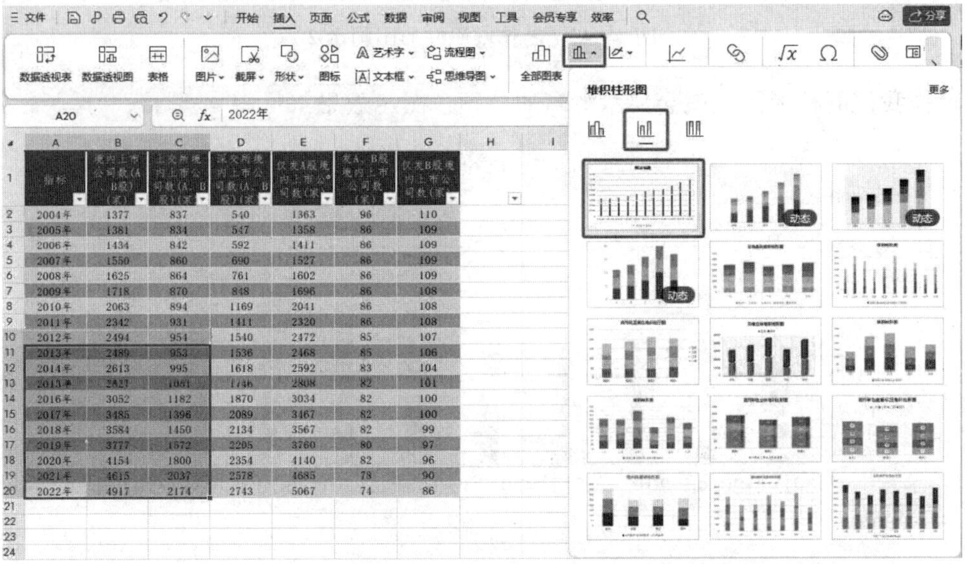

图 4－41　制作堆积柱形图图示 1

此时柱形图中出现了两组数据，我们需要对不同颜色代表的变量进行标注。左键单击图表，在弹出的图表筛选器中单击“选择数据”，单击“系列”右侧的编辑按钮，将系列1的名称修改为“上交所上市”，系列2的名称修改为“深交所上市”（见图4-42）。

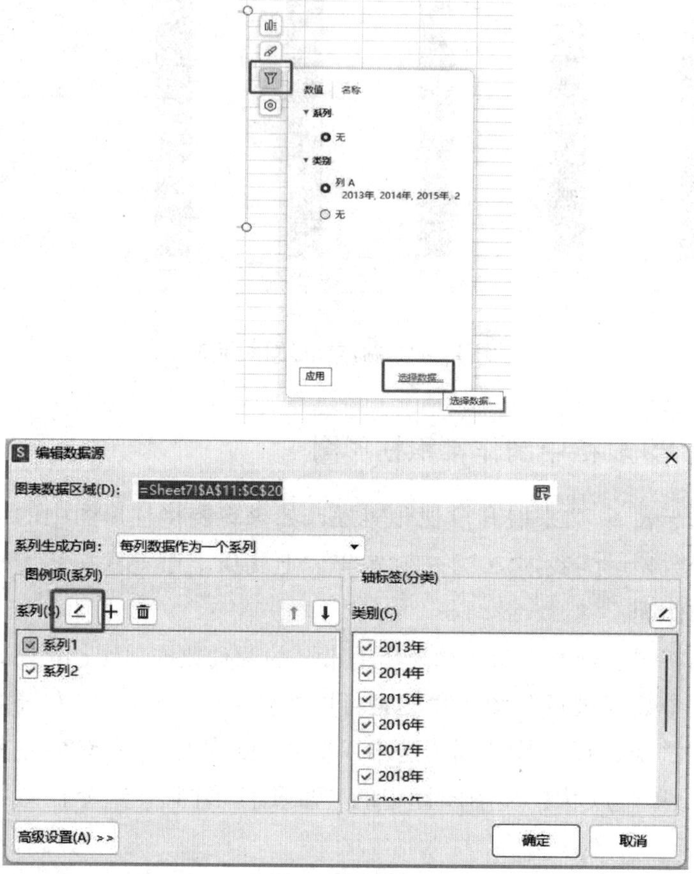

图4-42　制作堆积柱形图图示2

这样我们的柱形图中就会显示清晰的分颜色图示效果（见图4-43）。

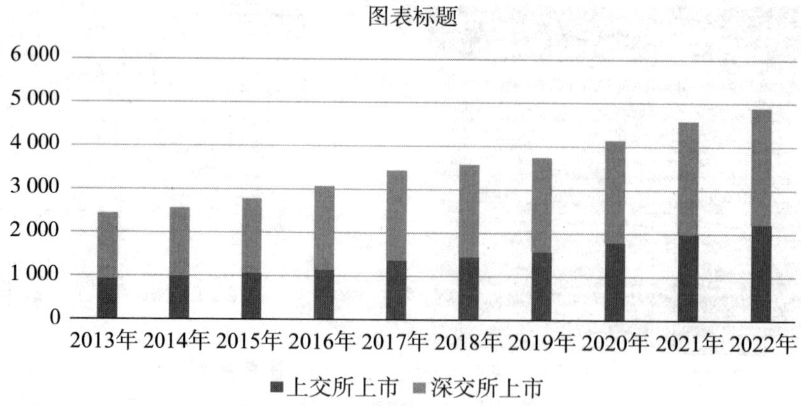

图4-43　制作堆积柱形图图示3

这时我们看到，图表中的坐标轴纵轴显示刻度略高，超过 5 000 的部分有些多余，柱形过窄、间隙过大，也使得画面不够紧凑，需要针对这两项不足来进行调整。

选中图表的纵坐标轴双击，在弹出的菜单栏处选择“坐标轴选项”，将坐标轴中的最大值修改为 5 000（见图 4－44）。

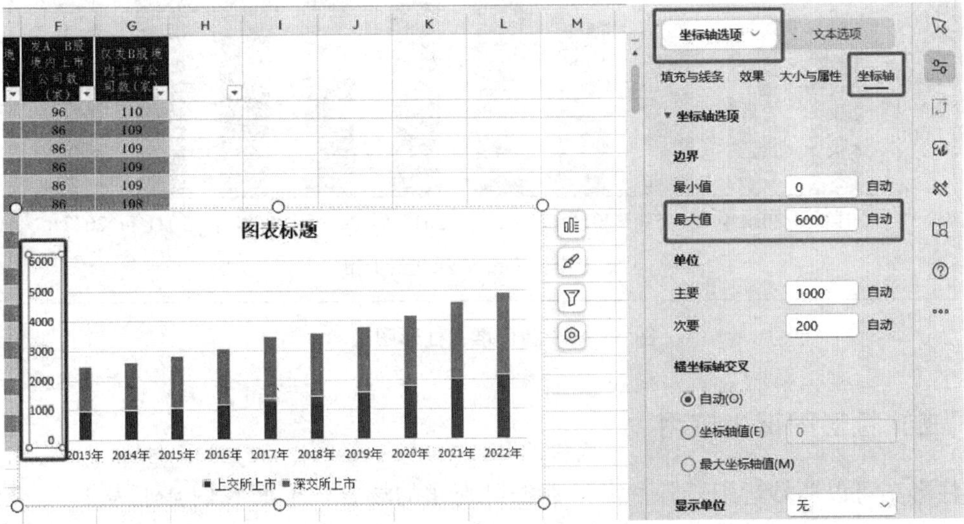

图 4－44　制作堆积柱形图图示 4

单击图表中的任意柱形，在弹出的菜单中左键单击“系列”，再通过左右滑动“分类间距”的滑块来任意调整柱形的宽窄（见图 4－45）。

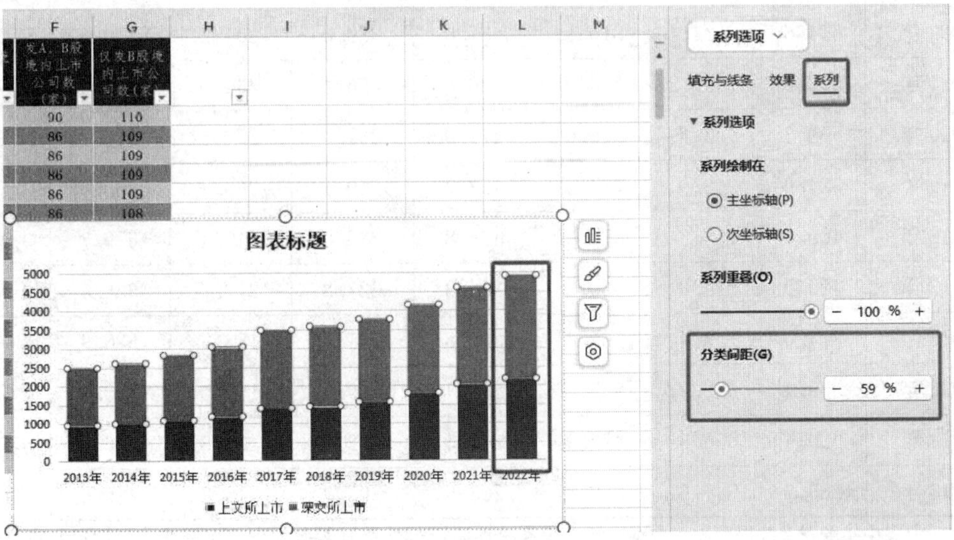

图 4－45　制作堆积柱形图图示 5

最后，按照前文方法，调整标题、数据标签等细节，完成我国 2013—2022 年上市公司的数据可视化，形成堆积柱形图（见图 4－46）。

图 4-46　制作堆积柱形图图示 6

（三）柱形图衍生应用

柱形图可以巧妙运用于各种需要数据可视化的场合，下面我们基于表 4-3 介绍两种常见的衍生应用。

表 4-3　我国华东地区财产险保费收入表　　单位：亿元

地区	上海	江苏	浙江	安徽	福建	江西	山东	全国
2022 年计划	580.0	1 080.0	830.0	500.0	285.0	290.0	750.0	12 000.0
2022 年	554.6	1 124.4	819.4	487.0	280.0	304.2	720.6	11 746.6
2021 年	523.9	1 002.2	745.0	436.8	256.8	264.8	668.0	10 789.2
2020 年	509.3	993.3	766.0	471.0	261.0	277.5	686.2	11 035.3
2019 年	524.9	940.9	734.5	452.7	259.5	260.4	663.0	10 781.9
2018 年	485.5	858.8	674.0	408.8	235.0	240.4	619.7	9 910.1
2017 年	429.0	814.0	620.3	366.3	227.8	213.7	586.4	9 088.7
2016 年	371.6	733.4	569.4	312.8	211.1	183.7	520.3	8 047.0
2015 年	355.4	672.2	525.4	273.4	199.3	162.0	473.8	7 354.9
2014 年	320.4	606.3	472.9	241.5	182.2	138.8	426.5	6 573.2
2013 年	285.3	518.6	512.0	203.9	205.3	116.2	445.6	6 129.1

注：上表中年度财产险保费收入数据来源于国家统计局，2022 年计划数据仅为可视化演示设置，并非原银保监会下达的任务指标。

1. 利用重叠柱形的方法来对任务达成进度进行可视化

我们对华东地区 6 个省及 1 个直辖市的 2022 年财产险保费收入计划与实际达成情况作数据可视化分析。

我们先对所需的数据进行筛选排序等简单处理，按照前文所述方式插入基础的簇状柱形图，双击任意柱形后将“系列重叠”设置为100%，调整分类间距到合适数值（见图4-47）。

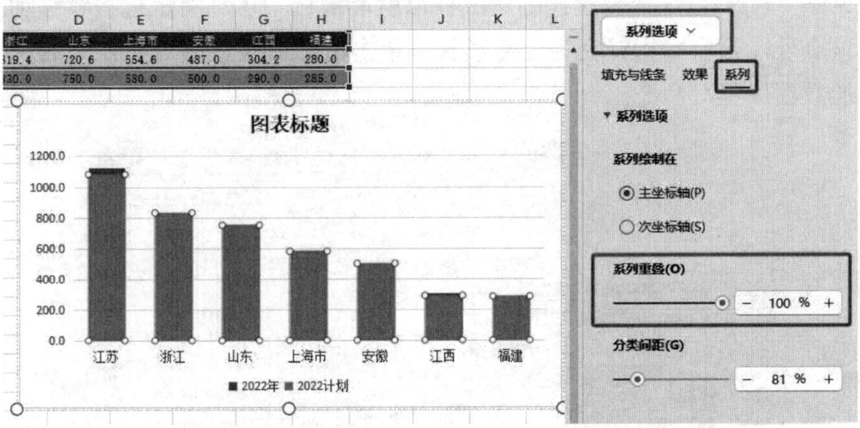

图4-47　表现达成度的柱形图图示1

此时，任务计划与实际达成两组数据的柱形已经重叠到一起了，但是代表达成的橙色柱形将代表计划的蓝色柱形遮住了，我们可以单击任意橙色柱形，在弹出的选项栏中点击“填充与线条”，将“填充”设置为“无填充”，将“线条”设置为橙色实线，再设置合适的线条粗细，即可在图表中将两组柱形图交叠着显示出来（见图4-48）。

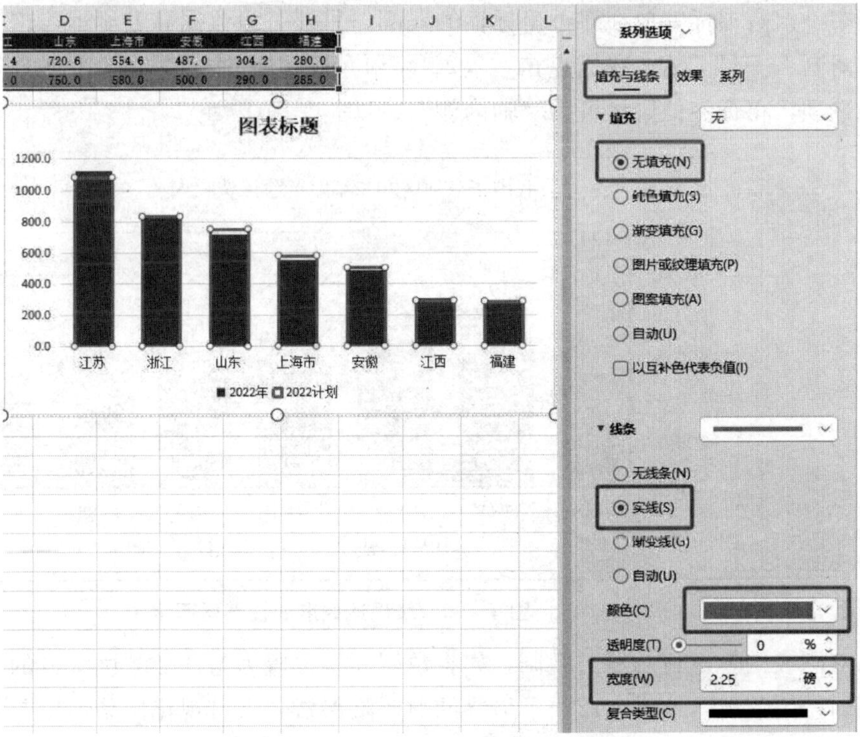

图4-48　表现达成度的柱形图图示2

我们简单调整图表的题目、图例等细节，发现为了能够让图表的数据易于对比和分析，可以按照前文教学内容尝试添加数据标签，但此时的柱形互相遮挡、很难选中，那么我们可以单击“图表工具”选项卡，在“图表元素”下拉列表框中选择“系列‘2022达成’”（见图 4－49），这样被遮挡的达成柱形就能被选中了。将鼠标指针移动到任意柱形的 4 个顶点处，当鼠标指针变为十字形状时单击鼠标右键，即可在弹出的快捷菜单中选择“添加数据标签”命令。

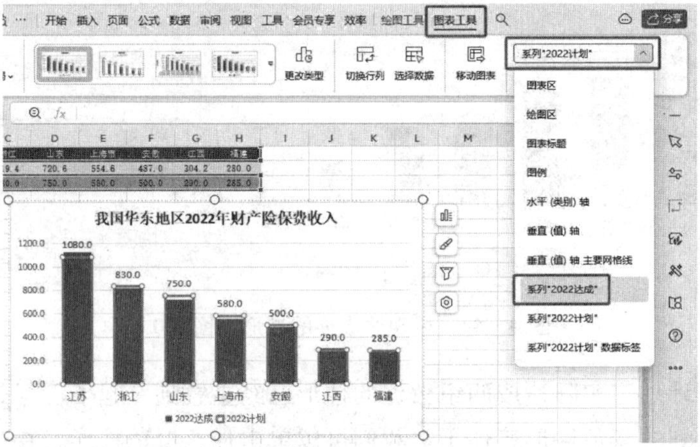

图 4－49　表现达成度的柱形图图示 3

添加完成后，我们发现两组柱形的数据标签也会互相遮挡，影响信息的阅读。此时可以将其中一组数据标签放在靠近坐标轴的底部，另外一组数据靠上显示，这样就能够实现对比清晰、一目了然。我们点击“2022 计划”这组数据标签，在弹出的菜单栏中单击标签选项，将标签位置设置为“轴内侧”（见图 4－50）。

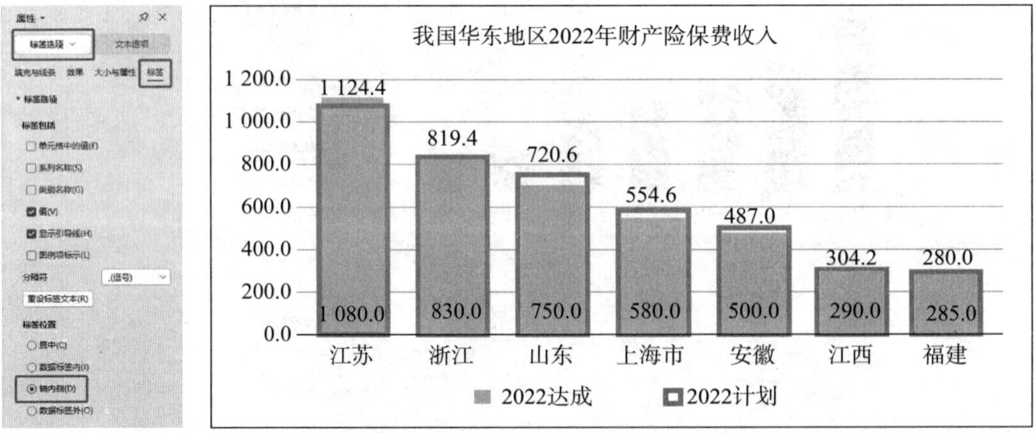

图 4－50　表现达成度的柱形图图示 4

最后对图表内容进行总览与微调，如将数据标签设置为与柱形颜色统一的文字，以免在读图时产生误解，这样就形成了最终的财产险保费收入可视化作品（见图 4－51）。

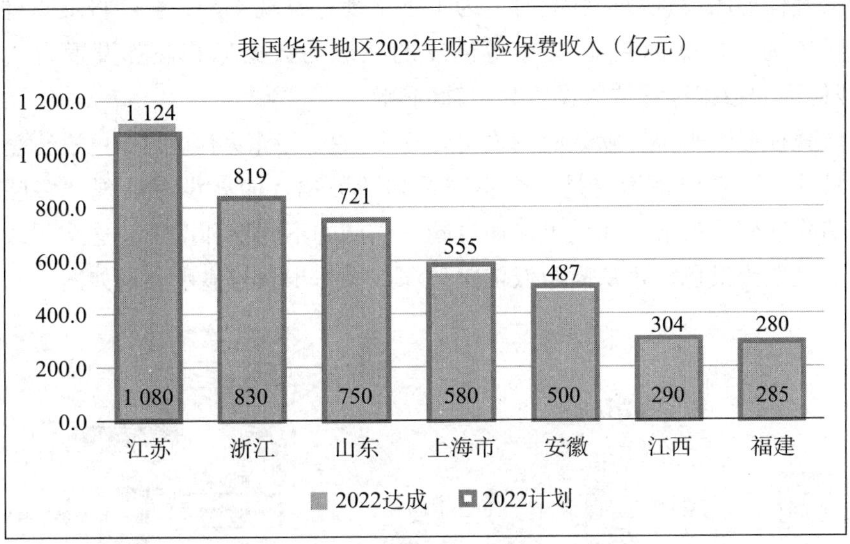

图 4－51　表现达成度的柱形图图示 5

2. 利用层叠柱形的方法来对强调多层级完成量

我们仍然基于表 4－3 来展开可视化实操，如果想要对比 2018－2022 年全国范围、华东地区、上海市的财产险保费收入，层叠柱形图就是此时的首选。

我们首先整理出 2018 年到 2022 年期间全国范围、华东地区、上海市的财产险保费收入情况，按照从整体到部分的顺序将数值最大的变量放在左侧列。

接下来框选所有数据单元格，照前文方法插入簇状柱形图，设置重叠程度与间距大小，这个步骤可以根据设计者的个人审美随意调整，但一般来说，在层叠柱形图中“系列重叠”数值通常在 30%～70%，“分类间距”数值通常在 20%～100%（见图 4－52）。

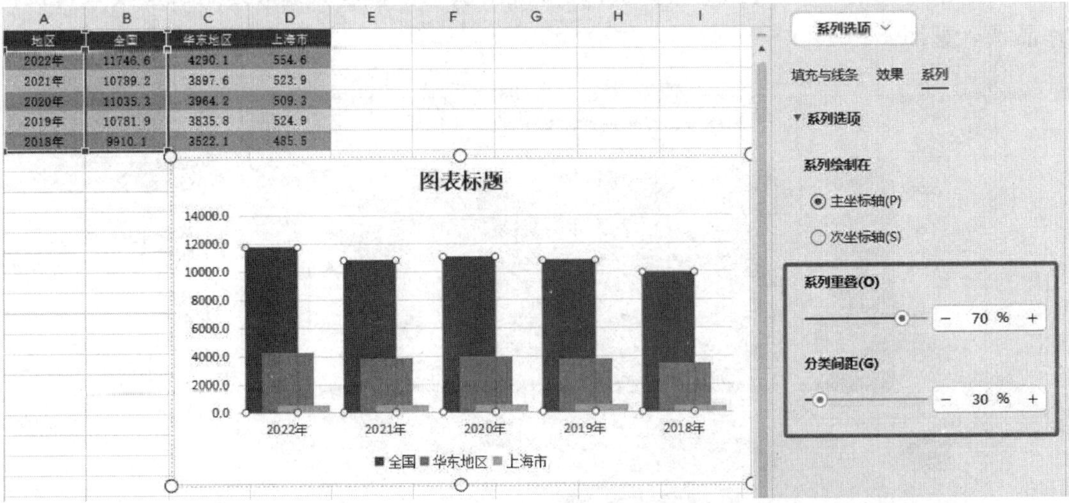

图 4－52　强调多层级的柱形图图示 1

在为层叠柱形图设置数据标签时，为了不出现重叠现象，一般会将最高柱形的数据标签位置设置为“数据标签外”，中等高度的柱形的数据标签位置设置为“数据标签内”，最矮柱形的数据标签位置设置为“轴内侧”。

对于层叠柱形图来说，默认的图表会将每个数据系列以不同的颜色进行呈现，在展示时很容易让读图者误解为这是三个不同系列的数据，而并没有展现“多层级”的关系。为了消除这样的误解，我们可以通过同一色调的不同饱和度来表达多层级效果，将最高的柱形设置为浅色，再从高至低依次加深，操作步骤与显示成果如图 4-53 所示。

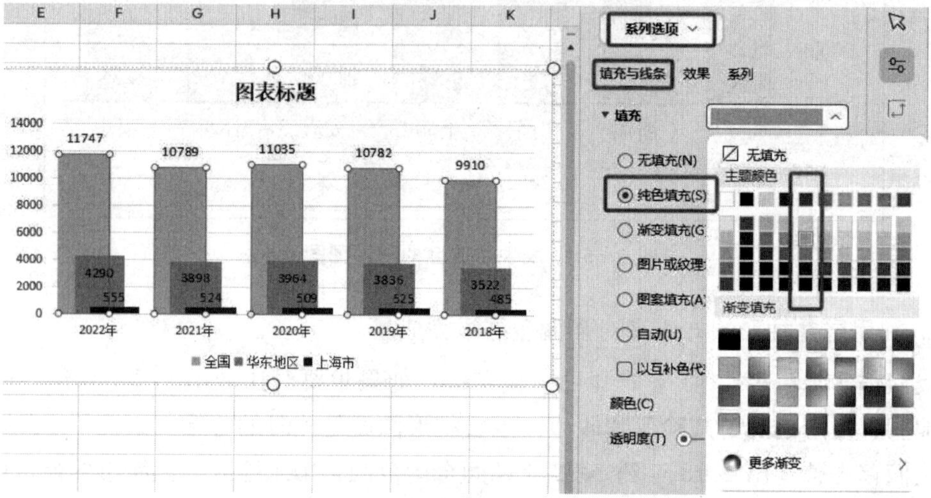

图 4-53　强调多层级的柱形图图示 2

如果感觉数据标签会造成视觉混乱，只想利用柱形图来大致分析层级占比关系，我们也可以单击图表元素按钮，选择“数据表”，这样数据会在柱形图下方以表格形式清晰展现出来。我们再对坐标轴、标题等细节做出微调，就可形成最终的财险收入可视化作品了（见图 4-54）。

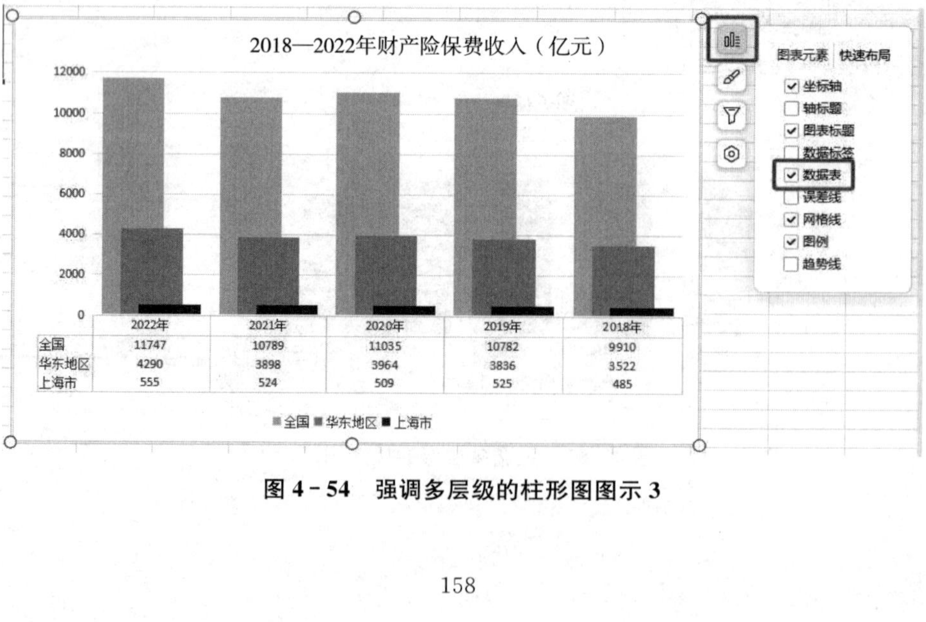

图 4-54　强调多层级的柱形图图示 3

（四）在 WPS 表格中制作曲线图

曲线图可以清晰地展示变量随时间变化的趋势，下面我们基于表 4－4 介绍绘制曲线图可视化作品的方法。

表 4－4　我国连续 30 个月进出口总额

时间	进出口总值当期值（千美元）	时间	进出口总值当期值（千美元）
2021 年 7 月	508 735 832	2022 年 10 月	511 589 648
2021 年 8 月	530 299 727	2022 年 11 月	521 753 372
2021 年 9 月	544 716 847	2022 年 12 月	534 144 936
2021 年 10 月	515 903 015	2023 年 1 月	484 486 823
2021 年 11 月	579 339 168	2023 年 2 月	411 230 628
2021 年 12 月	586 534 153	2023 年 3 月	542 987 948
2022 年 1 月	569 200 293	2023 年 4 月	500 627 771
2022 年 2 月	404 249 368	2023 年 5 月	501 176 023
2022 年 3 月	504 788 873	2023 年 6 月	500 023 800
2022 年 4 月	496 120 251	2023 年 7 月	482 915 402
2022 年 5 月	537 735 611	2023 年 8 月	501 383 692
2022 年 6 月	564 587 051	2023 年 9 月	520 427 864
2022 年 7 月	564 661 249	2023 年 10 月	493 125 600
2022 年 8 月	550 447 670	2023 年 11 月	515 473 900
2022 年 9 月	560 767 084	2023 年 12 月	531 896 338

学中做

为什么在演示存在多个时间点的单组数据时，相对于柱状图、折线图来说，我们通常更偏爱曲线图（见图 4－55）？

对于这样的数据，我们当然可以用柱状图来进行可视化展示，但当时间点较多时，曲线图要比柱状图更加易于查看数据的大小，并可以连贯地与前后数值进行对比；当时间点较少时，用折线图可以更清晰地看到数据，但当时间点较多时，曲线图是更能反映出数据变化和趋势的选择。

接下来，我们基于表 4－4，利用 WPS 表格来制作一幅曲线图。

首先，对数据进行整理，选中 A1：B31 单元格区域，与上文学习的图表插入方法一样，我们先来创建一幅折线图（见图 4－56）。

然后我们双击折线图，在弹出的菜单栏中选择“系列”选项卡，勾选“平滑线”，这样就成功将折线图调整为曲线图了（见图 4－57）。

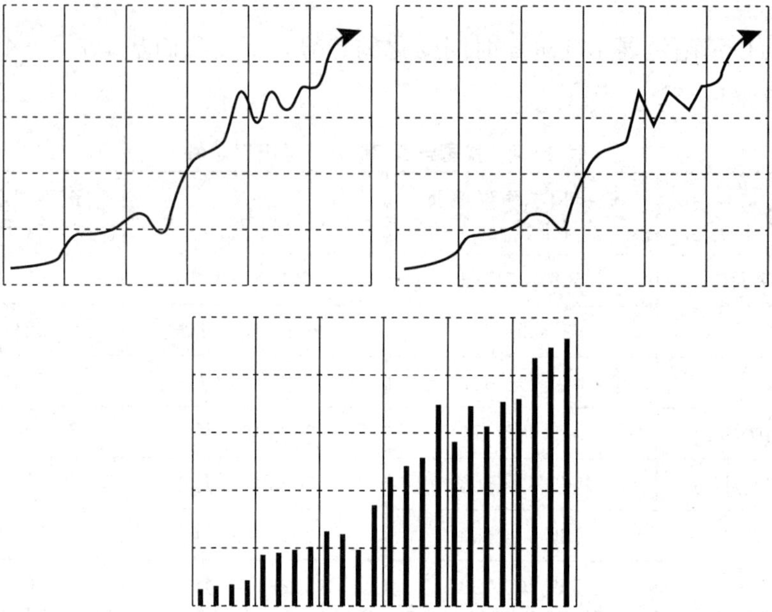

图 4－55　曲线图、折线图、柱状图在表达同一组数据时的表现

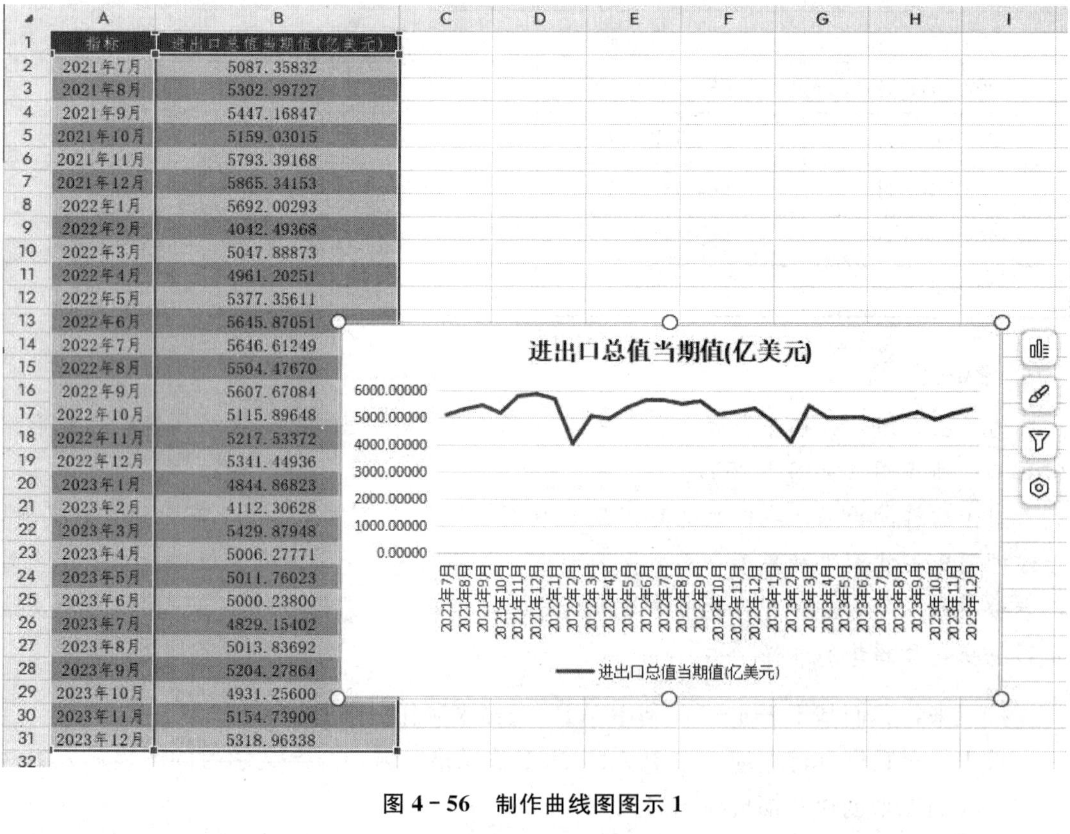

指标	进出口总值当期值(亿美元)
2021年7月	5087.35832
2021年8月	5302.99727
2021年9月	5447.16847
2021年10月	5159.03015
2021年11月	5793.39168
2021年12月	5865.34153
2022年1月	5692.00293
2022年2月	4042.49368
2022年3月	5047.88873
2022年4月	4961.20251
2022年5月	5377.35611
2022年6月	5645.87051
2022年7月	5646.61249
2022年8月	5504.47670
2022年9月	5607.67084
2022年10月	5115.89648
2022年11月	5217.53372
2022年12月	5341.44936
2023年1月	4844.86823
2023年2月	4112.30628
2023年3月	5429.87948
2023年4月	5006.27771
2023年5月	5011.76023
2023年6月	5000.23800
2023年7月	4829.15402
2023年8月	5013.83692
2023年9月	5204.27864
2023年10月	4931.25600
2023年11月	5154.73900
2023年12月	5318.96338

图 4－56　制作曲线图图示 1

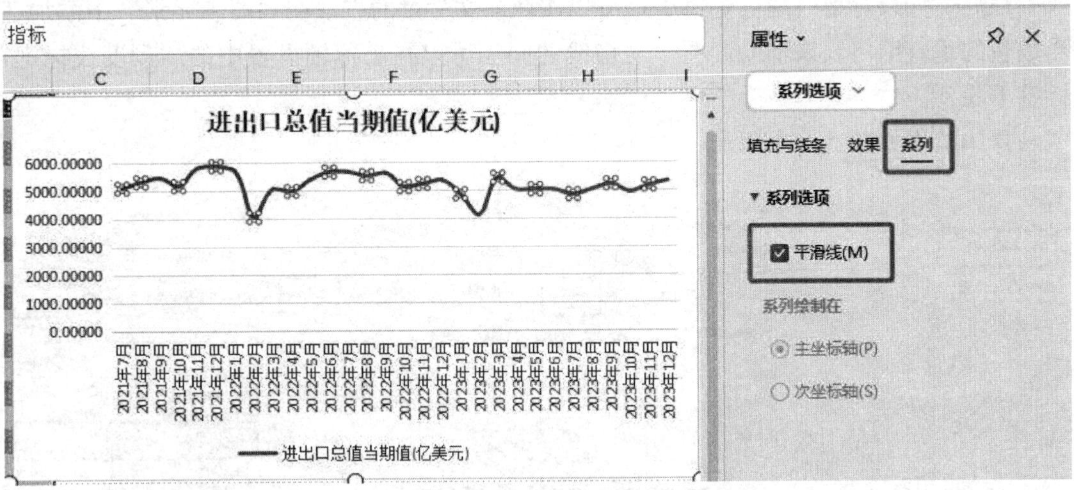

图 4-57 制作曲线图图示 2

按照前文内容，我们对纵坐标轴进行调整，将数值显示得更加清楚，去除不需要的部分，使得构图更加简明、紧凑。完成之后我们会发现因为坐标轴的区间变小，网格线太密集会影响读图，那么接下来就要为曲线图进行“降噪”来突出重点（见图 4-58）。

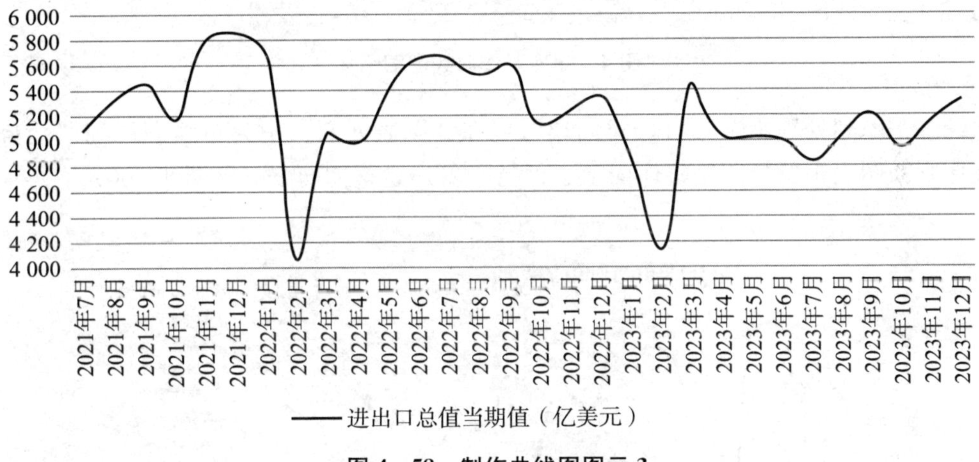

图 4-58 制作曲线图图示 3

首先，我们删除图例，由于曲线图中没有数据标签，因此纵坐标轴和网格线都不能删除。但是可以将网格线变成虚线，从而降低对曲线的干扰。双击曲线图中的网格线，弹出“主要网格线选项”对话框，将“短划线类型”设置为想要的线型。

其次，可以将纵坐标轴在“主要单位”的设置中调整成间隔 500 显示，以解决线条过于密集的问题。

再次，横坐标轴上的日期字数太多，垂直显示阅读不便，我们可以通过将坐标轴中的标签间隔设置为间隔 6 个单位显示，这样横轴上的日期标签就变成了每 6 个月出现一次，而不是每个月出现。

最后，如果觉得时间标签过少，可以按照前文学过的方法在“图表元素”中添加适当数量的垂直网格线来辅助读图，网格线的间隔可以在坐标轴设置中的“刻度线标记”标签下找到。

具体操作如图 4－59 所示。

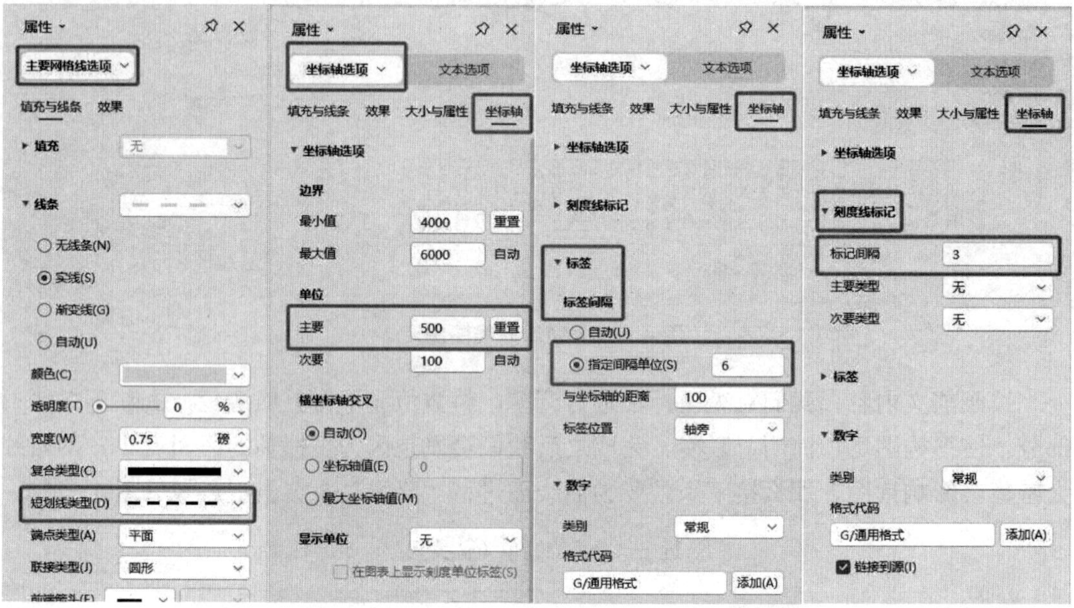

图 4－59　制作曲线图图示 4

经过一系列处理步骤之后，我们还可以在“图表元素”中为折线图添加“趋势线”来整体判断图表中的数值是整体向上、保持平稳还是整体向下（见图 4－60）。

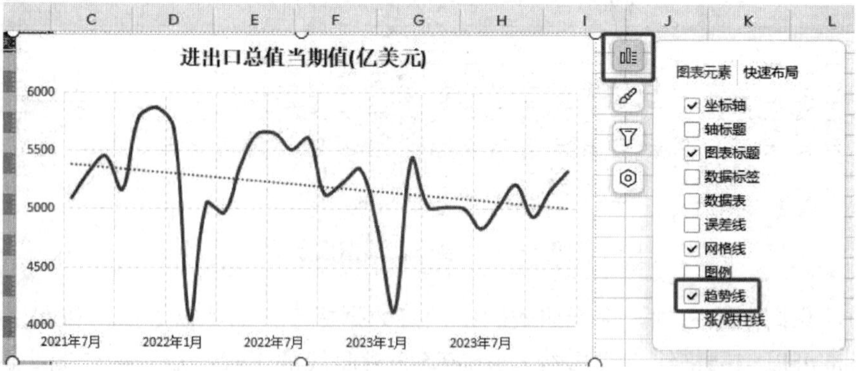

图 4－60　制作曲线图图示 5

我们看到图表中的趋势线是整体向下的，但在 2023 年最后一个季度持续向好，这时给曲线添加向上的箭头，可以为读者创造一种积极的情感与乐观的展望。双击曲线末尾的数据点，在线条设置中找到“末端箭头”选项，即可进行设置（见图 4－61）。

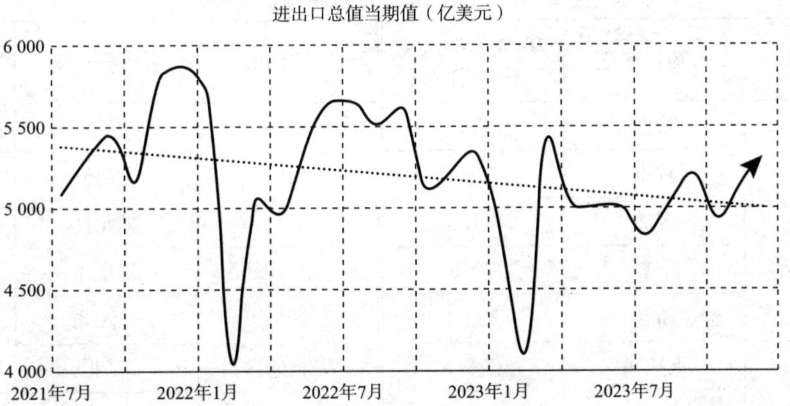

图 4-61 制作曲线图图示 6

制图完毕后，我们就可以对照图表进行进一步的数据分析了，如两次低谷出现的原因、持续走低的原因、是否会持续复苏态势等。

学中做

我们通过柱状图、折线图及其变体和衍生图形的可视化学习，已经掌握了基本的图表制作方法。下面请大家根据表 4-5 中给出的信息，来制作自己的数据可视化作品。

表 4-5 A 产品销售额统计

月份	2022 年销售额	2023 年销售额	月份	2022 年销售额	2023 年销售额
1 月	56 142	56 705	7 月	95 260	97 013
2 月	44 287	45 976	8 月	41 534	44 033
3 月	52 688	53 452	9 月	55 987	57 262
4 月	95 963	99 031	10 月	26 325	27 019
5 月	62 913	65 379	11 月	50 062	51 400
6 月	85 311	87 325	12 月	35 674	36 290

表 4-5 中是某公司客户经理小王在 2 年内的 A 产品销售额统计，请根据该内容选择合适的可视化图表，设计自己的作品，要求作品中能够体现小王在 2023 年度的各月销售量，以及对比上一年度的同比增长情况。

绘图提示：可以使用 WPS 表格中的“组合图”功能。

（五）在微软 Office 表格中制作矩形树图

我们在前面的内容中已经就我国华东地区的财产险保费收入制作过数据可视化图表，但由于只有华东地区的数据，不存在过多的嵌套关系，因此仅以层叠柱形图的可视化方法做出示例。如果我们搜集更多全国范围的数据，并按照地理区划进行分区，就很适合用矩形树图来制作可视化作品并进行展示。数据信息如表 4-6 所示。

表 4-6　我国 2022 年财产险保费收入　　　　单位：亿元

地理区划	省级行政区	2022 年财产险保费收入	地理区划	省级行政区	2022 年财产险保费收入
西北地区	陕西	272.8	东北地区	辽宁	311.3
	甘肃	139.6		吉林	187.1
	青海	44.8		黑龙江	218.4
	宁夏	70.8	华北地区	北京市	479.1
	新疆	232.0		天津市	157.1
西南地区	重庆市	226.6		河北	590.6
	四川	598.0		山西	249.2
	贵州	229.9		内蒙古	223.0
	云南	277.5	华东地区	上海市	554.6
	西藏	27.8		江苏	1 124.4
中南地区	河南	579.3		浙江	819.4
	湖北	423.2		安徽	487.0
	湖南	430.1		福建	280.0
	广东	1 147.5		江西	304.2
	广西	261.5		山东	720.6
	海南	79.2	全国范围		11 746.6

因为目前 WPS 表格暂时不提供免费的矩形树图模板，我们选择用微软 Office 表格中制作图表，虽然界面布局细节略有不同，但基本方法与我们上文学习过的图表制作基本相同，请大家在软件中进行尝试，制作过程中请注意在数据标签上点击右键，在弹出的标签设置中将各区域的“值”也显示在对应色块上，以便在矩形树图区域面积相似时能够更好地进行比较与区分。

这里略过其他制作步骤，直接展示可视化效果（见图 4-62）。

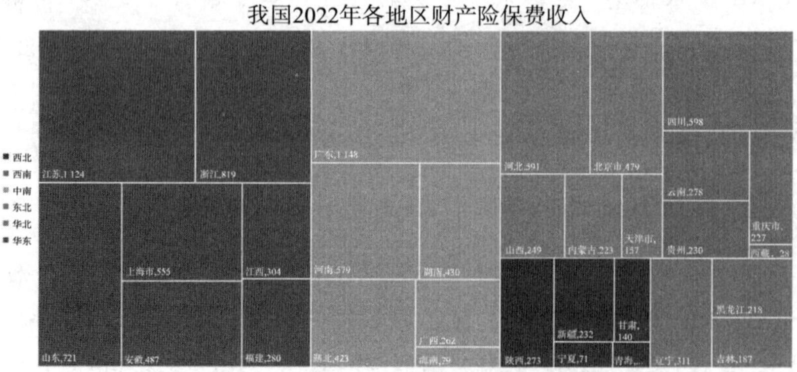

图 4-62　制作矩形树图图示

学中做

饼图是显示数据占比的常用可视化图表，基础饼图因为不包含多层嵌套关系，所以比树状图简单。请根据表 4－7，利用 WPS 表格工具制作饼图。

表 4－7 我国居民人均粮食消费量

指标	2022 年	2021 年	2020 年
居民人均粮食消费量（千克）	136.8	144.6	141.2
居民人均食用油消费量（千克）	10.0	10.8	10.4
居民人均蔬菜及食用菌消费量（千克）	108.2	109.8	103.7
居民人均肉类消费量（千克）	34.6	32.9	24.8
居民人均禽类消费量（千克）	11.7	12.3	12.7
居民人均水产品消费量（千克）	13.9	14.2	13.9
居民人均蛋类消费量（千克）	13.5	13.2	12.8
居民人均奶类消费量（千克）	12.4	14.4	13.0
居民人均鲜瓜果消费量（千克）	54.7	55.5	51.3
居民人均食糖消费量（千克）	1.2	1.3	1.3

（六）在 WPS 表格中制作雷达图

雷达图往往用于企业经营状况及指标性能的展示，在做横向对比的时候经常显示出出类拔萃的效果。例如，表 4－8 中的产品对比就很适合用雷达图来进行可视化。

表 4－8 某公司产品在 5 个维度的评分

类别	V1	V2	V3	V4	V5
产品 A	99	60	96	93	54
产品 B	54	96	93	67	72
产品 C	51	95	95	78	96

基本的图表绘制步骤我们不再赘述，大家可自行在 WPS 表格中进行尝试。需要注意的是，雷达图的布局往往不适合添加数据标签或坐标轴标签，我们可以尽量简化信息，如果实在需要准确数值，可以在下方附加数据表。正因此种特性，图例在雷达图中是必不可少的部分。

除此之外，我们也可以在辅助行中添加数据的上限或者平均值来帮助读者更好地进行比较，如图 4－63 所示，但其中参考图例的线条选择一定要与主要的几种系列变量做好区分，否则会引起混淆与误会。

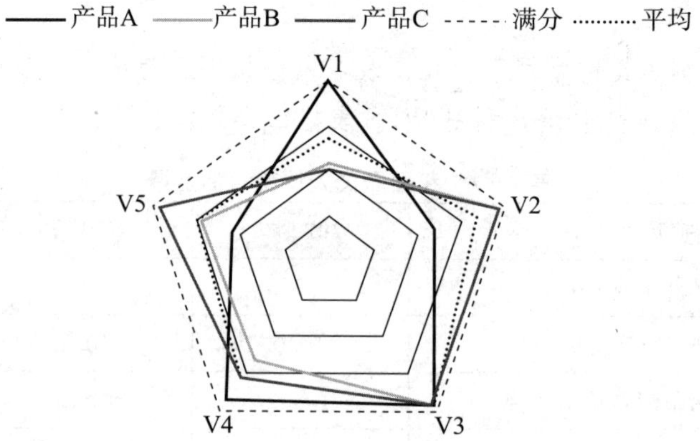

图 4-63　制作雷达图图示

（七）在 WPS 演示文稿中制作甘特图

利用甘特图可以查看项目各阶段的先后顺序和持续时间，不适用于数据分析，更适合将时间安排的文字资料进行可视化后以便展示，因此这次我们试着在演示文稿中制作表 4-9 的甘特图。

表 4-9　项目进度计划表

阶段	开始日期	执行时间
项目调研	2023 年 9 月 1 日	30
项目计划	2023 年 9 月 30 日	30
预算审批	2023 年 10 月 31 日	25
项目实施	2023 年 11 月 25 日	45
项目验收	2024 年 1 月 8 日	40

甘特图无法在演示文稿中直接制作，但我们可以通过创建堆积条形图的方法来实现甘特图的效果。

在演示文稿中插入堆积条形图，并通过右侧图表筛选器的“选择数据”按钮，将表格中的数据复制粘贴到演示文稿中，双击纵坐标轴，在坐标轴选项中勾选“逆序类别”，这样就可以看到按照时间顺序依次展示的进度条了（见图 4-64）。

此时我们删除图例，在橙色条形上单击鼠标右键，为橙色条形添加数据标签。然后双击蓝色条形，为它设置“无填充”效果，这样蓝条就“隐形”了。简单修改橙条标签的颜色，参照前文柱状图的制图技巧，调整条形宽窄，甘特图初具雏形（见图 4-65）。

如果我们想要日期在坐标轴中更简洁、标签在条形图中更清楚，可以在坐标轴格式中调整时间的显示方法，在数据标签“G/通用格式”后加上“"天"”。

最后，我们调整整个图表的颜色、横轴最大值及最小值、网格线疏密等内容，使得图表表达更加清晰，我们第一次利用甘特图来可视化项目进度的任务就顺利完成了（见图 4-66）。

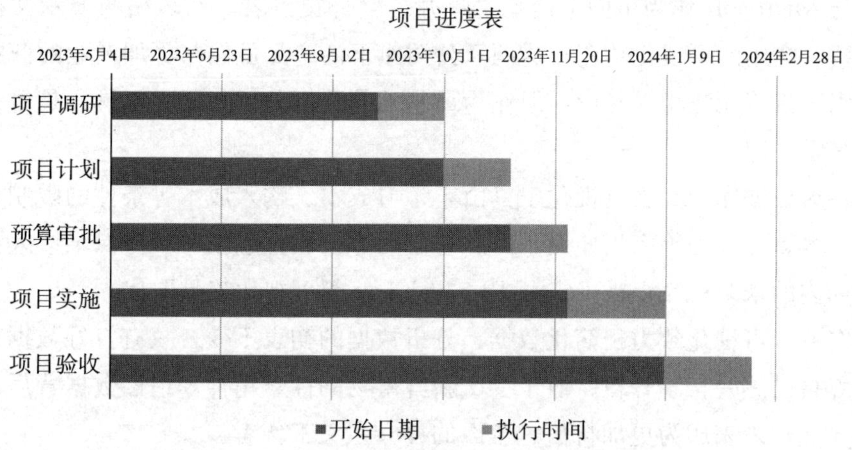

图 4-64 制作甘特图图示 1

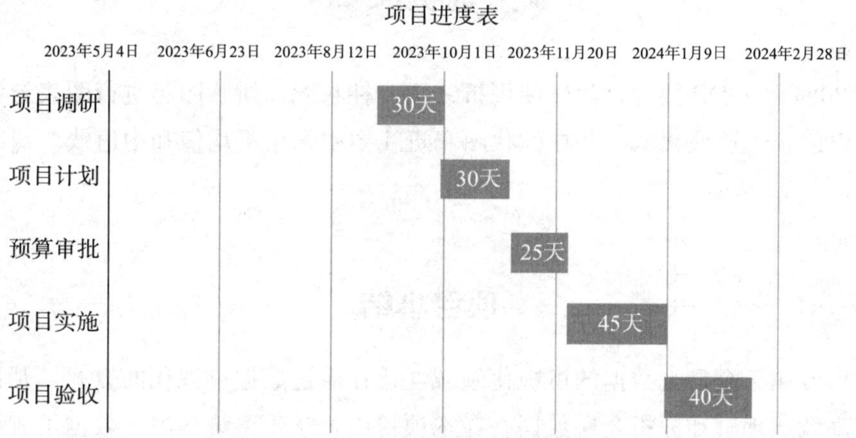

图 4-65 制作甘特图图示 2

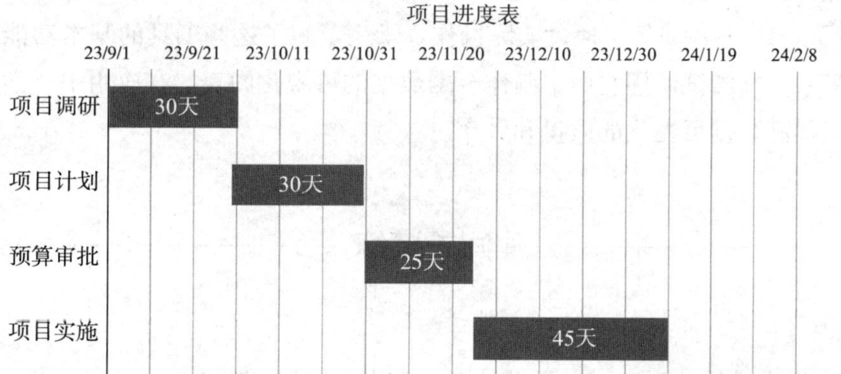

图 4-66 制作甘特图图示 3

金山与 Microsoft 作为市面上两家主流办公软件提供者，在表格与演示文稿中嵌入了大量免费、实用的可视化功能。这两家公司旗下的产品虽然与更加专业的商业可视化平台、编码工具等无法相提并论，但作为最基础的数据分析与展示工具，是每一个金融从业者的必学一课。

联动各大数据库的高级可视化工具由于学习成本、购入成本等条件的限制，更适合专业机构、数据工程师等率先使用，因此基础的办公软件恐怕并不会像某些人预想的一样，在短期内的未来就完全被 Power BI、Tableau 等可视化工具取代。

工具在变，可视化致力于简化数据、分析数据的初衷不变。只有打好数据可视化的基础，培养自己热爱科学分析、敢于尝试新鲜事物的探索精神，追逐数据背后的精彩世界，我们才能在未来成为更加自信、全面的社会主义工作者。

任务实训

对于 2024 年 GDP 数据，尝试使用折线图、柱状图、饼状图等进行图表绘制，看看哪种图表更适合表达该数据，并在柱状图和折线图中画出平均值和中值线，对结果进行简单分析。

项目小结

本项目专注于金融大数据的可视化领域，旨在通过数据可视化的方式，帮助学生更直观、更高效地理解和分析金融数据。在本项目中，学生系统学习了数据可视化的基本概念、原理和步骤；了解了不同类型的图表（如折线图、柱状图、饼状图等）的适用场景和优缺点，以及数据预处理等关键技术；进一步学习了多种数据可视化工具，如 Excel、Tableau、Power BI 等。通过实际操作，学生了解了这些工具的基本功能、操作流程和适用场景，并尝试使用它们来制作金融数据的可视化图表。在应用中，学生应优化图表设计，提高数据可视化的质量和效率。

闯关试练

一、单选题

1. 在金融大数据分析中，以下哪种工具常用于数据可视化？（　　）

A. Excel　　B. Python（需配合可视化库）

C. R（需配合可视化包）　　D. 以上都是

2. 数据可视化在金融领域的主要目的是什么？（　　）

A. 美化报告　　B. 帮助决策者快速理解数据

C. 增加数据存储量　　D. 提高数据计算速度

3. 以下哪种图表类型最适合展示时间序列数据在金融领域的变化？（　　）

A. 饼状图　　B. 柱状图

C. 折线图　　D. 散点图

4. 在金融大数据分析中，以下哪项技术可以最直观地展示数据之间的关系和趋势？（　　）

A. 数据分析　　B. 数据挖掘

C. 数据可视化　　D. 数据存储

5. 在金融数据可视化中，以下哪种方式有助于突出显示重要数据点或异常值？（　　）

A. 使用不同颜色标记　　B. 使用相同大小的标记

C. 隐藏数据标签　　D. 使用统一的图表样式

二、多选题

1. 金融数据可视化中常用的图表类型包括哪些？（　　）

A. 折线图　　B. 饼状图

C. 散点图　　D. 热力图

E. 雷达图

2. 在进行金融数据可视化时，需要考虑的因素有哪些？（　　）

A. 数据准确性　　B. 图表类型选择

C. 颜色搭配　　D. 字体和标签设计

E. 数据更新频率

3. 金融数据可视化在风险管理中的应用包括哪些方面？（　　）

A. 识别潜在风险点　　B. 监测风险变化趋势

C. 评估风险影响程度　　D. 制定风险控制策略

E. 以上均不包括

4. 在设计金融数据可视化报告时，应遵循的原则有哪些？（　　）

A. 简洁明了　　B. 突出重点

C. 易于理解　　D. 美观大方

E. 以上均不包括

5. 以下哪些策略可以帮助提高金融数据可视化的可读性？（　　）

A. 使用清晰的标题和标签　　B. 避免使用过多的颜色和字体

C. 突出显示重要数据点　　D. 使用统一的图表样式和布局

E. 提供详细的数据说明和注释

三、判断题

1. 金融数据可视化只能用于展示数据，不能帮助决策者做出决策。（　　）

2. 金融数据可视化报告的设计应完全依赖于设计者的个人审美，无须考虑受众的需求。（　　）

3. 在进行金融数据可视化时，数据的准确性和完整性比图表的美观性更重要。（　　）

4. 金融数据可视化只能用于展示数据，而不能用于数据分析。（　　）

5. 在数据可视化中，使用过多的颜色和字体可以提高图表的吸引力。（　　）

项目五

银行业大数据

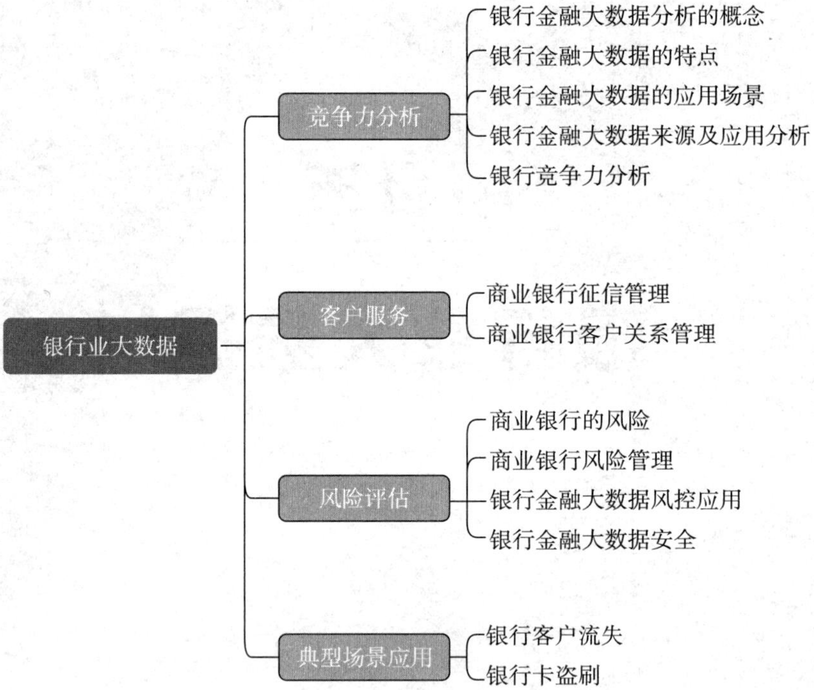
银行业大数据
竞争力分析
银行金融大数据分析的概念
银行金融大数据的特点
银行金融大数据的应用场景
银行金融大数据来源及应用分析
银行竞争力分析
客户服务
商业银行征信管理
商业银行客户关系管理
风险评估
商业银行的风险
商业银行风险管理
银行金融大数据风控应用
银行金融大数据安全
典型场景应用
银行客户流失
银行卡盗刷

任务一 竞争力分析

知识目标

1. 了解衡量银行竞争力的指标
2. 理解相关关系的概念
3. 掌握相关分析的方法和线性回归分析的方法

能力目标

1. 能够利用 Excel 完成相关度、线性回归方程的计算
2. 能够正确识别银行数据来源
3. 能够对银行的经营绩效进行分析

素质目标

1. 增强民族自信心和自豪感
2. 增强金融服务意识和创新意识

知识链接

在当今信息爆炸的时代，大数据分析已经成为各行各业提高运营效率和决策能力的重要方式之一。商业银行在金融体系中居于主体地位，并逐渐意识到大数据在业务发展中的重要性。银行业作为一个信息密集型行业，提高数据分析能力已成为提高业务运作效率和竞争能力的重要手段。商业银行作为金融机构，积累了大量的客户数据、交易数据、市场数据等各类数据。通过对数据进行收集、清洗、分析和解读，商业银行能够有效利用这些数据资源分析银行经营现状并进行风险管理，揭示运营中的潜在问题、机会和趋势，从而为管理层提供更准确、更智能的决策支持。

数据化时代，数据作为一种无处不在的矿藏等待着我们去挖掘。大数据分析可以将零散的市场数据、用户数据以及传统分析方法中利用率非常低的非结构化数据迅速、高效地转化成决策支持数据，帮助银行机构把握市场环境变化，快速、灵活地作出反应，提升银行核心竞争力。

数据看中国

中国银行业竞争格局及市场份额

一、银行金融大数据分析的概念

银行金融大数据分析是指银行利用大数据技术和工具，对金融企业内部和外部的各

种数据进行收集、存储、加工、分析和运用。通过对金融机构收集的大量数据的清洗、分析、挖掘和应用，银行能够增强内部的决策能力和对市场、客户以及风险的洞察力，提高运营效率和客户服务质量，推动银行业态的转型升级。

二、银行金融大数据的特点

（一）数据规模大

银行拥有海量的客户数据，以及各类业务数据，如客户信息、交易记录等。这些数据的规模和数量都呈现出爆炸式增长的态势，银行应高效地收集、存储和处理这些数据，这对银行的数据分析能力提出了更高的要求。

（二）数据多样性

银行业务场景较为复杂，多种业务以及不同的客户习惯和需求带来了不同类型、不同表达方式和不同来源的数据，使得收集到的数据来源广泛，包括来自 ATM、网上银行等多种渠道。由于这些数据具有多样性和复杂性，而银行要确保数据的准确性和完整性，因此数据分析的难度有所增加。

（三）数据精细化

银行对客户的业务越来越多元化和个性化，不同业务类型的数据维度异质性很大，对数据的精细化要求逐渐提高。

三、银行金融大数据的应用场景

商业银行作为金融机构，日常运营和风险管理都需要依赖大量的数据支持。银行业涉及大量数据，如客户数据、交易数据、贷款数据等，传统的数据处理方法已经不能满足商业银行的需求。通过对这些数据进行分析，商业银行可以发现潜在的风险和问题，如不良贷款率上升、客户流失率增加等。同时，商业银行也可以通过数据分析找到新的机会，如推出新产品、寻找潜在客户等。借助大数据分析技术，商业银行可以对金融市场进行深入分析，及时捕捉市场变化，制定相应的策略方案，提高业务操作和投资决策的准确性。所以，银行金融大数据的处理分析将更加广泛地应用于以下场景。

（一）决策支持与辅助

随着竞争加剧，传统的以产品为中心的理念必然会转向以客户为中心，因此了解客户特征及客户需求是商业银行迫切需要研究的问题。例如，商业银行可基于客户行为进行客户生命周期研究，进行全生命周期分析并维护，进而有效甄别优质客户、潜力客户以及流失客户。借助数据分析技术，商业银行可以深入挖掘用户数据和市场数据，更深入地了解客户需求和行为特征，从而实施更精准的客户管理策略和营销策略。例如，通过对客户的个人信息、消费行为等数据进行分析，商业银行可以识别出潜在的高价值客户，制定个性化的产品推荐和定价策略，提高销售转化率。

商业银行可以通过大数据分析来识别新的业务机会和市场需求，预测市场趋势，及时调整业务布局，快速响应市场变化，降低经营风险，基于数据预判业务走势，增强决策的准确性。例如，通过分析客户的贷款需求和信用状况，商业银行可以开发出更符合市场需求的贷款产品，提高贷款业务的市场占有率。未来商业银行的大数据分析将更加智能化。通过引入人工智能和机器学习技术，商业银行可以实现对大数据的自动化分析和挖掘，提高决策的准确性和效率。例如，商业银行可以通过机器学习算法实现对客户的个性化推荐，提供更符合客户需求的金融产品和服务。商业银行的大数据分析将与其他行业的数据进行跨界融合。商业银行可以与电商、社交网络等企业合作，共享数据资源，实现更全面、深入的数据分析。例如，商业银行可以与电商平台合作，通过对客户的在线购物数据进行分析，为客户提供更精准的金融服务。

（二）客户服务

商业银行拥有众多客户，对客户数据进行分析是银行决策的重要基础。商业银行通过对客户的交易记录、借贷行为和消费习惯等数据的分析，可以了解客户的喜好、购买习惯等特征，从而更好地满足客户的需求，进而为客户提供更为精细化的服务和产品方案。例如，通过对客户的消费习惯进行大数据分析，商业银行可以精准推送符合客户需求的优惠活动，提升客户忠诚度。通过对客户的交易历史、投诉记录等数据进行分析，商业银行可以了解客户的偏好和需求，制订相应的服务改进计划，提升客户满意度。通过对客户的个人信息、消费行为、信用评级等数据进行分析，商业银行可以更好地了解客户的需求和风险，进而制定相应的产品推荐策略和风险管理措施。另外，商业银行业务繁杂，有大量的交易需要处理，需要客户有一段时间的等待期。通过对数据进行分析，商业银行可以发现业务流程中的瓶颈和问题，从而提出改进建议，优化运营流程和管理流程，提高业务处理的效率和服务质量。例如，通过分析客户申请贷款的数据，商业银行可以发现审批贷款的耗时最长的环节，进一步优化这个环节，提高贷款审批的速度和效率。

（三）风险防控与数据安全

商业银行每天都会处理大量的交易数据，这些数据蕴含着大量的商业价值，同时，这些数据也会为商业银行带来风险，所以，商业银行的风险控制与经营利润息息相关。利用大数据分析技术，挖掘不同的风险因素，商业银行可以识别出潜在的风险因素，提高风险识别水平，有效预防各类风险发生。大数据分析可以帮助商业银行更好地识别和评估风险，及时制定相应的响应措施，从而使商业银行能够在风险发生之前采取相应措施，降低因风险造成的损失。例如，商业银行使用大数据技术可以构建贷款客户评分模型，根据客户的信用程度、消费信息、收入水平等自动对申请的贷款进行审批。对于商业银行而言，可以有效防范不良资产的产生。另外，商业银行在进行大数据分析时，需要处理大量的用户个人信息和交易数据，因此隐私和安全保护是重要考虑因素。未来商业银行将加强数据安全和隐私保护措施，确保客户数据的安全和合规使用。同时，商业银行也需要积极履行信息披露义务，保障客户权益。

（四）防范欺诈与反洗钱

通过对银行交易数据的分析，商业银行可以识别出可疑的交易模式，并及时采取措施防范欺诈和洗钱行为的发生。对于客户而言，商业银行可以通过对交易数据的实时分析，及时发现异常交易行为，对可能存在的欺诈行为进行预警和防范，保障客户的资金安全。现有的反洗钱系统大多基于规则模式，这些规则在很大程度上是根据历史数据总结得到的，而且非常依赖人工经验，容易造成疏漏。反洗钱系统的筛选规则通常是针对单个客户的，而事实上金额巨大的洗钱活动往往是团伙作案。通过使用大数据技术，商业银行可以在短时间内搜索出客户身份、资产负债对比及收付交易等各方面信息，通过对这些数据进行专业的分析和挖掘，商业银行能够对洗钱行为进行甄别和分析。商业银行可以基于账户所有人的基本信息、历史行为模式、当前行为模式等，通过智能引擎进行动态的交易分析。

四、银行金融大数据来源及应用分析

（一）银行数据来源分析

1. 内部数据资源

与银行业务相关的内部数据资源主要源自客户信息及其金融交易行为。根据业务分类，内部数据资源主要包含客户基础数据、支付信息、资产信息及其他（见表5-1）。

表5-1　内部数据资源

数据类型	含义	个人客户	企业客户
客户基础数据	描述客户自身特点的数据	个人姓名、性别、年龄、身份、联系方式、职业、生活城市、工作地点、家庭地址、所属行业、具体职业、婚姻状况、教育情况、工作经历、工作技能、账户信息、产品信息、个人爱好等	企业名称、关联企业、所属行业、销售金额、注册资本、账户信息、企业规模、企业地点、分公司情况、客户和供应商、信用评价、主营业务、法人信息等

续表

数据类型	含义	个人客户	企业客户
支付信息	客户通过渠道发生的交易以及现金流信息	工资收入、个人消费、公共事业缴费、借贷还款、转账交易、委托扣款、购买理财产品、购买保险产品、信用卡还款等	供应链应收款项、供应链应付款项、员工工资、企业运营支出、同分公司之间交易、同总公司之间交易、税金支出、理财产品买卖、金融衍生品购买、公共费用支出、其他转账等
资产信息	客户在金融机构端资产和负债信息	购买的理财产品、定期存款、活期存款、信用贷款、抵押贷款、信用卡负债、抵押房产、企业年金等	企业定期存款、活期存款、信用贷款、抵押贷款、担保额度、应收账款、应付账款、理财产品、票据、债券、固定资产等
其他	—	系统的运行日志、客服语音、视频影像、网站日志等	

2. 外部数据资源

外部数据对商业银行的业务运营具有重要意义，银行内部的客户信息、交易信息等内容是客户在办理银行业务过程中留下的数据痕迹，不能完整地反映客户资产情况和经营信息，因此，商业银行需要借助第三方的数据平台，深入了解客户在其他社会机构中的数据信息，以做出正确评价（见表 5-2）。

表 5-2　外部数据资源

外部信息数据	需求类型及应用方式
法院、公安数据	个人严重行政处罚记录（如行政拘留等）、刑事犯罪记录、涉诉情况（人身关系、财产关系）、严重交通违法记录
征信信用数据	个人在网络平台贷款的信用记录
互联网消费行为数据	客户消费能力和消费偏好
客户征信信息	客户在其他银行或金融机构的贷款记录、信用记录等信息
第三方征信	客户的评级情况以及客户的征信信息
社保、纳税、公积金	客户的社会保障情况及经济能力
工作单位性质	了解客户社会身份
第三方催收机构	有催收记录的客户信息
出入境记录	客户出入境目的地、出入境频率等，客户国外消费潜在需求
国内出行记录	客户出行习惯

（二）银行金融大数据应用分析

商业银行在中国金融体系中占据着重要的地位，它积攒了大量的数据，无论是外部数据还是内部数据，都需要进行分析和处理，才能带来经济效益。大数据技术在提高商业银行数据处理水平方面已经有了很大进步，并且也使得业务运营效率有很大提升，但是潜在的应用前景仍然有待发掘。目前，大数据技术在商业银行的应用主要有以下几个方面。

1. 数据库营销

数据库营销（Database Marketing）是在信息技术发展的背景下，基于互联网和大数据技术逐渐兴起的一种市场营销推广手段。它通过收集和学习消费者的数据信息，预测消费者购买某些产品的可能性，并利用这些信息对产品进行精准分析，有针对性地制作营销信息，可实现消费者购买产品的目的。在数据库建立和分析的过程中，可以针对重要客户账款、理财产品进行全面了解，提供个性化的服务方式，建立稳定的客户管理体系。

2. 客户群体划分

客户群体划分（Customer Segmentation & Classification）是客户关系管理（Customer Relationship Management，CRM）的基础。客户需求具有异质性的特征，只要存在两个以上的客户，就会出现需求差异，且客户的需求、偏好、预算、购买行为等信息是多元的。根据客户群的风俗习惯、收入水平、生活方式等维度进行分类，可以制定不同的品牌信息等内容推广战略和产品营销策略。大数据技术通过聚类学习，可以实现对客户信息多维度、多角度的分类，从而精确划分客户群体。

3. 交叉销售

交叉销售（Cross-selling）是指向拥有 A 产品的客户推销 B 产品。交叉销售的产品既可以是同品牌产品、配件产品等，也可以是相同货架陈列或相同店铺出售的产品。商业银行的负债类和资产类产品具有各自的同质性，通过大数据技术在深度挖掘客户需求的背景下，可实现交叉销售。

4. 客户流失分析

有关客户流失（Customer Churn）的标准一般有两种情况：一种是合同到期后，客户不再续约；另一种是合同未到期，但是客户不再使用。传统分析方法是通过人工核查的方式试图挽回客户，而大数据技术可以通过构建经验模型和数据特征工程，通过训练流失模型、验证流失模型的机器学习方法，对可能流失的客户群体进行预警。

五、银行竞争力分析

（一）内涵分析

商业银行的本质也是企业，企业的生存和发展在很大程度上取决于绩效的好坏，银行的绩效指的是银行的收益，这个收益是在经营活动对应的时间内产生的。银行与普通金融企业具有区别，银行的绩效具有特殊性，主要表现在两个方面。

第一，银行可以理解为资金的盈余者和短缺者的桥梁或中介，银行先吸收资金再投放资金，因此，银行同时承担了双方的风险。在银行的经营过程中，高风险、高负债的特点就尤为突出，这可能导致其在某些方面的指标不如其他企业。

第二，鉴于银行的特殊地位，国家赋予了银行一些职责，如发挥它在宏观经济调控中的作用。

商业银行基于数据的量化经营是未来的发展方向，越来越多的金融企业敏锐地认识到大数据应用的战略性意义，开始以此为基础为客户提供个性化服务、细分客户市场、制定经营策略、提升服务质量，积极主动地推动大数据在业务管理中的应用，提升竞争力和服务水平。商业银行只有不断了解和把握市场变化，才能制定相应的业务发展策略。大数据分析可以帮助商业银行挖掘市场趋势，预测市场需求，优化产品和服务。例如，商业银行可以通过对市场数据的分析，及时调整存贷款利率，推出适应市场需求的金融产品，提高市场竞争力。

商业银行竞争力的内涵包含以下三个方面：

第一，商业银行竞争力是在市场竞争中与其他商业银行进行比较而产生的结果，它可以从银行的资产规模、盈利能力、安全性、流动性、人力资源素质、内部控制能力等方面来考察。

第二，商业银行竞争力不仅反映商业银行已经表现出来的整体实力，还应该体现商业银行潜在的发展趋势，这与仅仅从财务指标和绩效评估方面对商业银行进行评价是不同的。

第三，商业银行竞争力是一个复杂的体系，该体系的构成要素之间相互作用、相互影响。对商业银行竞争力的分析不仅要考察商业银行当前的竞争力状况，即现实竞争力，还要研究竞争力的可持续性，即潜在竞争力。但潜在竞争力大多涉及战略、管理、文化、品牌、公司治理、科技等，往往难以量化。为避免“都认为自家孩子好”的现象，在分析过程中都会选择直接能够比较的现实竞争力。商业银行现实竞争力是指在现在的报告时点能够清晰展现出来的显性竞争实力，主要反映报告时点实际创造财富的能力，由一系列清晰的可以直接量化的显性指标组成。评价商业银行经营绩效的重要基础就是商业银行经营绩效评价的指标体系，该指标体系包括经营效益、经营规模、经营质量和风险管理四个方面的指标。

2020 年 12 月 15 日，财政部印发《商业银行绩效评价办法》（以下简称《办法》），自 2021 年 1 月 1 日起施行。《办法》适用于国有独资及国有控股商业银行、国有独资及国有控股金融企业实质性管理的商业银行。从指标体系看，将改革前的盈利能力、经营增长、资产质量、偿付能力四类指标，调整为服务国家发展目标和实体经济、发展质量、风险防控、经营效益四类，每类权重均为 25%。

（二）分析方法

为了更好地研究银行绩效，从而了解银行竞争力的情况，多数情况下都选择运用回归分析法。回归分析法是通过对不同的经营绩效指标进行回归分析，确定不同因素之间的关系，评价商业银行的经营绩效。回归分析法能够反映因素之间的影响关系，但其结果的解释还是不够清晰。所以，相关分析也可用来进行绩效分析。在回归分析中，一个（或一组）随机变量 Y 和另一个（或一组）随机变量 X 的依赖关系的函数形式是关注的重点。而在相关分析中，所讨论的变量的地位一样，分析侧重于随机变量之间的种种相关特征。

1. 相关分析

相关分析（Correlation Analysis）是研究两个或两个以上处于同等地位的随机变量间的相关关系的统计分析方法。例如，人的身高和体重之间、空气中的相对湿度与降雨量之间的关系都是相关分析研究的问题。相关关系是指通过识别有用的关联物来帮助人们分析某个现象，而不是揭示内部机理。例如，沃尔玛发现在季节性飓风来临前，手电筒和蛋挞的销售额都上升了，这是为什么？这个问题的答案对于沃尔玛的经理来说可能并不重要，他要做的就是在合适的时机，将这两种商品陈列在一起，以便顾客购买这两种商品。但是从统计学的角度来看，相关关系并不等于因果关系。相关关系是客观现象存在的一种非确定的相互依存关系，即自变量的每一个取值，因变量由于受随机因素影响，与其所对应的数值是非确定性的。相关分析中的自变量和因变量没有严格的区别，可以互换。

2. 回归分析

回归分析（Regression Analysis）是确定两种或两种以上变量间相互依赖的定量关系的一种统计分析方法。回归分析的运用十分广泛，按照涉及的自变量的多少，回归分析可分为一元回归分析和多元回归分析；按照涉及因变量的多少，回归分析可分为简单回归分析和多重回归分析；按照自变量和因变量之间的关系类型，回归分析可分为线性回归分析和非线性回归分析。如果在回归分析中，只包括一个自变量和一个因变量，且二者的关系可用一条直线近似表示，这种回归分析称为一元线性回归分析。如果回归分析中包括两个或两个以上的自变量，且因变量和自变量之间是线性关系，则称为多重线性回归分析。由于影响商业银行经营绩效的因素比较多，因此，在通常情况下会选择利用多重线性回归分析来看商业银行的绩效。

任务实训

一、任务背景

商业银行相关数据如表 5－3 所示。

表 5-3 商业银行相关数据

中文名称	发放贷款及垫款	资产总计	现金及存放中央银行款项	所有者权益合计	净利润	业务及管理费
北京银行	17 491.07	33 879.52	1 636.45	3 106.17	249.3	175.99
常熟银行	1 856.26	2 878.81	169.54	241.16	29.27	33.98
成都银行	4 688.86	9 176.5	669.09	614.26	100.43	49.37
工商银行	225 936.48	396 096.57	34 278.92	35 138.26	3 610.38	2 296.15
光大银行	34 993.51	63 005.1	3 564.26	5 100.13	450.4	422.79
……	……	……	……	……	……	……

1. 因变量的选取。选择将 42 家上市银行资产收益率（Return on Assets，ROA）作为衡量银行经营绩效的指标，即因变量。资产收益率（ROA）是衡量企业盈利能力的有效指标。该指标越高，表明企业资产利用效果越好，说明企业在增加收入和节约资金使用等方面取得了良好的效果，否则相反。由于表中没有直接给出 ROA 数据，因此将按下列方法计算：ROA＝PRO（净利润）/TA（总资产）。

2. 自变量的选取。影响商业银行盈利的因素主要包括信贷风险水平、资产信用水平、流动性状况、资本充足度、经营效率和银行规模六方面。结合表 5-3 中的数据，以下列方式获取自变量。

（1）反映资产信用水平的指标：用商业银行贷款余额 L 与总资产 TA 之间比值来表示，记为 LTA，即 LTA＝L/TA。

（2）反映流动性状况的指标：用商业银行现金及存放中央银行款项 C 与总资产 TA 的比值来表示，记为 CTA，即 CTA＝C/TA。

（3）反映资本充足度的指标：用所有者权益 EQ 与总资产 TA 间的比值来表示，记为 ETA，即 ETA＝EQ/TA。

（4）反映商业银行经营效率的指标：用商业银行的净利润 PRO 和业务及管理费 FEE 的比值来表示，记为 PRE，即 PRE＝PRO/FEE。

（5）反映商业银行规模的指标：取银行总资产的自然对数，记为 LNT，即 LNT＝n(TA)。

二、任务实施

利用 Python 程序，补充完整相关代码，在“中联大数据中心—综合分析”中完成下列任务：

1. 变量指标的计算。以 42 家银行财务报表横截面数据为基础，整理计算出因变量 ROA 与 5 个自变量 LTA、CTA、ETA、PRE、LNT。

2. 变量的相关性分析。判断每个自变量与因变量 ROA 之间是否存在相关性，以及相关性是否显著，如果显著，则该变量可作为线性回归模型的自变量；如果不显著，则该变量将被剔除。

3. 用 Python 中的 corr 函数计算相关系数矩阵，并绘制热力图。

4. 通过 Python 的 OLS 模型进行多元线性回归，同时输出回归结果以便判别回归系数的显著性以及模型的估计效果。

说明：

（1）ROA 为因变量，LTA、CTA、ETA、PRE、LNT 为自变量。

（2）建立多元线性回归方程如下，ROA＝C＋a1LTA＋a2CTA＋a3ETA＋a4PRE＋R。其中 C 为常数项，R 为残差项。

（3）由于 LNT 与 ROA 的相关性较弱，因此从自变量中剔除，不纳入线性回归模型的构建。

任务二　客户服务

知识目标

1. 熟悉征信大数据的概念以及对用户特征进行 k－means 聚类分析
2. 了解商业银行的信贷风险
3. 了解信贷风险的逻辑回归模型
4. 掌握银行业基于大数据的信用风险管理和客户服务管理

能力目标

1. 能够利用大数据对商业银行的客户进行信用评级分析
2. 能够利用大数据对互联网金融平台的信用评级进行分析
3. 能够利用大数据进行客户关系管理

素质目标

1. 培养合理合法使用数据的理念，树立隐私意识和数据保护意识
2. 严格遵守金融从业者的职业操守，践行社会主义核心价值观

知识链接

一、商业银行征信管理

（一）征信的概念

征信是指依法采集、整理、保存、加工自然人、法人及其他组织的信用信息，并对外提供信用报告、信用评估、信用信息咨询等服务，帮助客户判断、控制信用风险，进行信用管理的活动。征信由专业化的、独立的第三方机构为个人或企业建立信用档案，并为专业化的授信机构提供信用信息。在我国，中国人民银行征信中心是权威的征信机构，其征信系统接入了所有商业银行、信托公司、财务公司、租赁公司、资产管理公司、小额贷款公司等信息，并且从 2005 年开始逐渐纳入市场监管、环保、质检、税务、法院、电力、通信等公共信息。中国人民银行的征信信息基本上覆盖了国内每一个有信用活动的企业和个人，是我国社会信用体系建设的核心组成部分，是我国重要的金融基础设施和社会主义市场经济体制的基石，对我国宏观经济管理、金融政策制定、金融风险防范、金融生态环境改善，以及国民经济持续、快速、健康发展发挥了重要作用。

数据看中国

中国人民银行连云港市中心支行：小平台大担当 征信大数据助力乡村振兴大发展

（二）征信的原则

征信的原则是征信业在长期发展过程中逐渐形成的科学的指导原则，是征信活动顺利开展的根本。通常而言，我们将其归纳为真实性原则、全面性原则、及时性原则以及隐私和商业秘密保护原则。

1. 真实性原则

真实性原则，即指在征信过程中，征信机构应采取适当的方法核实原始资料的真实性，以保证所采集的信用信息是真实的，这是征信工作最重要的条件之一。只有信息准确无误，才能正确反映被征信人的信用状况，保证对被征信人的公平。真实性原则有效地反映了征信活动的科学性。征信机构应基于第三方立场提供被征信人的历史信用记录，对信用报告的内容不妄下结论，在信用报告中要摒弃虚伪、偏袒的成分，以秉持客观中立的立场。基于此原则，征信机构应给予被征信人一定的知情权和申诉权，以便能够及时纠正错误的信用信息，确保信用信息的准确性。

2. 全面性原则

全面性原则，又称完整性原则，指征信工作要做到资料全面、内容明晰。被征信人，不论企业或个人，均处在一个开放性的经济环境中。人格、财务、资产、生产、管理、行销、人事和经济环境等要素虽然性质各异，但都具有密切的关联，直接或间接地在不同程度上影响着被征信人的信用水平。然而，征信机构往往搜集客户历史信用记录等负债信息，通过客户在履约中的历史表现，判断该信息主体的信用状况。历史信用记录既包括正面信息，也包括负面信息。正面信息是指客户正常的基础信息、贷款、赊销、支付等信用信息；负面信息是指客户欠款、破产、诉讼等信息。负面信息可以帮助授信人快速甄别客户信用状况，正面信息能够全面反映客户的信用状况。

3. 及时性原则

及时性原则是指征信机构在采集信息时要尽量实现实时跟踪，能够使用被征信人最新的信用记录，反映最新的信用状况，避免因不能及时掌握被征信人的信用变动而为授信机构带来损失。信息及时性关系到征信机构的生命力。从征信机构发展历史看，许多征信机构由于不能及时更新信息，授信机构难以据此及时判断被征信人的信用风险，而导致最终难以经营下去。目前，我国许多征信机构也因此处于经营困境。

4. 隐私和商业秘密保护原则

对被征信人隐私和商业秘密进行保护是征信机构最基本的职业道德，也是征信立法的主要内容之一。征信机构应建立严格的业务规章和内控制度，谨慎处理信用信息，保障被征信人的信用信息安全。在征信过程中，征信机构只有明确征信信息和个人隐私与企业商业秘密之间的界限，严格遵守隐私和商业秘密保护原则，才能保证征信活动的顺利开展。

拓展视野

信用评分是个人征信活动中核心的数据分析手段，它运用先进的数据挖掘技术和统计分析方法，通过对个人的基本概况、信用历史记录、行为记录、交易记录等大量数据进行系统的分析，挖掘数据中蕴含的行为模式和信用特征，捕捉历史信息和未来信息表现之间的关系，以信用评分的形式对个人未来的某种信用表现作出综合评估。信用评分模型有各种类型，能够预测未来不同的信用表现。常见的有征信局风险评分、征信局破产评分、征信局收益评分、申请风险评分、交易欺诈评分、申请欺诈评分等。

目前，我国征信系统分为传统征信系统和大数据征信系统。前者是以央行征信系统为基础的金融信用信息基础数据库，后者是依托于互联网金融的大数据征信体系。目前来看，尽管央行仍占据主导地位，但更多的市场化机构已在个人征信市场发力。随着国家促进发展指导意见的出台，以大数据为基础的征信体系发展速度越来越快，将会起到更加重要的作用。

（三）征信大数据

征信系统机构会利用互联网技术积累并整合用户信贷行为数据。这些数据包括但不限于用户的信贷记录、还款行为、信用评分等，征信机构通过数据分析模型进行风险评估，预测用户的信用情况、还款能力、欺诈风险等。征信大数据涵盖了传统征信系统以外的民间征信系统所利用的数据。这些数据不仅来源于国家、金融机构等传统渠道，还包括电商、社交网络等互联网平台的用户行为数据。由于这些数据的规模庞大，无法通过传统的软件工具在合理时间内进行撷取、管理、处理和整理，因此需要利用大数据技术进行处理和分析。征信大数据是一种基于互联网技术积累并整合用户信贷行为数据的过程，为金融机构提供全面、动态、准确的信用信息，为金融风控和普惠金融的发展提供了有力的支持。

传统征信主要覆盖在持牌金融机构中有信用记录的人群。征信机构能够借助大数据技术捕获传统征信没有覆盖的人群，利用互联网留痕协助信用的判断，满足第三方支付及互联网保险等互联网金融新业态身份识别、反欺诈、信用评估等多方面对于征信数据的需求。在互联网时代，征信大数据不再局限于金融机构、政府机构以及电信机构提供的个人基本信息、账单信息、信贷记录、逾期记录等，还引入互联网行为轨迹记录、社交和客户评价等数据。这些数据在一定程度上可以反映信息主体的行为习惯、消费偏好以及社会关系，有利于全面评估信息主体的信用风险。通过对用户的信贷行为数据进行分析和评估，金融机构能够更准确地判断用户的信用状况和还款能力，从而作出更科学的信贷决策。同时，征信大数据也可以帮助金融机构及时发现和防范欺诈风险，保障金融安全。

（四）商业银行征信大数据应用

视频

芝麻信用与腾讯征信（1）

长久以来，我国银行信贷业务呈现卖方市场特征。在借款人申请、办理信贷业务过程中，传统征信机构仅仅起到提供信贷历史信息服务的作用，央行征信报告常常被放贷机构以“有罪推理”的思路作为惩戒失信的决策依据。过去作为信息被收集者，个人客户在征信过程中的角色非常被动，而在现在的数据采集过程中，商业银行基于大数据征信构建“信息＋分析＋场景”新模式，紧密围绕个人客户进行征信数据的采集。在客户信用评价过程中，征信大数据不仅有助于金融交易历史数据的累积记录，而且更加注重对客户风险进行全面分析及履约能力的精准预测，从而提高信贷业务风险与收益的平衡决策判断力。为了能够使客户的信用评估更加全面，商业银行建立了大数据征信的信用评估模型，不仅关注历史信息的深度挖掘，更看重信用主体实时、动态、交互的信息，以信用主体行为轨道为基础，在一定程度上可以精准预测信用主体的履约意愿、履约能力和履约稳定性。

视频

芝麻信用与腾讯征信（2）

大数据征信的含义已经极大地拓展了传统征信主体的外延，征信主体不仅是作为信用证明的提供者，而且要做涉及所有信用产品与服务供给的决策者。简言之，可将“大数据征信”视作金融科技创新行为，以寻求潜在客户为目标，基于数据加技术综合表现为：

大数据征信=征信大数据+信用评价算法=目标客户

学中做

你认为大数据征信对于商业银行的信贷业务会带来什么影响?

简而言之，商业银行对于征信大数据的应用不仅是对客户进行信用评价，而且会利用征信大数据和新的信用评价模型设计新的信贷产品，更加符合消费者的需求。如今，商业银行不是简单地让不守信用的人拿不到贷款，而是以风险定价为核心，对于不同信用的人发放不同利率的贷款，从而提升运营效率。

视频

杭州银行南京分行：长三角征信链赋能金融科技　助力企业高质量融资发展

二、商业银行客户关系管理

（一）客户关系管理的概念

客户关系管理主要包括客户识别、客户关系建立、客户保持和客户挽留。其中客户识别是客户关系管理的基础，客户关系建立是客户关系管理的保证，而客户保持和客户挽留是对已建立的客户关系的维系。

传统商业银行客户关系管理主要关注商业银行内部数据，关注如何将商业银行内部各个业务环节中零散的客户信息收集、汇聚起来。而在大数据时代，伴随社交网络和移动智能终端的普及，外部数据越来越丰富，商业银行不仅需关注内部数据，更要整合和利用外部数据。商业银行通过多种渠道获取大量的中、高价值潜在客户信息，获取更多的销售商机和线索，在充分了解客户个性需求的基础上提供差异化服务和解决方案，不断拓展传统销售渠道，利用新媒体、新渠道开展精准营销，提高营销环节的投入产出比。在互联网金融迅速发展的背景下，差异化营销和个性化服务越来越成为商业银行维系长期客户的重要手段。例如，澳大利亚一家大型银行通过对支付数据的分析了解零售客户消费路径，即客户进行日常消费时的典型顺序，包括客户的购物地点、购买内容和购物顺序，并对其中的关联进行分析。该银行将这些分析结果销售给企业客户，帮助企业客户更准确地判断合适的产品广告投放地点以及适合在该地点进行推广的产品。该银行通过这种方式获得了传统业务之外的收入。更重要的是，商业银行通过这样的创新为客户提供了增值服务，从而大大增强了客户黏性。

（二）客户细分

客户细分在客户关系管理中早已得到广泛应用。传统客户细分通常会按照收入水平、年龄、职业等维度进行。随着大数据的应用，商业银行的客户细分维度可以更加丰富。例如，西班牙的一家银行从脸书等社交平台上直接抓取数据来分析客户的业余爱好。该行将客户细分为足球爱好者、高尔夫球爱好者等类别。通过分析，该行发现高尔夫球爱好者对银行的利润贡献最高，而足球爱好者对银行的忠诚度最高。此外，通过分析，该行还发现了另外一个小客群——“败家族”，即财富水平不高，但消费行为奢侈的人群。这个客群由于人数不多，当前的财富水平尚未超越贵宾客户的门槛，因此往往被商业银行忽略。但分析显示这一人群能够为商业银行带来可观的利润，而且颇具成长潜力，因此该行决定将这些客户升级为贵宾客户，深入挖掘其潜在价值。

在对公业务中，商业银行同样可以借助大数据形成更有价值的客户细分。例如，在波士顿咨询公司与一家加拿大银行的合作项目中，项目组利用大数据分析技术将所有公司客户按照行业和企业规模进行细分，共建立了上百个细分客户群。如果没有大数据支持，这样深入的细分是很难实现的。项目组在每个细分群中找出标杆企业，分析这些企业的银行产品组合，并将该细分群中其他客户的银行产品组合与标杆企业进行比对，从而识别出差距和潜在的营销机会。项目组将这些分析结果与该行的对公客户经理进行分享，帮助他们利用这些发现来制订更具针对性的销售计划，并取得了良好的效果。客户对这种新的销售方式也十分欢迎，因为他们可以从中了解同行的财务状况和金融安排，有助于对自身的行业地位与发展空间进行判断。

（三）商业银行客户大数据应用

1. 客户画像

客户画像是对客户个体形象的全貌描述。商业银行通过对大量的客户基础数据、交易数据、轨迹数据等信息进行分析，定义客户的贡献度、忠诚度，刻画客户价值特征，捕捉客户需求，实现客户人生阶段及大事件智能分析；构建外部数据爬虫智能网络，整合互联网信息采集技术及信息智能处理技术，通过对互联网海量信息进行自动抓取、自动分类聚类、主题检测、专题聚焦，实现客户的网络舆情监测和新闻专题追踪，为全面掌握客户动态，对客户作出正确评估提供分析依据；细致刻画客户的社会角色、行为偏好、信用风险、客户价值等深层次特征，从而提升商业银行对客户隐性需求的洞察力。

视频

工商银行南京分行一“链”共享异地信息“贷”动小微经济发展

2. 获取高价值潜在客户

客户关系管理系统提供潜在客户获取、潜在客户营销、潜在客户转化的潜客周期管理功能，能够精准识别与行内客户关联的高价值潜在客户。例如，针对企业客户，商业银行可收集客户交易链、资金流向数据并结合外部工商数据分析进行客户定位和获取，通过判断宏观市场、产业链、金融市场等方面信息对企业客户进行推荐；针对零售客户，商业银行可以渠道交易信息为基础数据，利用公开的注册信息、信用信息、社交网络平台如微博等信息，结合本行客户的关联关系进行推荐。

3. 形成基于关系网络的企业图谱

企业图谱主要为业务人员实时掌握客户动态并准确预测客户行为，提供决策、投研、风控等方面的服务。客户关系管理系统针对海量客户数据进行数据挖掘，整合市场监管部门信息、司法信息、资讯信息、交易信息，具体体现在上下游供应链、股东、投资、高管、抵押担保等企业间关系，通过整合企业及企业关联信息，挖掘客户在互联网上的信息，结合多维交叉分析及智能算法，形成统一的企业图谱。

4. 客户流失预警与客户挽留

客户流失预警既是客户关系管理的重要组成部分，也是商业银行进行事前营销的重要环节。商业银行可通过客户关系管理系统分析活跃客户和已流失客户的历史行为，包括在行内的产品签约和持有情况、各渠道交易的业务类型和频次、同名账户交易情况等，构建模型分析客户流失期间的行为特征和活跃客户行为特征，预测客户下一阶段流失概率，便于对不同价值、不同流失概率客户进行分组管理，设计不同的客户挽回及管理方案。系统预警后，客户经理可以通过电话营销、客户拜访、赠送特定产品及邀请客户参与活动等挽留措施，减少潜在的客户流失，提高客户的忠诚度。

5. 对客户实现精准营销

精准营销即通过技术手段分析客户行为并预测其需求，寻找精确的目标客户并实现营销服务。精准营销包括目标客户的精准定位、传播途径的选择、营销活动执行趋势分析和异常监测、营销活动的传播效果和市场效果评估。商业银行可以利用大数据分析客户的影响力、客户聚集区域和日常活动轨迹、客户基础银行业务使用的规律、客户关注点等来实现精准营销。

例如，在零售银行业务中，通过数据分析来判断客户行为并进行精准营销并不是一件新鲜事，海外银行已开始围绕客户的“人生大事”进行交叉销售。这些银行对客户的交易数据进行分析，由此推算出客户经历“人生大事”的大致节点。人生中的这些重要时刻往往能够激发客户对高价值金融产品的购买意愿。澳大利亚一家银行通过大数据分析发现即将有婴儿诞生的客户对寿险产品的潜在需求较大，于是便通过对客户的银行卡交易数据进行分析，识别出即将添丁的家庭。在这样的家庭中，准妈妈会开始购买某些产品，与婴儿相关产品的消费会不断产生。该银行面向这一人群推出了定制化的营销活动，获得了客户的积极响应，从而大幅提高了交叉销售的成功率。

对于商业银行来说，尽管高端个人客户数量少，但他们为公司带来了很高的利润，如何留住这类高端个人客户是极为重要的。通常而言，20％的优质个人客户贡献了80％以上的利润。由于经济发展中具有各种不确定性，市场竞争非常激烈，同时存在一些竞争对手，经常出现大客户不断地从一个供应商转向另一个供应商的情况，这种客户流失在许多银行中是普遍存在的问题。客户为了求得更低的费用、获得更好的服务而转向其他银行。因此，为了认清高端客户与流失高端客户在金融资产、产品持有、金融行为等特征上的差异，建立高端客户流失预判模型是十分重要的。例如，中国银行某支行在客户流失预警方面建立了高端客户流失预判模型，进而可以筛选潜在流失客户，据此来有效识别中高端客户的流失情况，制定差异化的产品和服务，制定挽留策略等。

学中做

在日常生活中，人们在使用互联网的生活场景过程中都曾经留下了哪些数据？你会根据这些非金融机构的数据，怎样改善商业银行的客户服务？

任务实训

一、任务背景

在几乎所有的商业公司管理后台，都存储了大量客户行为的多维度数据，这些海量的数据从不同方面描述了客户群体的特征，通过多维度数据的深度交叉分析，可以分场景地锁定客户人群，打造标签体系，绘制全景画像，实现客户分层和潜在客户挖掘，为精准广告投放自动化营销和精细化运营奠定数字基础。请利用某商业银行 2019—2022 年的交易数据（见表 5－4）构建 FRM 模型，并对客户价值进行分类描述，最后根据客户价值分类结果，对不同客户群体制定相应的营销策略。

表 5－4　交易数据（前 5 行）

customer_unique_id	order_purchase_timestamp	order_id	price
9y2m50bz4y2h27ut	2022－01－04 15:48:46	3m7i38yp5g8c90nn	85933
2b5u49bv7nle87vt	2020－07－26 08:17:56	1x5r08pq3y0g56uk	43368
6y6t77co2x8z44se	2022－09－04 04:33:27	6v4z72hb2n6v49kc	67740
7v9t51cr8v8t01mg	2021－08－15 00:26:55	1b0k82zq8s3k11nh	91062
2d3u26bp9d9c971r	2020－08－01 08:13:06	4d0x50qn0d1w04wx	98775
……	……	……	……

其中，customer_unique_id 是客户在后台系统中的注册账号，是客户的唯一标识符；order_purchase_timestamp 是订单付款时间；order_id 是订单编号；price 是缴纳的保费金额。数据量共计 5 万多条，上表只展示了前 5 行数据。

二、任务实施

利用 Python 程序，补充完整相关代码，在“中联大数据中心—综合分析”中完成下列任务：

1. RFM 模型得分计算。

（1）R(Rencency)：最近一次消费时间间隔。在表中寻找同一客户 ID 下的所有订单，选择最后一次订单时间，与当前时间相减，即可计算出消费时间间隔。

（2）F(Frequency)：消费频率。在表中寻找同一客户 ID 下的所有订单，统计订单的数量，即可获得 F 值。

（3）M(Monetery)：消费金额。在表中寻找同一客户 ID 下的所有订单，并对消费额进行加总，即可获得 M 值。

2. 用 Python 编写代码，先用 mean 函数计算 R、F、M 列的均值，再通过匿名函数 lambda，给出均值 RFM 模型的标签，得到每个客户的 RFM 得分以及对应的评级。

说明：

（1）规定 2023 年 1 月 1 日 0:00:00 为当前时间，那么 R 的计算方法就是用 2023-01-0100:00:00 为当前值减去最近一次订单时间；为了后续便于计算，需要将“时、分、秒”表示的时间间隔转化为秒数。

（2）要注意不同客户间消费金额可能差距很大，后续为了便于计算，要适当地选择单位。例如，以“万元”为单位，某些客户消费金额可能为小数，在后续计算中容易因浮点位数限制，被自动四舍五入，造成误差。

（3）基于 R、F、M 三组数据的评分值来计算评分值平均数。

（4）对比每个客户的 R、F、M 得分与均值，大于等于均值的划到“高”维度、小于均值的划到“低”维度。通过该方法，为每个客户的 R、F、M 特征打“高、低”两组标签，组合后就是客户的 8 种分类。

任务三 风险评估

知识目标

1. 掌握银行常用的风险评估方法
2. 了解衡量银行风险评估的重要指标

能力目标

1. 能够正确解读影响银行风险评估的指标
2. 能够依托金融大数据对银行风险情况进行分析和评估
3. 能够总结风险形成原因并提出解决措施

数据看中国

从一键授信到实时阻断风险交易，详解邮储银行“风控护行”

素质目标

1. 培养合理合法使用数据的理念，树立隐私意识和数据保护意识

2. 严格遵守金融从业者的职业操守，践行社会主义核心价值观

知识链接

数据和风险历来就是银行的两大要素。数据是银行最有价值的资产，银行本身从事的是有风险的业务，如何依靠数据、量化风险是发挥数据价值的关键。银行过去的风险管理与决策，以主观经验判断为主，辅以数据支撑，导致银行风险管理水平较低。而在当前宏观经济调整、利率市场化、外部竞争加剧的大环境中，如何依靠数据，量化风险，提高管理决策水平，进而提升银行竞争力，显得极为重要。

一、商业银行的风险

银行风险是指银行在经营中由于各种因素而招致经济损失的可能性，或者说是银行的资产和收入遭受损失的可能性。商业银行风险有多种分类：按损失结果，可以划分为纯粹风险和投机风险；按是否能够量化，可以划分为量化风险和不可量化风险；按风险发生的范围，可以划分为系统性风险和非系统性风险。巴塞尔银行监管委员会根据诱发风险的原因，将商业银行风险分为信用风险、市场风险、操作风险、流动性风险、国家风险、声誉风险、法律风险和战略风险。

二、商业银行风险管理

商业银行风险管理是商业银行为减少经营管理活动中可能遭受的风险而进行的管理活动，其目标是寻求最小风险下的最大盈利。风险管理主要包括风险识别、风险分析与评价、风险控制和风险决策四个方面。这四个方面也依次是风险管理的四个阶段。风险识别是在商业银行周围纷繁复杂的外部宏观、微观环境和内部经营环境中识别出可能给商业银行带来意外损失或额外收益的风险因素。风险分析与评价是预计风险因素发生的概率，以及可能给银行带来的损失或收益的大小，进而确定银行的风险程度。风险控制是在风险发生之前或发生时采取一定的方法和手段，以减少风险损失、增加风险收益所进行的经济活动，包括风险回避、风险抑制、风险分散、风险转移、风险的保险与补偿。风险决策是在综合考虑风险和盈利的前提下，银行经营者根据其风险偏好，选择风险承担的决策过程。风险管理是现代商业银行业务过程中不可缺少的部分。

在一家银行的经营管理过程中，有两个因素决定最终风险承担能力。

（1）资本金管理。资本充足率高的银行具有更强的竞争力，有能力接受高风险、高收益的项目。《巴塞尔协议》的核心内容是对银行核心资本充足率的具体要求。

（2）风险管理水平。资本充足率决定了银行承担风险的潜力，而银行承担的风险能否带来实际收益，最终还是取决于银行的风控能力。

三、银行金融大数据风控应用

商业银行风险主要有信用风险、运营风险、操作风险以及外部风险。大数据为商业银行风险管理提供了强大的支撑。在企业业务风险领域，以往商业银行对企业客户的违约风险评估大多是基于过去的营业数据和信用信息。这种方式的最大弊端是缺少前瞻性，因为造成企业违约的重要因素并不仅仅是企业自身的经营状况，还包括行业的整体发展状况。但要进行这样的分析往往需要大量的资源投入，因此在数据处理资源稀缺的环境下无法得到广泛应用，而大数据手段的介入则大幅减少了此类分析对资源的需求。西班牙一家大型银行利用大数据对企业客户进行全面、深入的信用风险分析。该银行首先识别出影响行业发展的主要因素，然后对这些因素一一进行模拟，以测试各种事件对其客户业务发展的潜在影响，综合评判每个企业客户的违约风险。这样的做法不仅成本低，而且风险评估的速度快，同时显著提升了风险评估的准确性。在个人信贷风险领域，我国已经将芝麻信用内的某些金融产品等接入了中国人民银行的征信系统，由此可以在个人信贷风险评估方面提供更加全面的支持。通过分析客户在各个社交平台留下的数据，对银行的信贷申请客户进行风险评估，商业银行将这家机构的评估结果与内部评估相结合，从而形成更完善、更准确的违约评估。这样既帮助商业银行降低了风险成本，也为商业银行带来了风险定价方面的竞争优势。

（一）操作风险数据管理

商业银行应加强操作风险管理数据采集和积累，建设企业级数据库，广泛吸纳相关机构、客户、员工、产品销售、商业运营等不同渠道的各类数据和信息。简而言之，数据是操作风险管理的核心，对这些数据进行全方位深入的分析，可以真实反映商业银行操作风险管理的真实情况，让相关人员真正了解和掌握操作风险的主客观因素，为化解风险提供重要条件。相关人员要合理选择能够满足操作风险管理需求的数据信息，构建科学的提取标准，从海量数据中剔除不相关、无用的信息，识别核心要素，确保数据分析的准确性。

在商业银行中，操作风险的基础数据表有很多，其中包含的数据模式和更新频率可能会有所不同，因此商业银行应构建一套完整的数据管理流程和相应的平台，规范更新规则，旨在保障商业银行操作风险管理对数据信息的全面了解，不断提高风险量化能力。数据管理不能只是单向排序、提炼和积累，相关人员应从技术层面入手，将数据视为一张表格，寻找记录不同主体和行为的信息，同时整合数据绑定、验证、质量控制等多个一体化相关机构，从而保障商业银行操作风险管理对数据信息的全面了解，不断提高风险量化能力，使大数据技术能够在操作风险管理过程中得到更广泛、更深入的应用。

（二）信用风险数据管理

在银行业务方面，包括信贷、抵押、信用卡等，银行所面临的信用风险较多，而其非内部控制风险，也不是银行的操作市场流动性风险。在信贷领域，由于信息的不对称，将产生道德风险，致使银行遭受损失。商业银行对客户信息的获取大多源于客户申请贷款所填表格以及银行与客户面对面的交流，信息来源的广度和真实性可见一斑。通过大数据的运用，商业银行可以整合更多的外部数据，以拓展对客户的了解，降低信用风险。

大数据时代的数据收集包括：

（1）客户在社交媒体上的行为数据。光大银行建立了社交网络信息数据库，通过打通银行内部数据和外部社会化的数据可以获得更为完整的客户拼图，从而进行更为精准的风险管理。

（2）客户在电商网站的交易数据。中国建设银行将自己的电子商务平台和信贷业务结合起来。

（3）企业客户的产业链上下游数据。如果银行掌握了企业所在的产业链上下游的数据，就可以更好地掌握企业的外部环境发展情况，从而可以预测企业未来的状况。

（4）其他有利于扩展银行对客户兴趣爱好的数据，如网络广告界目前正在兴起的数据管理平台（DMP）的互联网用户行为数据。

借鉴国外大数据在银行信贷中的实践：美国一家金融信息公司抓取并分析客户的社交网站数据，为银行提供更为准确的信用评估结果，降低银行的信用风险和成本。该公司收到银行客户的信用评估申请后，经客户同意，将调取其在脸书等社交媒体的数据，分析客户的行为特点、兴趣爱好，甚至会根据该客户朋友圈特性对客户信用风险进行评估。社交数据真实地反映了客户行为，能够帮助银行更准确地判断客户的违约风险，最终降低银行的信用风险。大数据促进信贷转型，降低了银行信用风险。

商业银行建立基于地方政府的大数据平台，在政府信用的保证下，降低了信贷风险。对于贷款需求额度小、无抵押品的小微企业，商业银行可以充分利用大数据的数据挖掘技术，获取企业纳税凭证、交易结算、信用记录等数据，在进一步分析的基础上推出适合企业的信贷产品。光大银行全面打造风险预警平台，该平台利用互联网大数据挖掘技术、文本数据分析技术以及风险欺诈数据挖掘模型技术，将网络舆情、监管信息与企业账务流水、财务报表数据进行关联分析，通过事件驱动覆盖客户信用风险、账户风险、财务风险、关联风险、声誉风险、经营风险等风险事前预警。在单一客户预警的基础上，光大银行还深入挖掘企业与关联企业、企业与关联个人、个人与关联个人之间的关系，使认定的风险预警信号得以传导给与客户相关联的其他客户，更为高效地发现风险，为银行贷后风险管理构建起一道强有力的大数据信息屏障。

（三）欺诈风险数据管理

在当今数字经济时代，银行欺诈问题日益突出，给客户资产安全和银行稳定运营带来了巨大挑战。然而，随着大数据技术的发展，商业银行得以利用大数据来识别风险交易和保护客户资产。大数据技术的出现为银行反欺诈提供了前所未有的机会。大数据的应用使商业银行能够收集和分析海量的交易数据、用户行为数据以及其他相关信息，从而更准确地识别异常交易行为和风险因素。

1. 识别异常交易行为

利用大数据技术，商业银行可以实时监测交易数据，判断其中是否存在异常交易行为。通过分析用户历史交易数据和行为模式，商业银行可以借助大数据系统建立用户交易行为的基准模型，并根据模型的变化情况自动发现风险交易。例如，当一个用户在短时间内频繁地进行大额转账或者涉及多个地理位置的交易时，系统会自动触发警报，引起工作人员的重视。

2. 分析用户行为

大数据技术可以深入挖掘用户行为数据，商业银行可以通过大数据分析来判断用户行为的正常性和异常性。例如，通过分析用户的登录时间、地理位置、交易时间等信息，商业银行可以借助大数据系统对用户进行风险评估。如果用户的交易行为与其平常行为存在明显不符，系统将发出预警并进行进一步的交易验证，确保用户资产的安全。

3. 模型预测和评分

通过对海量数据的分析，商业银行可以借助大数据系统建立模型来预测潜在的欺诈风险，并对用户进行评分。这些模型可以考虑多种因素，如用户的信用历史、交易行为、社交网络等，从而有助于商业银行准确地判断风险等级，并采取相应措施防范欺诈行为。评分系统的建立可以提高商业银行的识别速度和准确性，迅速发现欺诈行为并采取相应措施。

以信用卡反欺诈为例，商业银行可借助大数据判断用户信息是否被盗用或虚假注册。在反欺诈上，通过大数据储存用户与各种 ID 对应的数据库，在用户进行借贷时进行身份匹配，商业银行能够及时辨别潜在的欺诈嫌疑用户，并对卡组织交易数据进行清洗、补齐，提取风险特征，再将风险特征载入神经网络和业务规则，对交易进行欺诈判断，对可疑交易实施拦截，并发送验证码核实。

四、银行金融大数据安全

如何确保数据的安全成为银行必须面对的挑战。为了应对这些挑战，银行业中的大数据分析需要采取一系列的策略。

（1）银行需要建立一个高效的数据收集和存储系统。这个系统应该能够及时、准确地收集和存储各种类型的数据。

（2）银行需要建立一个强大的数据分析团队。这个团队应该具备数据分析的专业知识和技能，并能够根据业务需求进行相应的分析。同时，银行也可以与外部的数据分析公司合作，获取更专业的数据分析服务。

（3）银行还需要加强对数据的安全保护。这包括加强数据加密、访问控制等方面的措施，确保数据的安全性。另外，大数据分析可能面临隐私问题。银行处理的数据涉及客户的个人信息和隐私。

(4) 大数据分析可能存在数据误解和偏差的问题。大数据分析往往依赖于特定的算法和模型，如果算法和模型存在问题，可能导致数据分析结果的误差和偏差。因此，银行在进行大数据分析时需要谨慎选择合适的算法和模型，并进行充分的验证和测试。此外，银行处理的数据可能受到黑客攻击和数据泄露的威胁，因此，银行需要加强对数据的安全保护，采取相应的措施防止数据的泄露和滥用。

由于大数据服务于银行业务，因此在大数据推进过程中的数据、技术、成本选择方面应与银行业务相融合。在数据选择方面，大数据系统应在充分挖掘银行内部沉睡数据（工资代发、年金、基金托管、公司账户等）的同时，注重互联网站、社交媒体、电商等新型数据来源，建立一个覆盖结构化、半结构化、非结构化的360°的数据库。在技术决策方面，大数据系统应规避选择错误、过于滞后或者超前的风险。大数据是未来总体趋势，然而是分阶段推进的，当前尚处于初级水平。银行切勿急功近利，抱有太高期望，选择不切合实际的软硬件，所有这些都会对银行的发展产生不利影响。在成本投入方面，大数据系统应综合评估开发管理维护成本，要注重考量银行业务人员使用的难易度。总之，安全、有效的大数据系统要基于对银行业务的融合，同时要防止数据泄露，保护客户隐私，这是大数据在银行运营管理中应用的前提。

任务实训

一、任务背景

对于消费信用贷款，商业银行大多基于银行核心业务系统数据或者消费者个人行为数据，以逻辑回归模型为基础构建银行违约概率模型，进而对客户可能存在的违约概率进行预测，在贷前进行风险评估、贷中贷后进行风险管控，降低信贷违约率。某银行总行风险管理部为测算对私客户违约风险，在银行核心业务系统中提取了个人客户历史信息资料和违约记录（见表5－5）。请根据相关数据建立有效的信贷违约逻辑回归模型，判断哪些因素对个人信贷违约会产生显著的影响。

表5－5 某银行客户基本信息登记

客户年龄	教育程度	婚姻状况	有无子女	工作领域	资产情况	是否违约	是否拥有住房	是否拥有定期存款
33	硕士	已婚	有	金融业	350 000.00	是	否	是
25	本科	未婚	无	住宿和餐饮业	100 000.00	是	否	否
56	专科	已婚	有	卫生服务业	600 000.00	否	是	是
19	专科	未婚	无	信息技术服务业	384 680.00	否	否	否
26	本科	已婚	有	交通运输业	70 338.00	是	是	否
……	……	……	……	……	……	……	……	……

1. 自变量与因变量的选取。选取表中是否违约的“def”指标作为逻辑回归的因变量。以表中的婚姻状况指标“mar”、教育程度“edu”、资产情况“bal”、是否拥有住房“hou”、客户年龄“age”、是否拥有定期存款“tdp”，共6个指标作为自变量。

2. 变量转换。在构建逻辑回归模型时，由于婚姻状况“mar”、教育程度“edu”等指标的数据是字符型数据，无法直接代入方程，因此需要将这些数据转化为计算机可识别的数值型数据。此外，有些指标的内容为“是/否”，因此应将这些字符型数据转换为表示状态的数值。

二、任务实施

利用Python程序，补充完整相关代码，在“中联大数据中心—综合分析”中完成下列任务：

1. 将表中的婚姻状况“mar”、教育程度“edu”、是否拥有住房“hou”、是否拥有定期存款“tdp”4个指标，以及是否违约“def”进行虚拟变量转换，得出虚拟变量分类结果。

2. 去除多重共线性。

3. 建立逻辑回归模型。

(1) 将转换为虚拟变量的银行客户数据进行划分；

(2) 用训练集构建逻辑回归模型；

(3) 预测与模型检验，通过测试集对模型预测效果进行评估。

说明：

(1) 分类变量均已完成转换，在代入逻辑回归方程之前，还需要考虑多重共线性问题，因此每类虚拟变量需要删除一列再进行模型计算。

(2) 对银行信贷客户数据所生成的虚拟变量，先判断是否有unknown（情况未知）的列，如果有，删除此列；如果没有，则删除第1列。

任务四 典型场景应用

知识目标

1. 了解银行的基本业务及办理业务中的大数据应用

2. 了解金融科技在银行业务办理中的重要作用

能力目标

1. 能够按具体任务要求对银行业务进行大数据分析
2. 能够根据数据分析结果编制完整、准确的分析报告
3. 能够依据数据分析报告为客户答疑解惑，满足客户需求

素质目标

1. 培养合理合法使用数据的理念，树立隐私意识和数据保护意识
2. 严格遵守金融从业者的职业操守，践行社会主义核心价值观

知识链接

商业银行的大数据分析与决策支持已经成为银行高效经营和风险管理的重要手段。通过对客户数据、交易数据和市场数据等的分析，商业银行可以提供更准确、更智能的决策支持，优化产品和服务，提高市场竞争力。未来，随着科技的不断进步，商业银行的大数据分析将更加智能化、跨界融合，同时注重隐私和安全保护，为客户提供更好的金融服务体验。

数据看中国

中原银行：数字金融实战

一、银行客户流失

银行的重要工作就是通过各种营销方法吸引客户，通过为客户提供丰富的金融业务，如存款、理财、信用卡、外币、保险和开放式基金等，实现银行的经营目标。一般来说，吸引一位新客户的成本要比挽留一位即将流失的老客户的成本高很多，因此，银行非常关注客户流失问题，针对客户流失问题的分析也便具有重要的意义。实际上，银行客户流失分析是银行精细化经营的重要组成部分。

银行客户流失分析的重要工作是客户流失预警，即分析客户流失因素，判断哪些流失因素更容易揭示客户流失的行为趋向，通过分析已经流失的客户在流失之前的业务行为特点，比对即将流失客户的业务行为特征，根据构建的客户流失预警模型，发现即将流失的客户并进行预警。这是大数据在商业银行客户关系管理中的重要应用场景。

（一）银行客户流失因素

引起银行客户流失的原因有很多，主要可以分为内部环境因素和外部环境因素两种。

1. 内部环境因素

内部环境因素主要是银行内部的金融产品或者服务出现了问题而无法满足客户需

求，导致客户流失。例如，金融产品缺乏创新；质量不稳定、盈利较少，与其他银行的同类金融产品相比不具备竞争性；银行的服务系统存在缺陷，客户操作复杂、烦琐，存在安全隐患等；银行工作人员的服务态度存在问题，无法对客户的需求做出及时反应；客户对银行的服务质量不满意；商业银行员工跳槽带走客户；等等。

2. 外部环境因素

外部环境因素主要与竞争对手或者银行客户本身的状态有关。例如，竞争对手推出新的金融产品，制定竞争策略吸引了客户；竞争对手推出了更便宜、收益更高、风险更低的理财产品吸引客户，导致客户转向购买其产品而造成客户流失；竞争对手通过技术创新，给客户带来了更方便、更有新意、更符合需求的体验。此外，银行客户出现重大变动，如客户公司发生重组、兼并与人事变动等，也可能造成客户流失。

（二）银行客户流失方式

银行客户流失的方式有两种：客户自然流失和客户转移流失。

1. 客户自然流失

客户自然流失是指与银行具有业务关系的个人、机构、公司等的自然消亡，如个人死亡、机构重组、公司破产等。客户自然流失是无法控制、无法避免的，在总体流失中所占比重较小。

2. 客户转移流失

客户转移流失是指客户地理迁移或客户转移，如客户转到了同市的其他银行，成了竞争对手的客户资源。客户转移流失在总体流失中所占比重较大，银行最重视的是这类客户的流失。

（三）流失客户行为分析

银行流失的客户在行为上基本上可以分为渐进型和中断型两种。渐进型主要表现为客户近期办理业务次数、金额等逐步缩减，购买金融产品的金额、次数小于卖出金融产品的金额、次数。中断型主要表现为客户在某一个时间节点前正常交易和购买金融产品，在该节点后将金融产品全部卖出并不再购买甚至注销账户。

由上述分析可以发现，流失客户与非流失客户相比存在以下显著区别：

（1）流失客户最近一次购买金融产品和上一次购买金融产品的时间间隔较长，最近一次卖出金融产品和上一次卖出金融产品的时间间隔较短。

（2）流失客户近期购买金融产品的总次数或总金额较少，卖出金融产品的总次数或总金额较多。

（3）流失客户近期购买或卖出金融产品的总次数或总金额与过去同期相比存在明显变化。

（四）业务需求分析

潜在的流失客户是指正在逐渐出清之前购买的金融产品，但目前还未完成所有交易、尚有挽回空间的客户。也就是说，假设客户流失前，客户将会逐步清空已经开通的银行业务，转移资产到其他银行，最终在某个业务或本银行体系中完全流失。

银行能够为客户提供多种金融业务，如存款、贷款、基金、理财、信用卡、外币、保险等。通常而言，一位客户可能参与某一家银行提供的多种业务。因此，对于潜在的流失客户，银行需要分析客户的每笔业务行为，如资金转入、资金转出、近期是否开通新的金融业务和近期是否注销金融业务等特征，从多个业务视角分析已经流失的客户在流失之前的业务行为特点，对比潜在流失客户的业务行为特点，利用适合的算法构建客户流失风险预警模型，利用模型来判断某一客户是否为即将流失的客户，并发出预警信号。

识别哪些客户可能流失，是一个典型的分类问题。根据 RFM 模型，详细分析客户最近一次购买和上一次购买的时间间隔、近期买入和卖出的总次数或总金额、近期买入和卖出金融产品的总次数或总金额相对于前期的变化。根据 RFM 模型三项指标反映出的差异，就可以构造银行流失客户特征，通过特征比对，就可以发现潜在流失客户和不会流失的客户。

客户流失预警就是在有可能流失的客户尚未流失前，根据分析客户基本信息与近期业务行为是否有流失的可能性，及时发现并进行预警，再根据预警提供的潜在流失客户名单，及时指派客户经理使用有针对性的营销手段挽留这些客户。

（五）RFM 模型

RFM 模型是衡量客户价值和客户创利能力的重要工具。

该模型通过一个客户的最近一次消费时间间隔（Rencency）、消费频率（Frequency）以及消费金额（Monetary）三项指标来描述该客户的价值状况。RFM 模型的常见应用是根据这三个属性对客户进行特征提取，即客户最近一次购买的时间、客户一段时间内购买的总次数、客户一段时间内购买的总金额，由这三个属性描述客户，并最终筛选出目标客户。

1. R 值

R 值是指最近一次消费时间间隔，具体指客户最近一次购买和上一次购买的时间间隔。理论上，距上一次购买产品的时间越近，客户越不可能流失，并且这类客户对银行提供的即时商品或服务越有可能产生反应。一般来说，营销人员希望业绩有所增长，需要靠争取竞争对手的客户以提高市场占有率，因此，营销人员应密切关注自已客户的购买行为。最近一次购买的时间往往是营销人员第一个要掌握的数据。

2. F 值

F 值指消费频率，是客户在一定时间内购买产品或服务的次数。经常购买银行产品和服务的客户基本上对银行的满意度和忠诚度比较高，这是银行非常珍惜的客户。

3. M 值

M 值即消费金额。客户的消费金额是衡量客户价值的根本指标，也是营销人员最关注的数据。

（六）银行客户流失风险预警模型

银行通过分析客户的个人基本信息以及过去一段时间内的交易明细，构建客户流失风险体系，根据客户流失风险体系建立客户流失风险预警模型，通过对构建的模型进行评估与分析，预测客户是否可能流失。

1. 业务数据理解

银行应充分理解业务并根据业务需求，从信息系统中抽取数据，充分理解数据的含义，明确已有的数据是否能满足客户流失预警的需求，哪些数据是客户流失预警所必需的。业务理解既是数据理解和数据处理的基础，也是特征提取的前提，是整体分析流程中重要一环。

为了识别哪些客户是潜在的可能流失的客户，银行需要从历史积累的业务数据中，分析和研究客户的基本信息、业务交易等特征，区分出既往已流失客户的特征，基于全面数据描述刻画客户的业务特点。因此，银行需要尽可能汇集客户全部业务交易流水数据，为构建客户流失风险预警模型提供高效特征因子。

银行开展的业务虽然多种多样，但业务的形式如存款、贷款、理财等大同小异，因此，这些业务都可以简单地理解为客户提供金融产品的进销存服务，即不同客户在不同金融产品上的交易行为，都可以利用相同的 RFM 理论划分为不同的交易行为层次，从而能轻松识别哪些客户是高端客户、哪些客户正在降低金融产品的交易频度、哪些客户可能有流失的风险。

2. 数据预处理

数据质量关系到模型的预测能力。银行只有借助高质量的数据才能构建真实、可靠、可用的模型。银行系统中所提取的数据很可能是无法保证质量的，可能存在一些错误、冗余、缺失等。在数据处理与分析这一环节，银行主要采用异常值过滤、缺失值填充等方法提升数据质量。

由于业务的复杂性，银行在实际运营中，会与很多不同的厂商合作开发不同的业务系统，各个系统对数据的完整性和一致性的要求不同，当需要多个业务系统中的数据结合起来分析某个业务问题时，会发现系统之间的数据缺失、数据类型不规范等数据质量问题，这些问题会影响特征提取和算法运行，因此，银行首先要分析原始数据，从中发现可能影响分析结果的数据质量问题。

3. 选取和构建客户流失风险指标

客户流失风险指标来源于两个方面：

（1）客户的交易记录。银行可在交易记录中挖掘多维度的客户交易行为特征，如通过客户在不同时间段内的买入卖出次数、买入卖出总金额等变量来刻画客户的交易行为。

（2）银行可根据交易特征构建相应的变量，如构建客户交易趋势特征变量，将反映客户交易随时间变化的趋势特征纳入客户流失风险体系。不管是来源于客户交易记录的指标，还是构建的指标，通过业务分析，银行认为这些指标可能对客户流失有影响，就应当先选取和构建出来，为建立客户流失风险预警模型提供支持。

4. 客户流失风险预警模型建立、预测及评价

模型是客户流失预警任务的核心，模型的好坏直接影响预警的准确性。只有准确的模型，才能帮助银行及时挽留客户。银行既可以使用机器学习算法构建客户流失风险预警模型，也可以选择逻辑回归和随机森林两种算法建立客户流失风险预警模型。模型建立之后，银行要不断根据实际业务进行评价和修正，以期达到满意的预警效果。

5. 模型的应用部署

构建模型的意义在于其应用价值，所以构建的模型需要与实际的业务系统对接。当然，模型在部署之前须取得业务客户的认可。

总之，问题分解就是根据业务需求，完成从业务平台中抽取数据—数据处理与分析—模型构建—模型部署这一完整流程，最终根据模型的输出结果判断和决定未来业务的处理方法。

二、银行卡盗刷

银行卡盗刷是指不法分子利用高科技手段复制持卡人的银行卡，或通过窃取持卡人的银行卡账户信息获取持卡人的交易密码，从而提取现金、刷卡消费或转账，给持卡人造成财产损失的一种违法行为。

近年来，银行卡盗刷案件的数量及涉案金额呈不断上升趋势。许多持卡人会起诉发卡行，要求发卡行赔偿银行卡账户内资金损失。各商业银行为了降低金融风险和法律风险，在银行卡欺诈识别和预警上投入了大量的资金，并积极利用基于数据分析与数据挖掘技术的反欺诈监测技术对银行卡交易过程进行监测和预警，以期达到防范风险的目的。

（一）银行卡盗刷的手段

银行卡盗刷案件主要分为伪卡盗刷和网络支付盗刷两大类。

1. 伪卡盗刷

伪卡盗刷一般通过在自助银行门禁或自助设备终端的插卡口处，安装摄像头等设备盗取银行卡磁条信息，并通过摄像头、虚假密码键盘等方式窃取持卡人密码信息。盗取磁条信息和密码后，犯罪分子制作伪卡，进行盗刷交易。

2. 网络支付盗刷

网络支付盗刷是犯罪分子利用钓鱼网站、恶意软件和银行网银漏洞等获取受害人的账户名、密码、安全码等敏感信息，通过第三方支付平台或商业银行的网上支付渠道进行盗刷。

（二）银行卡盗刷行为的识别

常见的银行卡盗刷行为识别主要有专家规则、欺诈模式和异常行为 3 种识别方法。

1. 专家规则识别法

专家规则识别法是指利用相关领域专家的经验形成专家规则，通过对预处理阶段给出的数据进行分析和判断来识别盗刷行为。大部分情况下，充分利用业内专家的业务经验制定的识别规则能够合理地检测出大多数欺诈行为，但专家规则的合理制定也存在一定问题，如果制定的规则很少变化，就不能对新出现的有意规避检测规则的欺诈行为进行准确检测。因此，银行需要根据盗刷行为的特点和变化，不断快速提取盗刷行为特征，及时更新专家规则。通常而言，专家规则在一定程度上相对滞后。

2. 欺诈模式识别法

欺诈模式识别法是指利用数据挖掘技术，从信用卡消费的历史数据中采集欺诈消费记录，挖掘具有某些特征的欺诈模式，利用挖掘出的欺诈模式对新产生的消费记录进行分析和判断，自动识别刷卡行为是否为盗刷行为。

欺诈模式识别法可以有效弥补专家规则识别法不能动态适应欺诈行为变化的不足，每当发生新的欺诈行为后，系统可以立即利用新发现的欺诈行为对原欺诈模式进行调整，构建能适应新的欺诈行为的欺诈模式识别模型。银行可以利用贝叶斯网络、数据挖掘中的关联规则、序列分析和分类等方法构建欺诈模式识别模型。

3. 异常行为识别法

异常行为识别法是指利用信用卡客户已有的正常消费模式及特征，判断新的消费记录背后的行为是否异常。

（三）业务需求分析

很多银行卡盗刷行为都显示出与持卡人消费行为不符的特点，如刷卡行为偏离了持卡人的通常刷卡区域，刷卡金额大幅超过日常刷卡消费水平等。识别信用卡是否被盗刷，需要结合专家的业务经验，建立专家规则，通过分析信用卡刷卡异常行为识别是否为盗刷行为。

以银行信用卡客户跨境交易为例，建立信用卡跨境盗刷行为的识别模型。跨境盗刷行为专家规则因子主要包括以下三类特征信息。

（1）设备类特征信息：IP 是否在高风险区域、是否为空、是否在国外、是否异常、是否与设备匹配，设备是否异省、异市。

(2) 通道类信息：卡的传输等级。

(3) 交易类信息：交易时间是否异常、是否为线上交易。

通过检测信用卡的异常情况（如交易地址异常，交易过程中明显使用了加速装置的取钱行为等），以及卡的传输等级信息，就可以利用机器学习模型预测信用卡的客户风险等级。

(四) 银行卡盗刷风险预警模型

1. 业务数据理解

银行应根据业务需求进行分析，从银行信用卡信息系统中抽取信用卡交易数据，充分理解数据特征和结构，观察数据变量的汇总信息，了解数据属性特征，明确已有的数据是否能满足信用卡盗刷预警的需求，分析哪些数据是信用卡盗刷预警所必需的数据。

为了识别高风险盗刷交易，银行需从信用卡交易的历史数据中分析和研究高风险盗刷交易的特征。基于信用卡盗刷高风险交易流水数据，并依据相关风控业务的理解，银行可以整合原始明细数据，确定与盗刷行为可能有关系的特征变量。

2. 数据处理与分析

银行应查看数据的异常值和缺失值，并按照相应的策略进行缺失值处理。针对预处理后，结构完整、机器能够识别的数据进行特征工程处理（对数据进行描述性分析和可视化处理），分析和识别数据中哪些特征变量能够描述信用卡盗刷交易行为。

3. 建立信用卡盗刷识别的模型

通过计算皮尔逊相关系数，分析变量之间的关联性，银行可选出有关联性的特征变量，利用逻辑回归模型进行分类，完成高风险盗刷识别逻辑回归模型的建立、预测及评价。

4. 建立信用卡高风险盗刷识别的树形模型

银行可建立信用卡高风险盗刷识别的树形模型，利用模型预测分析某一笔交易行为是否为盗刷行为，将分析结果与逻辑回归模型进行对比，分析两种算法，比较解决相同业务问题的差异。

直通大赛

项目五

任务实训

任意选取两家银行，查阅信息，查找这两家银行大数据分析的应用实例，并对该案例进行点评。

项目小结

通过本项目的学习，学生能够发现商业银行的大数据分析应用涵盖了市场营销、风险管理、业务扩展和服务优化等多个领域。银行如果能够更好地利用数据资源，利用银行大数据分析来提升自身的竞争力和服务质量，将获得巨大的机遇。银行在未来发展过程中，将会加强技术投入和需要更多的金融数据分析人才。银行只有不断创新和调整战略，才能适应信息化时代的发展要求。

闯关试练

一、单选题

1.（　　）分析是指银行利用大数据技术和工具，对金融企业内部和外部的各种数据进行收集、存储、加工、分析和运用。

A. 银行金融大数据　　B. 证券金融大数据

C. 保险金融大数据　　D. 以上都不是

2.（　　）是描述客户自身特点的数据。

A. 客户基础数据　　B. 支付信息

C. 资产信息　　D. 其他

3. 银行金融大数据分析是指银行利用大数据技术和工具，对金融企业内部和外部的各种数据进行（　　）。

A. 收集　　B. 存储、加工

C. 分析和运用　　D. 以上都是

4.（　　）是确定两种或两种以上变量间相互依赖的定量关系的一种统计分析方法。

A. 回归分析　　B. 相关分析

C. 无关分析　　D. 因果分析

5.（　　）是研究两个或两个以上处于同等地位的随机变量间的相关关系的统计分析方法。

A. 回归分析　　B. 相关分析

C. 无关分析　　D. 因果分析

二、多选题

1. 传统的银行数据按类型可分为（　　）等。

A. 交易数据　　B. 资产数据

C. 征信数据　　D. 客户信息数据

2. 征信大数据的来源有（　　）。

A. 金融机构产生的信用　　B. 公共部门产生的信用数据

C. 电商平台产生的数据　　D. 互联网平台产生的数据

3. 银行金融大数据分析的特点包括（　　）。

A. 数据规模大　　　　B. 数据多样性

C. 数据精细化　　　　D. 以上都不是

4. 内部数据来源主要有（　　）。

A. 客户信息　　　　B. 金融交易行为

C. 保险交易　　　　D. 证券交易

5. 芝麻信用的信息涵盖了（　　）、租房信息、社交关系等。

A. 信用卡还款　　　　B. 网购

C. 支付转账　　　　D. 水电煤缴费

三、判断题

1. 银行内外部数据资源的整合是客户画像分析的前提。（　　）

2. 大数据技术使征信数据规模越来越大、应用范围越来越广。（　　）

3. 银行金融大数据分析是指银行利用大数据技术和工具，对金融企业内部和外部的各种数据进行收集、存储、加工、分析和运用。（　　）

4. 回归关系是指通过识别有用的关联物来帮助人们分析某个现象，而不是揭示其内部机理。（　　）

5. 社交数据真实地反映客户行为，能帮助银行更准确地判断客户的违约风险，最终降低银行的信用风险。（　　）

项目六

证券业大数据

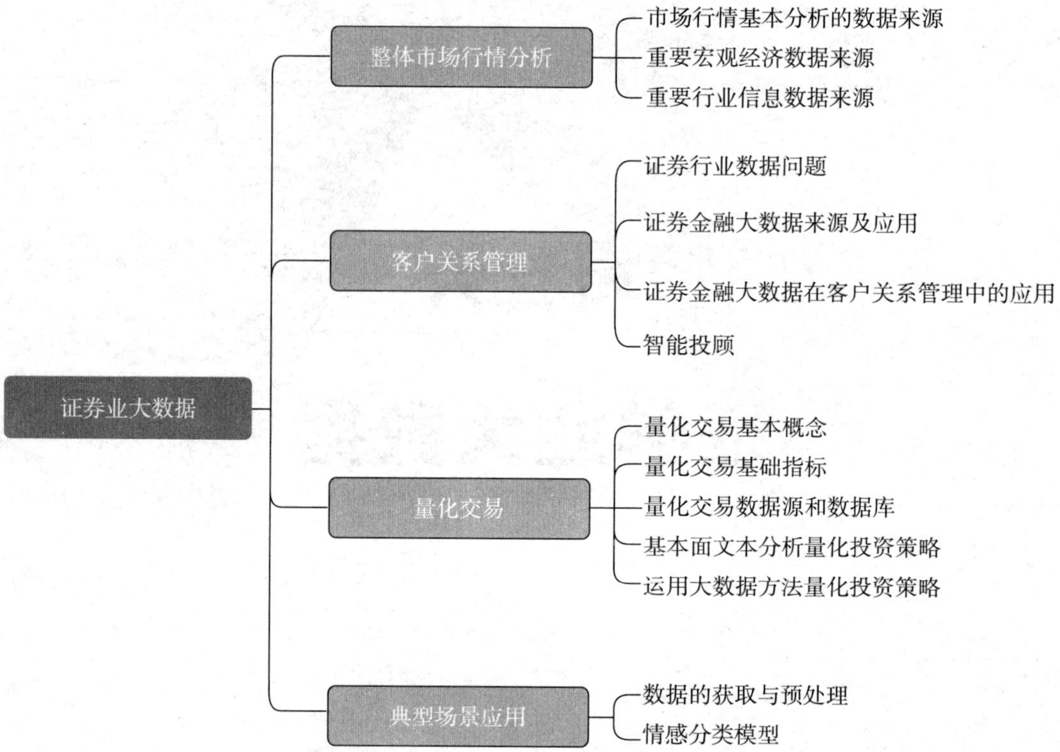
证券业大数据
整体市场行情分析
市场行情基本分析的数据来源
重要宏观经济数据来源
重要行业信息数据来源
客户关系管理
证券行业数据问题
证券金融大数据来源及应用
证券金融大数据在客户关系管理中的应用
智能投顾
量化交易
量化交易基本概念
量化交易基础指标
量化交易数据源和数据库
基本面文本分析量化投资策略
运用大数据方法量化投资策略
典型场景应用
数据的获取与预处理
情感分类模型

任务一 整体市场行情分析

知识目标

1. 了解金融投资基本分析的概念
2. 了解宏观经济的重要数据
3. 了解行业分析的重要数据
4. 了解股票市场的重要指数

能力目标

1. 能够归纳重要的宏观和行业经济数据
2. 能够解读 A 股重要指数代表的意义
3. 能够看懂股票收益率相关分析

素质目标

1. 培养对 A 股大数据的基本认知
2. 通过数据了解 A 股大数据，增强对国家经济的信心

知识链接

一、市场行情基本分析的数据来源

（一）政府部门

政府部门是国家宏观经济政策的制定者，是信息发布的主体，是一国金融市场上有关信息的主要来源。与金融市场相关的政府部门有以下几个：国务院、中国证券监督管理委员会、财政部、中国人民银行、国家发展和改革委员会、商务部、国家统计局、国务院国有资产监督管理委员会。我国四大宏观调控部门包括财政部、中国人民银行、国家发展和改革委员会、商务部。

数据看中国

利用大数据投资要谨慎

（二）证券交易所

我国上海证券交易所和深圳证券交易所均采用会员制组织形式，属于非营利的事业法人单位。证券交易所向社会公布的证券行情，按日制作的证券行情表，以及就市场内成交情况编制的日报表、周报表、月报表与年报表等，成为技术分析中的首要信息来源。

（三）上市公司

上市公司主要提供财务报表和临时公告。上市公司作为经营主体，经营状况的好坏直接影响投资者对上市公司价值的判断，从而影响股价水平的高低。作为信息发布的主体，上市公司所公布的相关信息是投资者对上市公司的证券进行价值判断的重要来源。

（四）中介机构

中介机构是指为证券市场参与者如发行人、投资者等提供各种服务的专职机构，包括证券经营机构、证券投资咨询机构、证券登记结算机构以及从事证券相关业务的会计师事务所、资产评估事务所、律师事务所、信用评级机构等。

（五）媒体

媒体是信息发布的主体之一，媒体同时也是信息发布的主要渠道。媒体包括书籍、报纸、杂志、其他公开出版物，以及电视、广播、互联网等。

（六）其他来源

投资者还可以通过实地调研、专家访谈、市场调查，以及从家庭成员、朋友、邻居等处获得有关信息。

根据有关证券投资咨询业务行为的规定，证券分析师从事面向公众的证券投资咨询业务时，所引用的信息仅限于完整、翔实地公开披露的信息资料，不得以虚假信息、内幕信息或者市场传言为依据向客户或投资者提供分析、建议、预测等，所以证券分析师应当谨慎处理所获得的非公开信息。

学中做

（1）图 6－1 是 2024 年 3 月 1 日的上证指数，你能在图中看到多少数据？

（2）讨论每个数据的来源以及每一个数据所代表的意义。

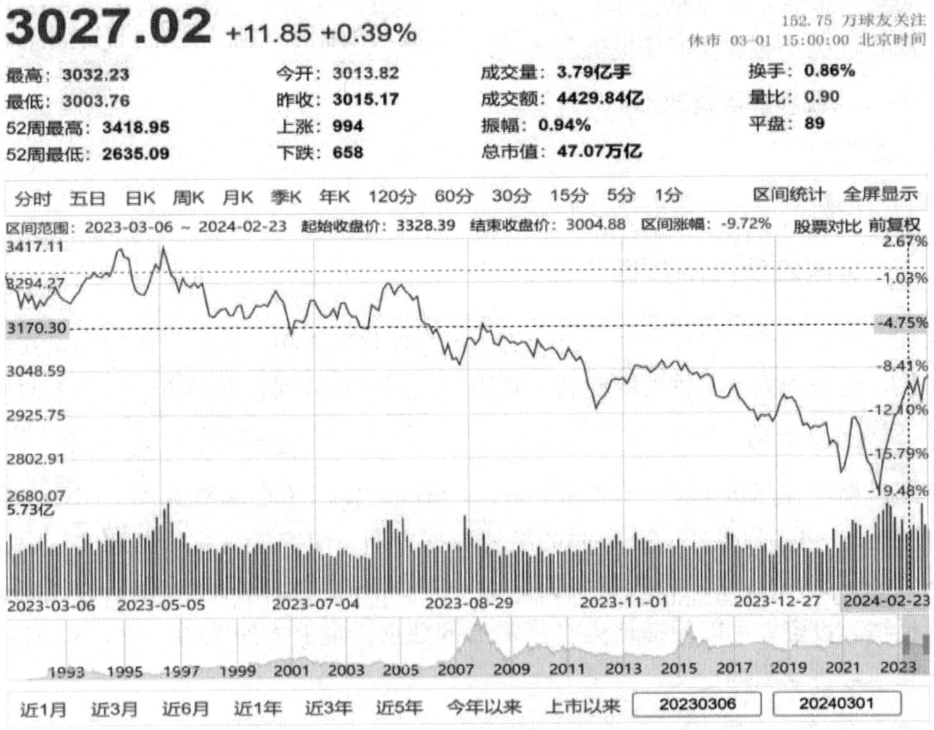

图 6-1 2024 年 3 月 1 日上证指数

二、重要宏观经济数据来源

进行宏观经济分析，离不开宏观数据的辅助，如 Wind、彭博、汤森路透等专业数据库。但是 Wind、彭博、汤森路透等专业数据库的作用更多是数据的“搬运工”，它们的数据来源大部分是各官方统计机构发布的原始数据，这些数据库对原始数据进行搜集、分类、汇总，并通过图表等展现。这就意味着，即使暂时没有专业数据库，仍然可以通过以下渠道进行专业的宏观经济分析。

（一）中国宏观经济数据查询

常用的中国宏观经济数据查询渠道包括以下几种：

1. 国家统计局

国家统计局（https://www.stats.gov.cn/）主要提供宏观经济数据的查询和下载服务，查询入口在数据查询选项卡中。国家统计局的数据非常全面，提供了关于重要数据的解读。

2. 中国人民银行

中国人民银行的官网（http://www.pbc.gov.cn/），尤其是调查统计司的页面中提供了各类金融报表，对理解货币运行有很大的作用，首页也提供了关于利率方面的统计，可以查询历年的贷款市场报价利率（LPR）。

3. 中华人民共和国财政部

财政部官网（https://www.mof.gov.cn/index.htm）信息公开选项卡中有关于通常细化到月的财政数据方面的统计。

（二）美国宏观经济数据查询

美国的重要经济地位对全球经济产生了广泛深远的影响。美国经济数据是比较全面和翔实的，为查询提供了较大的便利。常用的美国宏观数据查询渠道包括以下两种：

1. 圣路易斯联储

圣路易斯联储（https://fred.stlouisfed.org/）提供了在线数据库 FRED（联邦储备经济数据），可以提供 7×24 小时的经济数据查询，内容丰富、数据翔实。数据库的首页下方的 AT A GLANCE 等标签提供了一些常用的数据，方便查询。通过数据库首页的对话框，投资者可以便捷搜索自己需要的数据。最上方的菜单栏中，Working Papers 提供了经济学家的论文。

2. 美国经济分析局

美国经济分析局（https://www.bea.gov/）类似于我国的国家统计局，负责发布各项官方统计数据，并提供查询功能。

（三）欧洲宏观经济数据查询

因欧洲持续推动一体化进程，故用户可以通过欧洲跨国平台便利查询欧洲国家的宏观经济数据。

1. 欧盟统计局

欧盟统计局（https://ec.europa.eu/eurostat/）提供了查询欧盟 27 个国家宏观经济数据的统一入口。该网站的 Most popular tables 选项卡提供了最常用的经济数据查询，Economic trends 选项卡提供了最常用的数据的快速浏览，Statistical themes 选项卡提供了对数据更详细的分类查询。

如果说我们关心欧洲的通胀的话，我们就可以通过 Most popular tables 的下拉菜单中的 HICP-Inflation rate 看到欧洲整体和各个国家的通胀水平。

2. 欧洲中央银行

欧洲中央银行（https://www.ecb.europa.eu/）提供了一个数据查询平台——Statistical Data Warehouse（SDW），投资者可以方便地查询各类金融数据，宏观数据翔实、更新迅速。国内用户比较关注的欧洲实时清算系统 TARGET2 的数据，可以在 ECB—Eurosystem policy—TARGET balances 中获得。

（四）跨国宏观经济数据查询

投资者在研究某个国家的经济数据时，需要进行跨国数据比较。由于各国经济数据的口径、计算方法并不一致，因此很难直接比较这些数据。但是一些国际研究机构运用庞大的人力、物力、财力对各国数据进行重新估算和调整，使得口径一致、数据可比，并免费对外提供。

1. OECD 数据库

OECD 数据库（https://data.oecd.org/）提供了 OECD（经济合作与发展组织）成员国的数据，是查询欧美等国家宏观经济数据的便捷通道。投资者既可以在菜单栏中直接搜索数据关键词，也可以在右上角的 topic 或者 country 的下拉菜单中查询。如 OECD 数据库的 topic 下拉菜单的 Government，选择 Tax on corporate profits 选项，即可以横向对比欧美国家的税收。

2. 世界银行数据库

OECD 数据库虽然好用，但是其主要覆盖的是 OECD 成员国。如果投资者想更广泛地考察全球经济，那么世界银行数据库（https://data.worldbank.org/）则覆盖面更广，可以覆盖更多的非欧美国家以及发展中国家，但是使用便利性略差一些。

学中做

请登录国家统计局官网，看一看国家统计局官网主要提供的宏观经济数据指标有哪些。请登录中国人民银行官网，查询近 5 年的 LPR 并绘图表示出来。

三、重要行业信息数据来源

（一）重要行业信息数据内容

1. 中国证监会行业分类数据

中国证监会行业分类方法专门针对上市公司，主要用于确定企业的主营业务性质，便于进行上市公司的监管和行业研究。中国证监会行业分类方法具有两个显著的特点：一是按照企业主营业务收入进行分类，二是一家企业一般仅归属于一个分类。

许多企业上市后普遍进行多元化经营，这些企业的业务性质呈现出多种属性。为了反映出企业业务的多种属性和经营概念，一些金融网站和证券公司纷纷推出了行业板块划分方法，目的是便于进行证券投资分析。在行业板块划分方法中，一家企业的业务可能具有多种属性和经营概念，从而被划分到多个行业板块之中。这是行业板块划分方法与传统的行业分类方法的主要区别。

中国证监会的行业分类方法针对的是中国证券市场的上市公司，在上市公司监管和证券学术研究中应用较广。

中国证监会于2012年发布《上市公司行业分类指引》(2012年修订)。该指引参照《国民经济行业分类》，将上市公司的经济活动分为门类、大类两级。门类代码用一位拉丁字母表示 ，即用字母A、B、C……依次代表不同门类；大类代码用两位阿拉伯数字表示，从01开始按顺序依次编码。

2. 依据中国证监会行业分类的相关数据

(1) 行业上市公司的数量。

按照中国证监会行业分类，可以按照行业来统计分析整体行业的数据，如行业的上市股票总数量，包括上海证券交易所上市的公司数量、深圳证券交易所上市的公司数量，以及北京证券交易所上市的公司数量；也可以分类统计主板的行业公司数量、科创板的行业公司数量、创业板的行业公司数量以及新三板的行业公司数量。

(2) 行业市场规模。

行业市场规模是指特定行业在一定时期内的总体产出量或销售额，这包括产品或服务的数量或销售额。行业市场规模的大小受多种因素影响，如政治、经济、文化、人口、技术、自然等。行业市场规模可以通过结构分解法、固定增长预测法等不同的方法进行测算。对于投资者来说，了解行业市场规模对于制定商业策略和决策至关重要。

(3) 行业增长率。

行业增长率的计算可以通过多种公式进行，具体取决于所要计算的增长率类型。常见的增长率计算方法包括：

1) 销售增长率。计算公式为：

销售增长率=(本年销售额-上年销售额)/上年销售额×100%

2) 复合增长率。复合增长率是指在一个特定时期内增长率的变化情况。计算公式为：

复合增长率=(现有价值/基础价值)^(1/年数)-1

3) 市场增长率。计算公式为：

市场增长率=(本期市场销售额-上期市场销售额)/上期市场销售额×100%

这些公式有助于投资者分析行业趋势、企业成长状况和发展能力。

(4) 行业平均市盈率。

行业平均市盈率是指同行业上市公司的总市值与总净利润（以最近一期公布的季度值折算为年度值计算）之间的比值。它是影响股价基本面很关键的一个因素，也是观察行业基本面的重要参考因素之一。投资者可以观察行业的发展，判断行业是被高估还是被低估等。一般情况下，不同的行业有着不同的行业平均市盈率。例如，银行、有色、钢铁等行业的平均市盈率较低，但是AI、云计算等行业的平均市盈率较高。

行业平均市盈率的计算方法有两种：算术平均法和加权平均法。另外，行业平均市盈率（剔除亏损）是指计算日行业内上市公司剔除掉亏损公司之后的总市值与总净利润

（以最近一期公布的季度值折算为年度值计算）的比值。投资者可以通过行业平均市盈率的比较来寻找低行业平均市盈率的行业，从而深度挖掘行业投资价值。

（二）重要行业信息数据查询

1. 上海证券交易所

上海证券交易所官网（http://www.sse.com.cn/）的数据选项卡提供了大量的上市公司相关的数据，包括各个上市公司的行业数据。

2. 深圳证券交易所

深圳证券交易所官网（https://www.szse.cn/index/index.html）中市场数据选项卡提供了行业数据统计分析，可以在该选项卡中查询在深圳证券交易所上市的行业数据。

任务实训

表6-1为上海证券交易所统计的沪市主板上市公司行业特征，请指出：

（1）其中共包含多少种与行业相关的数据？

（2）上市公司最多的行业有哪些？

（3）平均市盈率最高的行业有哪些？

（4）平均股价最高的行业有哪些？

（5）平均市值最高的行业有哪些？

表6-1 沪市主板上市公司行业特征（2020年第一季度）

行业名称	行业代码	交易股票数（只）	平均市盈率	平均价格（元）	市价总值（十亿元）	平均市值（亿元）
农业、林业、畜牧业、渔业	A	15	51.83	6.35	93	62
采矿业	B	51	12.13	4.89	2 133	418
制造业	C	966	27.66	14.01	14 861	154
电力、热力、燃气及水生产和供应业	D	68	17.35	5.44	1 311	193
建筑业	E	46	6.73	5.12	897	195
批发和零售业	F	104	19.26	8.62	952	92
交通运输、仓储和邮政业	G	76	15.86	5.36	1 598	210
住宿和餐饮业	H	4	20.31	18.59	42	104
信息传输、软件和信息技术服务业	I	89	48.86	16.45	1 707	192

续表

行业名称	行业代码	交易股票数（只）	平均市盈率	平均价格（元）	市价总值（十亿元）	平均市值(亿元)
金融业	J	75	7.54	7.00	10 310	1 375
房地产业	K	74	7.93	7.50	1 054	142
租赁和商务服务业	L	19	27.97	18.67	380	200
科学研究和技术服务业	M	23	54.92	30.58	308	134
水利、环境和公共设施管理服务业	N	23	25.12	14.27	143	62
教育	P	3	48.68	11.93	17	58
卫生和社会工作	Q	3	100.5	55.22	91	303
文化、体育和娱乐业	R	26	16.84	8.32	222	85
综合	S	14	21.74	3.87	82	59
总计		1 679			36 201	216

任务二 客户关系管理

知识目标

1. 了解证券业中的数据问题
2. 掌握证券业中与客户相关的金融数据来源
3. 熟悉证券金融大数据在客户管理中的应用

能力目标

1. 能够分辨证券金融大数据应用的场景
2. 能够应用证券金融大数据进行客户关系管理

素质目标

1. 尊重知识，具备科技驱动业务的思维
2. 通过数据了解技术指标，增强对国家经济的信心

知识链接

一、证券行业数据问题

目前证券行业存在以下数据问题：

（1）数据预算约束。证券行业的许多金融科技预算并不是为创新提供资金，而是用于资金合规和欺诈检测的“防御性”应用程序，大数据发展战略不清晰，对大数据平台的战略规划不合理。

（2）系统陈旧。证券行业老化的数据系统很大程度上无法存储、汇总和分析来自不同数据源的客户和服务的海量数据，浪费了大量的数据资源。

（3）应用缺位。面对迅猛发展的大数据变革环境，证券业对于大数据改革缺乏具体落地的数据应用，对大数据应用场景不明确。

（4）决策谨慎。由于证券行业在数据安全、风险管理及合规性等方面的高要求，在大数据平台建设时需要寻找更加谨慎的方案，即要在充分利用大数据技术、持续优化技术和业务架构与满足各方面的安全性和稳定性之间取得平衡。

二、证券金融大数据来源及应用

（一）数据来源

证券公司的数据来源可以按照内部和外部划分。内部数据主要包含业务系统中产生的数据，如经纪业务、资产业务和融资融券业务等，外部数据主要包含各类股吧资讯、企业信息和新闻资讯等。证券公司的数据类型多样，有音频、文本、图片等非结构化数据。其中的新闻资讯是将外购的资讯数据进行集中存储，并将各系统的资讯信息根据准确性和时效性进行清洗和整合，最终形成一份较完整、准确性和时效性较高的资讯数据，并发布到各应用系统，提供数据服务。股吧资讯是完成对各 App 交易平台和网络论坛的整理和归集，作为客户交易数据的补充，提供更有效、更全面的数据标签，为客户精准服务提供数据支撑。

（二）应用

证券公司可以利用数据来建立业务场景，筛选客户，为客户提供适合的产品，提高单个客户收入。同时，证券公司可以集中企业内外数据，在大数据平台进行分布式存储和计算处理。此外，证券公司还可以分析海量个人投资者真实投资交易信息，从而了解个人投资者交易行为的变化、投资信心的状态与发展趋势、对市场的预期及当前的风险偏好等信息，从而推荐有针对性的服务。

1. 股价预测

自股票市场诞生以来，人们就希望可以预测股票市场走向，从而获得超额收益，因此，对股价的预测从未停止。在对股价波动规律及影响因素不断探索中，一些基础理论得以产生，如有效市场假说、行为金融学理论、适应性市场假说等。近年来，大数据与人工智能算法为股价预测带来了全新的研究视角与技术手段。在数据来源上，突破了传统方法中仅利用金融时序数据作为输入变量的股价趋势预测；在预测方法上，引入了机器学习、深度学习等全新的预测模型。

2. 投资景气指数预测

国泰君安推出了个人投资者投资景气指数，通过一个独特的视角传递个人投资者对市场的预期、当期的风险偏好等信息。国泰君安研究所通过对海量个人投资者样本进行持续性跟踪监测，对账本投资收益率、持仓率、资金流动情况等一系列指标进行统计、加权汇总后，得到了综合性投资景气指数。

三、证券金融大数据在客户关系管理中的应用

（一）证券业客户关系管理的内容

证券业客户关系管理是指证券公司或券商通过全面、深入地了解客户需求，采取有效的策略和措施，加强与投资者之间的互动和沟通，提高客户忠诚度、满意度和投资收益率的一种管理方式，它涉及证券公司与个人客户、机构客户和股票交易渠道等多种关系的管理和维护。证券业客户关系管理包括市场营销、客户服务、交易执行、风险控制、信息管理等一系列服务和管理活动。证券公司通过有效的客户关系管理可以实现业务目标及长期发展。

（二）证券业客户关系管理的特点及作用

1. 特点

（1）客户导向。由于客户关系管理的核心是客户，因此证券公司必须全面、深入地了解客户需求，通过不断改进服务和产品，提高客户满意度和忠诚度。

（2）多渠道互动。客户关系管理需要通过多种渠道与客户进行沟通和互动，包括电话、短信、邮件、社交媒体等，以及线上、线下等多种交易渠道。

（3）数据驱动。客户关系管理需要收集、整理和分析大量的客户数据，通过数据挖掘和分析、了解客户需求、偏好和行为模式，为客户提供更加精准的服务和产品。

（4）长期化管理。客户关系管理是一项长期的管理活动，需要持续、系统地管理和维护客户关系，促进客户持续投资和交易。

（5）精细化服务。客户关系管理需要精细化服务，根据客户不同的需求和要求提供个性化、差异化的服务和产品，增强客户黏性，提升客户满意度。

2. 作用

证券业客户管理的作用主要包括：提高客户忠诚度，促进业务发展，降低营销成本，提高风险控制能力，提升公司声誉和品牌形象。

（三）证券金融大数据在客户关系管理中的具体应用

1. 建立完善的客户档案和数据体系

证券公司需要建立完善的客户档案和数据体系，收集客户的个人信息、投资偏好、交易记录等数据，对客户进行分析和洞察，为后续的客户关系管理提供基础和支持。

2. 提供个性化的投资服务

证券公司需要针对不同类型客户，提供个性化的投资服务方案。例如，为高净值客户提供定制化投资产品和个人化投资顾问服务，为普通客户提供一站式投资服务平台，从而提高客户的忠诚度和满意度。

3. 进行精准营销和客户关怀

证券公司需要利用客户数据，进行精准营销和客户关怀，为客户提供各种金融产品、理财方案、投资建议和资讯服务等，满足客户的不同需求和偏好。

4. 建立专业的客户服务团队

证券公司需要建立专业的客户服务团队，为客户提供多样化的咨询服务，解答客户投资疑问，及时处理客户服务请求，提高客户的投资体验和满意度。

5. 科技化手段的运用

证券公司需要采用科技化手段，运用AI、大数据、云计算等技术手段，对客户进行精细化管理，提高客户关系管理的效率和质量。这些方法的实施需要综合考虑证券公司的营销策略、服务模式、信息技术水平和客户各方面的需求，从而提高客户忠诚度和满意度。

6. 建立良好的客户关系管理机制

证券公司应做到以下几个方面以建立良好的客户关系管理机制。

（1）证券公司需要进行客户细分。客户细分是指通过分析客户的账户状态（类型、生命周期、投资时间）、账户价值（资产峰值、资产均值、交易量、佣金贡献和成本等）、交易习惯（周转率、市场关注度、仓位、平均持股市值、平均持股时间、单笔交易均值和日均成交量等）、投资偏好（偏好品种、下单渠道和是否申购）及投资收益（本期相对收益、今年相对收益和投资能力等）等，来进行客户聚类和细分，从而发现客户交易模式类型，找出最有价值和盈利潜力的客户，以及他们最需要的服务，进而更好地配置资源和制定政策，改进服务，抓住最有价值的客户。

（2）证券公司要做好客户流失预测。证券公司可根据客户历史交易行为和流失情况来建模，从而预测客户流失的概率。例如，国泰海通证券自主开发的“基于数据挖掘算法的证券客户行为特征分析技术”主要应用在客户深度画像及基于画像的用户流失概率预测中。通过对100多万样本客户半年交易记录的海量信息进行分析，国泰海通证券建立了客户分类、客户偏好、客户流失概率的模型。该项技术通过对客户行为的量化分析来测算客户将来可能流失的概率。

四、智能投顾

（一）智能投顾的概念

智能投顾是一种基于人工智能和机器学习技术的投资管理服务。这种服务通常是由金融科技公司提供的，目标是为投资者提供高度个性化、智能化的投资建议和投资组合管理。智能投顾通常利用大数据、机器学习和自然语言处理技术，根据客户的投资目标、风险偏好、资产配置和市场情况等因素，为客户提供最优的投资建议和资产组合。

（二）传统投顾与智能投顾的差异

传统投顾是由专业的投资顾问或团队提供的一对一的投资咨询服务。这些投资顾问通常会与客户面对面交流，了解客户的投资目标、风险承受能力和投资时间等方面的需求，并根据客户的需求和投资目标制定个性化的投资策略和方案。传统投顾能在一定程度上提供专业财富管理的服务，但存在以下几方面的痛点：

（1）从业人员差异大导致最终的服务质量会有较大差异。

（2）从业人员对接目标数量有限，无法做到全面覆盖。

（3）很难满足客户的个性化、碎片化要求。

（4）随着客户数量的增加，成本随之增加，没有边际效应，导致无法规模化扩大。

智能投顾具有投资门槛低、高度线上化、普惠性、精准识别客户需求、服务内容差异化、服务质量标准化等优势，能够在一定程度上克服传统投顾的痛点。

（三）智能投顾的主要业务模式

1. 券商经纪业务

券商经纪业务采用云平台，通过线上线下有机结合的方式，运用大数据技术有效推动客户规模和客户活跃度增长。线上和线下资源互促并进，可以构建聚集和服务客户的大平台。

2. 量化基金策略开发平台

量化基金策略开发平台为专注量化交易的客户提供一整套策略开发的解决方案。基本产品系统包括数据收集和整理、模型和算法开发、策略回测、仿真模拟和进行实盘交易，可支持的投资品种涵盖股票、债券、期货、期权、汇率、定制化产品等全市场品种。

3. 财富管理

财富管理作为智能投顾的主要应用场景，通过互联网在线收集客户行为、市场、产品等数据进行分析，根据市场行情筛选合适的投资组合，为客户理财提供建议。智能投顾可以达到不需要人工干预的程度，既能保持投资顾问建议的客观性，维护客户利益，又能减少人工成本，减少用户的成本支出。智能投顾打破了传统理财模式。

（四）智能投顾的优缺点

1. 智能投顾的优点

智能投顾的优点表现在以下几个方面。

（1）低门槛。智能投顾的门槛相对于传统投顾更低，无需大量的资金和专业知识，可以为更多的普通投资者提供投资建议和资产配置服务。

（2）个性化服务。智能投顾可以根据投资者的风险偏好、资产规模、收益目标等因素，为投资者提供个性化的投资建议和资产配置服务。

（3）算法优势。智能投顾采用先进的算法模型，可以大量地预测市场趋势和风险，提高投资收益率和风险控制能力。

（4）便捷性。智能投顾可以随时在线获取投资建议和资产配置服务，客户无须到银行或证券公司进行面对面咨询，节省了时间成本和交通成本。

2. 智能投顾的缺点

虽然大数据给人们带来了很大的方便，但是随着时间发展，人们也发现了智能投顾在获取数据的时候会出现侵犯隐私、滥用算法等问题。此外，深度学习等算法的黑箱问题，导致在保障中小投资者利益时，产生侵权责任承担较难的问题。因此，随着《中华人民共和国数据安全法》和《中华人民共和国个人信息保护法》的颁布，监管部门都在对智能投顾进行收紧，这会对该类业务产生重大影响，特别是对二级市场影响较大。一级市场的智能投顾，因为采用的技术与因子相对透明、可理解，在未来受监管的影响可能较小。

智能投顾还有其他缺点，主要表现在以下几个方面。

（1）无法预测“黑天鹅”事件。智能投顾所依赖的算法模型通常是基于历史数据和经验得出的，无法预测未来可能出现的不可预见的“黑天鹅”事件，这可能会给投资者带来意外的损失。

（2）没有人性化服务。智能投顾不能像投资顾问那样提供更为人性化的服务，无法为投资者提供情感支持和鼓励，这可能会让投资者感到孤独和无助。

（3）依赖互联网和计算机终端。智能投顾需要依赖互联网和计算机终端，如果网络或计算机出现问题，可能会影响投资者获取投资建议和资产配置服务。

（4）技术风险。智能投顾所采用的算法模型需要不断更新和优化，如果技术团队出现问题，可能会影响智能投顾的服务质量和可靠性。

任务实训

智能投顾中“顾”的部分，即个性化服务和客户互动方面，仍面临不少困境，而ChatGPT等大语言模型工具的出现及快速发展，为解决该问题带来了希望。查阅资料，比较智能投顾与ChatGPT在证券行业的问题与优势，在智能投顾中应该如何更好地发挥ChatGPT的优势。

任务三 量化交易

知识目标

1. 了解量化交易的基本概念
2. 了解量化分析的基础数据
3. 了解量化交易的策略

能力目标

1. 能够精准解释量化交易
2. 能够对量化交易进行基础分析
3. 能够理解基本的量化分析策略

素质目标

1. 尊重知识，对市场数据有基本的认知
2. 增强对国家金融市场的信心

知识链接

一、量化交易基本概念

（一）量化投资简介

量化投资并没有一个精确的定义。广义上可以认为，凡是借助于数学模型和计算机实现的投资方法都可以称为量化投资。目前，国内比较常见的量化投资方法包括股票多因子策略、期货 CTA 策略、套利策略和高频交易策略等。

量化投资在 2010 年之前还是非常小众的领域，后来随着沪深 300 指数期货的出现，量化投资的基金开始出现井喷现象。无论是中长线 CTA 策略，还是高频交易策略或股票多因子策略，都取得了非常好的业绩。2010 年到 2014 年是量化投资的红利期，各类量化投资策略都赚取了足够多利润。利润是最好的广告，让很多人都开始关注量化投资，量化投资基金的规模因此开始快速增长。任何投资经理，包括大量传统的基本面分析师，都可以使用量化的手段来帮忙提升投资研究效率和业绩。

数据看中国

百强龙虎榜营业部加速迭代 量化交易重构竞争格局

严格来说，量化投资与主观投资并不是非黑即白的关系。传统的主观投资经理查看财报，根据财务数据做投资决策，这算不算量化分析？既然进行了数据分析，主观投资当然也算是一种量化分析。那么，量化投资与主观投资的区别究竟在哪里呢？

它们的区别并没有那么泾渭分明。每一个投资者都会使用主观方法或量化方法。投资者在收集信息、拟定决策时，有两种不同的倾向：一种是感知的、直觉的，另一种是逻辑的、量化的。这样就分为以下四个维度：

（1）直觉接收，直觉决策。如阅读新闻、感知投资者情绪并进行投资决策。

（2）直觉接收，量化决策。如抓取网络文本、建立模型并进行投资决策。

（3）量化接收，直觉决策。如研究财报数据，根据直觉经验进行投资决策。

（4）量化接收，量化决策。如通过统计分析建立多因子模型，进行投资决策。

量化投资策略的最大特点是具有一套基于数据的完整交易规则。在投资决策的任何一个环节中，必须有一套完全客观的量化标准。例如，A 股票的横指标达到多少的阈值时，才决定开仓，每次开仓要买多少手。这种规定必须是客观的，不允许有不同的解释。当然，这些规定可以通过研究和主观判断来修改，但是一旦确定，就需要严格遵守。

（二）量化投资的优势

量化投资的优势可以总结为三个词：客观性、大数据、响应速度快。

1. 客观性

量化投资一般通过回测来证实或者证伪策略的历史有效性，而且在进行实盘交易时，很多都是通过程序化交易自动下单的，这能在很大程度上保证决策的客观性，受人为情绪等因素的干扰较少。

2. 大数据

量化投资在研究或者决策中，通常会引入大量的数据来进行分析。例如，对于股票，只需要一套代码，就可以同时分析全市场所有股票。这种大数据的分析效率在传统投研方法中是达不到的。不可否认的是，传统投研对公司基本面的研究更深入。

3. 响应速度快

由于是运用计算机进行自动分析，因此分析和响应速度都十分迅速，一般能达到秒级，高频交易甚至是以微秒为单位的。例如，对一个公告解析的项目，从公告发布抓取，再到解析出公告对应的意义，基本上在几分钟内就能解决，有利于投资者有足够的反应时间来进行投资决策。

虽然具有上述这些优势，但是量化投资本身并不是一把“金钥匙”。实际上，很难有一种策略，在任何市场中都能持续获益。量化投资并不能解决一切问题。

（三）量化投资的编程语言

在数据分析领域，编程语言具有两大作用：一是科学计算、统计等算法层面，主要用于业务的相关研究；二是系统应用开发，主要用来搭建基础 IT 设施，如数据库、交易平台等。

Matlab 和 R 主要是用于业务层面的研究工作。C++和 Java 则主要是用于系统搭建工作。业务研究和系统搭建的区别还是很明显的，每类语言适应的场景都不一样。例如，使用 Matlab 搭建一个交易系统，速度会较慢；如果用 C++或者 Java 进行数据分析，效率会相对较低。

Python 的适用面非常广，Python 是可以同时完成数据分析和系统搭建两项工作的，而且性能较好、效率较高。使用 Python 既可以编写复杂的机器学习模型，也可以搭建支撑亿级别访问量的网站系统，或者搭建微秒级的程序化交易系统。

（四）Python 语言

Python 语言非常易学易懂、容易上手。很多人刚开始学习编程的时候，往往会选择从 Python 入手。

与 Matlab、R 一样，Python 也是脚本语言，写好了就可以直接运行，省去了编译链接的麻烦，对于需要快速开发和进行验证的程序，可以省去很多编码和调试的时间。

Python 是面向对象的语言，但它的面向对象不像 C++那样强调概念，而是更注重实用。它能使用最简单的方法让编程者享受到面向对象带来的好处。这也是 Python 能像 Java、C++那样吸引众多使用者的原因之一。

虽然 Python 是一种脚本语言，但它的速度并不慢，特别是在一些库经过优化之后（直接基于 C 语言编写接口），速度比纯 C 语言慢不了多少。Python 是一种功能丰富的语言，它拥有一个强大的基本类库和数量众多的第三方扩展生态。Python 几乎在各个领域都有对应的开源项目。使用 Scrapy，用户可以编写网络爬虫系统，抓取网络相关数据；使用各种数据库接口，用户可以将数据的存储、读取工作标准化；使用 PyAlgoTrade，用户可以构建策略回测系统和自动交易系统。Python 还有很多优秀的量化、数据分析、机器学习（ML）工具，如 NumPy、SciPy、Pandas、Scikit-Learn 和 Maplotlib 等。

虽然 Python 在机器学习和一般的数据分析中非常出色，但仍然存在短板。例如，Python 在一部分传统领域里表现就不算太好，包括很多传统统计模型、时间序列分析等，Python 不如 Matlab 和 R。简而言之，用户可以用 Python 构建一条完整的量化投资生产线。当然，不可否认的是，对于某些环节，有些语言相对于 Python 也有其优势，如 R 的统计库、Matlab 的科学计算、SAS 的可靠性、C++构建高速交易系统等。除了少数极端业务场景之外，对于绝大部分工作 Python 其实都能胜任。在量化投资领域，大多数需求都可以用 Python 完成，这可以为团队节省大量的时间。

二、量化交易基础指标

本部分主要介绍关于金融量化分析的一些基本指标。在严格的量化分析中，这些基本指标概念是必须掌握并熟练使用的。

市面上，很多策略回测都是笼统地使用所谓的“胜率”来确定策略的好坏，这是一种非常不可靠的分析方法。在衡量基金业绩好坏的时候，大部分人只看基金的年化收益，忽略了基金的风险情况（波动率）。

市场中充斥着大量类似的业余的分析方法，这些方法导致很多所谓的回测看起来很美好，其实在统计上根本站不住脚，即所谓的“统计骗局”。在对基本的概念掌握得足够熟练之后，我们很容易就可以识破很多骗局。经典的骗局有以下几种：只告知基金的年化收益，而不提基金的波动率或者最大回撤；使用周收益率来计算夏普比率，而不是使用日收益率来计算。熟练掌握基本的概念，可以让我们对基金业绩的评估有更加全面、理性的认识。

（一）资产收益率

在学术界，建模一般不直接使用资产价格，而是使用资产收益率（Return on Assets）。因为资产收益率比价格具有更好的统计特性，更便于建模。下面我们来看一下经典的资产收益率算法。假设 P_t 表示在时刻 t 时一种资产的价格，在没有利息的情况下，从时刻 $t-1$ 到时刻 t 这一持有阶段的收益率为：

$$R_t=\frac{P_t-P_{t-1}}{P_{t-1}}$$

其中，分子 P_t-P_{t-1} 表示资产在持有期内的收入或利润，如果该值为负，则表示亏损。分母 P_{t-1} 表示持有资产初期的原始投资。

（二）对数收益率

对数收益率（Log Return），用 r_t 表示。r_t 的计算公式如下：

$$r_t = \ln(1+R_t) = \ln\left(\frac{P_t}{P_{t-1}}\right)$$

其中，$\ln(x)$ 表示自然对数，即以 e 为底的对数。对数收益率比简单的收益率更为常见，因为对数收益率具有三个良好的数学性质，具体如下：

（1）当 x 比较小的时候（如小于 10%时），$\ln(x)$ 和 x 的值是很接近的。

（2）使用对数收益率，可以简化多阶段收益。k 阶段总的对数收益就是 k 阶段的对数收益之和。

（3）将对数收益绘制成图表，在直观上更接近真实的表现。例如，股票价格从 1 元涨到 10 元，相当于翻了 10 倍，再从 10 元涨到 100 元，也是翻了 10 倍。如果单纯绘制股票价格，那么从 10 元涨到 100 元的这一段明显会“看起来涨了更多”。但是如果换算成对数价格，那么就不会存在这种直观偏差了。

（三）年化收益率

年化收益率（Annualized Rate of Return）表示资产平均每年能有多少收益率。我们在对比资产的收益的时候，需要有一个统一的标准。计算方式是：

年化收益率＝[（投资内收益/本金）/投资天数]×365×100%

年化收益＝本金×年化收益率

对于年化收益率的一个直观的理解是：假设按照某种盈利能力，换算成一年的收益大概能有多少。这个概念常常会存在误导性。例如，这个月股票赚了 5%，在随机波动的市场中，这是很正常的现象。如果据此判断年化收益率为 5%×12 个月＝60%，这就显得不太可信了，实际上每个月的收益不可能都这么稳定。所以在听到有人说年化收益率时，需要特别留意具体的情况，否则很容易被误导。

（四）波动率

波动率（Volatility）与风险算是一对同义词，都是用来衡量收益率的不确定性的。波动率可以定义为收益率的标准差，即：

$$\sigma = \mathrm{Std}(r)$$

假设不同时间段的收益率没有相关性（称为没有自相关性），那么可以证明的是，收益率的方差 $\mathrm{Var}(r)$ 具有时间累加性。时间累加性的意思是，不同时间段 t_1，t_2，…，t_n 的方差，加总即可得到 $t_1+t_2+\cdots+t_n$ 这段时间的方差。

换句话说，随着时间的增加，方差将会成正比增加，波动率（标准差）将会按时间开根号的比例增加。举个例子，假设股票收益率的日波动率为 σ，那么股票每年的波动率就为 $\sqrt{252}\sigma$（假设一年有 252 个交易日）。

这种不同周期间的波动率换算，在投资计算中非常常见。最常用的波动率是年化波动率，我们经常需要将日波动率、月波动率换算成年化波动率。

（五）夏普比率

在研发策略的时候，经常会接触到各种各样的指标，这些指标代表了策略（资产、基金）的表现，如下面将要介绍的夏普比率（Sharpe Ratio）。

关于夏普比率，具有投资常识的人都明白，投资光看收益是不够的，还要看承受的风险，也就是收益风险比。夏普比率描述的正是这个概念，即每承受一单位的总风险，会产生多少超额的报酬。用数学公式来描述就是：

$$\text{Sharpe Ratio}=\frac{E(R_p)-R_f}{\sigma_p}$$

其中各参数说明如下：

$E(R_p)$：表示投资组合预期收益率。

R_f：表示无风险利率。

σ_p：表示投资组合的波动率（即投资组合的风险）。

上面三个值一般是指年化后的值，如预期收益率是指预期年化收益率。

需要注意的是，虽然公式看起来很简单，但是计算起来其实并不容易。原因就是预期收益率 $E(R_p)$ 和波动率 σ_p 其实是无法准确得知的。我们只能用统计方法来估计这两个值，然而估计方法也有很多种。估计 $E(R_p)$ 和 σ_p 最简单的方法就是计算历史年化收益率及其标准差。然而，即使是同一种方法，针对不同周期计算出来的结果也可能存在很大的差别，从而产生误导。

（六）索提诺比率

索提诺比率（Sortino Ratio）与夏普比率相似，不一样的是，索提诺比率是使用下行风险来衡量波动率的。在夏普比率中，资产大涨与资产大跌都可视为波动风险。

实际上，有时候大涨并不算风险，大跌才是风险，如基金净值，所以索提诺比率只考虑大跌的风险，这也可以看作对夏普比率的一种修正方式。

但是在某些品种中，大涨大跌都可能是风险，如可以做多做空的期货。索提诺比率之所以没有流行，是因为美股市场支持做空交易。

（七）阿尔法和贝塔

关注量化投资的读者，可能经常会听到有人谈论阿尔法（Alpha）策略。所谓的阿尔法策略，其实是来源于资本资产定价模型（CAPM）。这个模型将股票的收益分为两个部分：一部分是由大盘涨跌带来的，另一部分则是由股票自身的特性带来的。大盘的那部分影响就是贝塔（Beta）值，剔除大盘的影响，剩下的股票自身就是 Alpha 值。

所以在谈论 Alpha 策略的时候，其实就是在谈论股票与大盘无关的那部分收益。如果 Alpha 策略做得好，对冲掉大盘风险后，可以取得相当稳定的收益。

（八）最大回撤

最大回撤（Maximun Drawdown，MDD）是指投资一项资产可能产生的最大亏损，即所谓的“买在最高点，抛在最低点”。

计算公式如下：

MDD＝max(1－当日净值/当日之前最高净值)

这个 max 需要对每个交易日进行循环。

下面给出一段计算最大回撤的代码，算法的时间复杂度为 O(n)。这里的 df 是常见的 K 线数据（包含 open、high、low、close 字段）。第一步是循环计算出截至每个交易日之前的最高值，第二步是计算出每个交易日的最大回撤，第三步是在所有交易日中选出极值。示例代码如下：

```
#记录截至每个时点的前最高值
for idx,row indf.iterrows():
max_c = max(row['high'],max_c)
df.loc[idx,'max_c'] = max_c
#计算每个交易日的最大回撤
df['max_dd'] = df['low']/df['max_c'] - 1
#得到所有交易日中的最大回撤
max_dd = abs(df['max_dd'].min())
```

三、量化交易数据源和数据库

（一）量化交易数据源

在进行量化分析时，基础的工作是数据准备，即收集数据、清理数据、建立数据库。下面先讨论收集数据的来源。数据来源可分为两大类：免费数据源和商业数据库。

1. 免费数据源

免费数据源包括新浪财经、Yahoo 财经等。这些数据源提供的接口比较复杂，不是很好用。Python 中有对应的开源工具可以让数据获取变得简单。例如，Tushare 能够获取新浪财经的数据，Pandas-datareader 能够获取 Yahoo Finance 的数据。此处主要讨论 Tushare 和 Pandas-datareader 的用法。

2. 商业数据库

商业数据库包括万得（Wind）、同花顺（iFinD）、聚源等。商业数据库分为两种。

(1) 软件终端，不仅提供了各种数据查询和可视化功能，还提供了接口以便从终端上提取数据，如万得终端。终端的优势是价格便宜、简单易用；劣势是对提取的数据量有限制，而且数据的定制化功能很差，很多数据甚至都没有提供接口。

(2) 落地数据库，通常是 SQL 数据库，所有数据直接落地，可以用 SQL 语句进行提取。落地数据库的优势是数据丰富、定制灵活，没有数据量限制；劣势是成本较高、技术门槛相对较高。

大部分人使用的是第一种，即终端提供的接口。

(二) Tushare

Tushare 可以说是国内最早的 Python 开源财经数据接口项目，主要实现了对股票等金融数据从数据采集、清洗加工到数据存储的过程。Tushare 返回的绝大部分的数据格式都是 Pandas DataFrame 类型，以便于用 Pandas 进行数据分析和可视化操作。

Tushare 面市以来不断更新迭代，在广度和深度等方面都得到了提升，现在最新版是 Pro 版，可针对的数据内容扩大到包含股票、基金、期货、债券、外汇等行业大数据，同时包括数字货币行情等区块链数据，它已成为全数据品类金融大数据平台，可以为各类金融投资和研究人员提供适用的数据和工具。Pro 版数据更稳定、质量更好，它也是一个开放的、免费的平台，不带任何商业性质和目的。

Tushare 的官方网站地址为：https://tushare. pro。Tushare 是一个免费的数据接口项目，可用于提取数据。需要注意的是，Tushare 的版本正在不断迭代，使用方法请以官网介绍为主，这里只做一个简单介绍。

导入 Tushare，命令如下：

```
import tushare as ts
```

这里需要注意的是，Tushare 的版本要求较高。

设置 token，命令如下：

```
ts. set_token('your token here')
```

以上方法只需要在第一次或者 token 失效后调用，即可完成调取 Tushare 数据凭证的设置，正常情况下不需要重复设置。也可以忽略此步骤，直接用 pro _ api ('your token') 语句完成初始化。

(三) Pandas-datareader

如果想要获取国外市场数据，那么 Pandas-datareader 将是一个很好的免费数据接口。但 Pandas-datareader 也没有包含在 Anaconda 当中，需要自行安装。可以使用 pip 命令进行安装，命令如下：

```
pip install pandas-datareader
```

Pandas 集成了很多免费的数据接口，包括但不限于 YahooFinance、Google Finance、Quandl、美联储、世界银行等提供的数据。

Pandas-datareader 的接口使用也很简单。先导入相关的函数，命令如下：

```
import pandas_datareader.data as web
```

除了股票数据，Pandas-datareader 还可以获取公开的经济基本面数据。

获取美国的 GDP 数据时，可采用如下命令：

```
gdp = web.DataReader("GDP", "fred", start, end)gdp.head()
```

（四）万得接口

万得（Wind）提供了一系列的接口，其中也包含 Python 的接口。下面列举一段简单的示例代码，用于提取股票 000001. SZ 一周的日线数据，具体如下：

```
from WindPy import w
import pandas as pd
w.start();# 获取数据的命令可以用代码生成器来辅助完成
w_data = w.wsd("000001.SZ", "windcode,open,high,low,close", "2015-02-02",
"2015- 02-09", "Fill = Previous")
#将 api 返回的数据装入 Pandas 的 DataFrame 中
# index 与 Fields 对应,columns 与日期对应,之后再进行转置 df = pd.DataFrame(w_
data.Data,index = w_data.Fields,columns = w_data.Times)
```

由于 w_data. data 是矩阵结构，因此要采用转置方法 df＝df. T ＃对矩阵执行转置操作。

提取出来的数据如表 6－2 所示：

表 6－2　提取出来的数据

	WINDCODE	OPEN	HIGH	LOW	CLOSE
2015－02－02 00:00:00.005	000001. SZ	13.6	13.8	13.55	13.63
2015－02－03 00:00:00.005	000001. SZ	13.78	13.99	13.62	13.95
2015－02－04 00:00:00.005	000001. SZ	14	14.04	13.7	13.71
2015－02－05 00:00:00.005	000001. SZ	14.3	14.43	13.76	13.79
2015－02－06 00:00:00.005	000001. SZ	13.69	13.95	13.4	13.51
2015－02－09 00:00:00.005	000001. SZ	13.5	13.68	13.22	13.52

（五）数据库

存储数据有很多种方式。有人比较喜欢以文件的形式存储，如 CSV 文件或 HDF5 文件。但通常情况下，人们还是比较喜欢建立一个数据库，以便于进行数据的管理和分享，而且数据库本身也能完成很多数据计算和分析工作。

现今的数据库主要分为两种：一种是关系型数据库，也就是使用 SQL 语句进行操作的数据库，常见的有 MySQL、PostgreSQL、SQL Server 等；一种是非关系型（NoSQL）数据库，如 MongoDB。两种数据库各有其优势，但主要还是使用传统的 SQL 数据库。

四、基本面文本分析量化投资策略

文本分析作为基于大数据赋能量化投资的新兴数据分析方法的典型代表，已被应用于资本市场研究的诸多方面。本部分将着眼于如何运用文本分析，从纷繁复杂的非结构化文本数据中挖掘阿尔法因子和通过文本分析改进基本面量化投资流程，进而在投资实践中赢取超额收益。

（一）文本分析的概念

文本分析（Textual Analysis）是指通过量化从文本中抽取的特征词来表征文本信息。近年来，随着网络数据的指数级增长以及电脑或系统计算能力的快速提高，文本数据的收集和传输成本已显著降低，文本分析的准确度已大幅提升。

从样本来源看，文本数据可以采集自个人、企业、机构、政府部门及媒体等多种渠道。公司报告、电话会议记录、分析师报告、监管部门文件、新闻报道，以及贴吧、推特、微博等平台为应用文本分析提供了大量素材。不同于主要以年、季、月为发布周期的传统金融数据，文本数据的收集时频可达秒级，从而为高频交易数据研究奠定基础。

文本分析在经济金融领域的应用，为优化基本面投资组合提供了无限可能。与公司当前和未来的经济活动相关的文本信息，对公司的预期收益具有重要的预测作用。投资者可以利用文本分析，挖掘目标文本集合中有意传递的信息，以及更重要的那些无意间透露的有用信息。例如，投资者不仅可以捕捉公司财务报告与电话会议记录中隐含的微妙情绪进行估值，还可以实时监控新闻报道及社交媒体以获取信息优势，并将这些优势转化为阿尔法因子。

（二）文本分析基本原理

通过文本分析提取阿尔法因子的关键在于：准确、有效地从文本数据中找出有解释力或预测力的信息。这一过程通常包括三步：

（1）将非结构化的原始文本转化为结构化的数据矩阵；

（2）将数据矩阵转化为语调、可读性、关注度等目标信息序列；

（3）将目标信息序列用于解释和预测资本市场现象。

（三）文本分析的语调因子

语调（Tone）是指文本信息所表达的积极（正面）或消极（负面）的情感倾向。在金融市场领域的文本分析中，最常被用于刻画文本特征的就是语调因子。公司管理层、投资者、分析师及媒体等相关方的语调越积极，往往预示着股票未来的收益率越高、波动性越低；相反，各方有意或无意间流露的消极情绪，则可能与较低的股票收益率和较大的波动性相关。

1. 管理层语调

公司管理层发布的文件，既是公司与市场投资者沟通的窗口，也是投资者了解上市公司业绩的重要信息来源。相较于数字化的财务报表，管理层披露的其他文本对捕捉公司基本面信息同样重要甚至更加重要，能够为公司的利益相关者提供增量信息。这些文本主要包括公司财务报告、电话会议记录、招股说明书、社会责任报告等。

已有研究表明，管理层在分析当前经营状况和讨论未来发展前景时流露出的语调具有前瞻性，能较为准确地预测公司未来的业绩，并往往会引发显著的市场反应。管理层的话语能直接、微妙地表达其对公司业绩的预期，语调的积极程度通常与公司未来的股票表现正相关，即更乐观的语调往往预示着更高的股票收益，而悲观的语调可能预示着股价走势不尽如人意。

2. 投资者语调

投资者是金融市场的直接参与者，他们对市场的心理预期会直接影响股市的交易量和波动性。搜索引擎、财经贴吧、微博、微信公众号及其他数据库，都可以作为分析投资者语调的语料库。网络信息的交互性与即时性，允许我们按周频、日频、时频甚至分、秒等更高的频率，挖掘投资者的搜索关键词、帖子及推文等信息。投资者的乐观程度通常与公司股价对盈余公告的即时反应和未来超额收益呈正相关，而语调的分歧越大，后续的股票交易量与股价波动性可能越大。此外，投资者的负面情绪对成交量和报价量的影响远大于正面情绪，投资者的恐慌情绪对市场的冲击往往更为猛烈。

3. 分析师语调

分析师是资本市场上的重要信息中介。分析师可以通过收集资料、数据分析、实地调研等方式，就公司业绩等方面发布研究报告，由此向市场传递有关公司价值的信息。分析师对公司基本面的真实表述和可靠预测，有助于提高信息透明度、引导价值投资、优化资源配置。分析师报告是分析师的最终研究成果，反映了分析师对企业未来发展的预估与判断。典型的分析师报告，不仅提供了盈利预测、目标股价、推荐评级等定量信息，还包含了诸如前瞻性陈述等许多定性信息，这些信息能够弥补财务报告的不足。分析师撰写报告时语调的乐观程度，往往与报告发布后的市场反应呈显著正相关。如果分析师报告对某家公司的语调更积极，就可能预示着该公司的财务状况稳定、发展前景良好；而当分析师察觉到公司存在较大的不确定性时，出于风险规避的偏好，可能会表露更消极的语调。

4. 媒体语调

除了公司管理层、投资者及分析师，媒体作为市场信息的主要收集者、加工者与传播者，也能为我们进行基本面量化投资分析提供重要参考。媒体报道，尤其是财经类新闻，包含与公司经营活动相关的许多有用信息。若媒体对某公司或基金使用的语调更积极，则该公司或基金未来可能会获得更多的投资额并产生更高的收益，公司股价也会上升；而媒体较为悲观的语调，可能与后续较低的股票收益以及较大的股市波动有关。此外，微博等社交媒体作为新型信息的核心来源具有全球性和即时性的特征，也能提供大量有助于估值和投资的文本。但是，社交媒体信息中多种多样的俚语、讽刺语、表情符号以及其他多变的表达方式，增加了区分媒体语调的难度。

（四）文本的可读性与关注度

1. 可读性

文本只有可读，才能被市场参与者利用。可读性是衡量信息披露的一个关键属性，不同于语调侧重于从文本中提炼出有用的信息，可读性试图衡量文本使用者的解读能力，因为这决定了使用者能否合理、高效地提取文本所包含的信息。

在量化投资实践中，可读性代表了投资者和分析师将商业文件中的估值相关信息整合到股价中的能力。为了准确捕捉到价值信号，投资者需要充分理解目标文本的内容。显然，清晰、简洁的文字更易被投资者理解，即更具可读性。此外，投资者的注意力较为有限，烦冗的语言会分散投资者对重要信息的注意力。所以，在其他条件相同的情况下，文本的可读性越强，市场反应往往越积极，盈余反应系数和累计超额收益也会越高。

当公司的层级结构或商业模式的复杂程度越高时，所提供年报的篇幅往往越大，也越难读懂，由此会降低投资者将信息快速纳入当前股价的能力，股票后续的收益率和波动性也会受到影响。年报可读性越高的公司，通常其业绩表现越好，盈利持续性越强，也越受投资者青睐；相反，业绩较差的公司，需要使用更多的文字篇幅和语言技巧向投资者充分解释情况，导致其年报往往较难阅读。分析师报告等其他文本的可读性也与市场反应有关。分析师报告的可读性越强，后续引发的交易量通常越大。但是，文件更易读也可能导致不成熟的投资者对信息反应过度。

可读性的度量主要依据文本大小、句子长度、词语数量、复杂词语占比、图表数量等。衡量指标大多是句长和音节等相关指标的线性组合。例如，传统的可读性指标（如 Fog 指数）就取决于文本的平均句长（每句的平均字数）和复杂词（音节超过两个的单词）占比。

2. 关注度

信息只有被市场参与者关注到，才能经由交易行为传递到资产价格中。无论是投资者、分析师还是媒体，它们的注意力都是有限的，并非所有的股票都会得到关注。因此，除了语调和可读性，不同主体对特定公司、行业或市场的关注度也可以为基本面估值和投资提供丰富的增量信息。

分析投资者对股票的关注度，有助于预测股价的未来表现。由于散户投资者持有的股票较少、信息加工能力较弱、对新消息的反应不足，因此高散户关注度往往预示着较高的短期收益率，但长期可能出现收益率反转。机构投资者由于持仓较多、处理信息的技巧更娴熟，因此能更迅速地捕获和利用重要信息。反映散户投资者关注度的文本数据，主要包括股民在百度、谷歌等搜索引擎中对特定股票的搜索次数、在网络论坛的发帖量以及财经节目的收视情况等；而直接反映机构投资者关注度的文本数据相对较少。彭博社的用户主要是机构投资者，我们可以分析彭博社用户对股票新闻的搜索与阅读频率等，衡量机构投资者关注度。

分析师关注度也蕴含与价值相关的增量信息。分析师依靠收集、加工信息的相对优势，为市场参与者提供反映证券内在价值的信息。我们可以用跟进公司的分析师数量来衡量分析师关注度。跟进某家公司的分析师越多，说明市场对该公司信息的需求越大，而分析师通过持续跟进，从该公司获得的信息也会越多。同时，跟进一家公司的分析师数量的增加会加剧竞争，使预测准确度随之提升，从而有助于提升资本市场的信息透明度。因此，分析师关注度包含有关后续市场表现的重要信息，可以用于预测股票未来的超额收益。

五、运用大数据方法量化投资策略

互联网的快速发展创造了很多新型数据，这些数据和文本信息一样，能够在一定程度上预测股票后续的市场表现。运用大数据方法从这些新型数据中选取有效的阿尔法因子来构建选股模型，已成为越来越多投资者关注的量化投资策略。

事实表明，电子商务网站的商品评价信息、社交平台上的帖子、大众盈余预测平台的预测数据、公司线上交易数据等，都能够反映股票的基本面信息，预测股票的市场表现。这些数据内容复杂、体量巨大，导致投资者关注较少、市场反应迟缓，因而我们可以利用这些信息更好地预测股票后续的市场表现并获取超额收益。当我们发现某一数据类型可能对股票的后续表现有预测作用时，运用大数据方法进行检验和分析往往是一个不错的选择。

（一）大数据方法的概念

大数据方法是通过获取数据并生成数据集，对数据集进行处理，运用机器学习的各种方法和技术来分析数据集，进而完成诸如模型训练、结果输出等任务的方法。它可以大致分为两大部分，即数据集的获取和处理，数据的分析。大数据方法普遍应用于各个研究领域，本部分关注的是大数据方法在基本面量化投资领域的应用。

那么，大数据方法是如何应用于基本面量化投资领域的呢？首先我们可能发现某一类数据与股票的后续市场表现有关，然后从基本面信息出发，分析该类数据与基本面信息是否相关联，若是则可运用大数据分析方法对数据进行研究和验证，从中选取有效的阿尔法因子。这就是大数据方法应用于基本面量化投资的思路。以公司线上交易信息为例，线上交易运营好的公司的管理费用、销售费用可能较低，创新和运营能力较强，科技和人力投入回报较高，从而可以利用这些信息预测公司未来收益的增长。因此，线上交易信息反映了公司的部分基本面状况，从而可以运用大数据方法进行分析。实证研究也证实了线上交易信息可以很好地预测股票后续的市场表现，进而证明了运用大数据方法获取阿尔法收益的基本面量化投资新思路的可行性。

（二）大数据方法的特征

大数据方法有两个重要的部分：一是数据本身，二是对数据的分析。因而，我们将从数据特点和分析方法两方面进行介绍。

1. 数据特点

从数据特点来看，首先是数据量大，通过实时地、不断地记录和存储信息，数据量可以达到百万级甚至千万级。其次是数据获取和传播迅速，即通过计算机可以快速完成数据的获取和传播。大数据方法对于数据集的整理和分析往往需要多台设备合作实现，数据在多台设备之间的快速传播，成为数据的第二个特征。最后是数据的形式多样。数据在传播的过程中，可以是 CSV、SQL 等结构化形式，也可以是 JSON、HTML 等半结构化形式，还可以是博客、视频等非结构化形式。例如，固定的商品及其对应的价格就是结构化数据；而种类不断增加的商品及其对应的价格是半结构化数据，因为商品的种类不断变化，导致原本结构化的数据也不断地增加且变化；社交媒体上的图片和各类视频，它们形式多样，没有具体的结构，则是非结构化数据。

2. 分析方法

从分析方法来看，运用机器学习进行数据分析是大数据方法不可或缺的一部分。机器学习是计算机科学和统计学相结合的产物，让计算机运用统计学的各种方法对数据进行分析来完成预测、分类等任务。在金融投资领域，机器学习的运用往往是创建一个模型，利用历史数据来训练模型，通过模型揭示变量间的关系，并预测未知的结果。Matlab、Python 和 R 语言等编程语言集成了很多机器学习方法和模型，并结合 TensorFlow、MXNet 等人工智能框架，使得复杂数据集的分析更加便捷和高效。

大数据方法适用于数据量大、形式多样的数据，数据的获取和传播迅速，并且结合了机器学习分析方法，这使其区别于传统的数据分析方法，为我们寻找有效的阿尔法因子提供了高效工具。

（三）大数据方法的发展以及大数据方法与基本面量化投资的关系

我们每一次使用移动支付、线上购物、发微博或分享朋友圈，都在互联网上留下了足迹，产生了新的数据。互联网的快速发展以及手机应用程序的普及，让这些数据的产生速度加快，创造了各种海量的数据来源；计算机硬件的不断更新升级，家用计算机计算速度普遍达到兆数量级，数据存储能力不断提升，存储成本不断下降，为海量数据的计算和存储提供了保证；近年来机器学习与人工智能大受追捧，各类研究与创新方兴未艾，运用这两项技术分析复杂数据的方法不断涌现，让高效、准确地分析海量数据成为可能。可以说，互联网的快速发展、计算机性能的不断提高，以及机器学习和分析复杂数据方法的不断创新，为大数据方法的发展奠定了坚实的基础，并为其发展提供了巨大的动力。

大数据方法与基本面量化投资的关系表现在以下两个方面：

一方面，对于量化投资领域来说，大数据方法的应用只是基本面量化投资的方向之一。大数据方法对于投资领域的影响是巨大的。传统的数据源（如企业的年报、半年报和分析师给出的各项指标）都具有一定的发布周期，因而数据量有限。而大数据方法使用的数据源，数据每时每刻都在不断地更新与增加，并且可以被实时地获取和利用，这将使得市场对于信息的反应加速，而传统的数据源也将逐步丧失信息价值。同时，数据的获取和整理非常消耗时间与精力。很多研究团队更倾向于从公开的数据库或者数据公司购买已整理好的数据集，从而形成一条数据收集公司出售数据集、投资者购买数据集并对数据进行分析的大数据投资产业链。值得注意的是，大数据方法仍然离不开基本的价值投资理论，它所分析的数据都与公司基本面有关，本质上仍然是价值投资理论的延伸，因而大数据方法在投资领域的应用只是基本面量化投资的其中一个发展方向，为选取有效的阿尔法因子提供新的工具方法。

另一方面，对于大数据方法的发展趋势来说，在量化投资领域的应用只是它的发展方向之一。例如，在农业方面，利用大数据方法对卫星和无人机拍摄的农田实时图像进行筛选、处理、分析，预测农作物产量、病虫害情况、最佳施肥和农药使用时间等农业生产关键因素的表现；在环境保护领域，运用大数据方法处理卫星监测数据等新型环境数据，也为更多研究者所关注。线上购物应用程序的系统智能推荐也是基于大数据方法实现的，即在购买某一类商品后，系统会推荐购买其他相关商品。由此可见，量化投资只是大数据方法发展的一个方向，我们对于大数据的认识不应局限于投资领域，大数据在其他许多领域都发挥着重要的作用。

（四）运用大数据方法构建投资策略

1. 客户评价意见

客户评价意见是大数据量化投资非常重要的一部分，公司获取现金流的能力很大程度上取决于公司为客户创造的价值。客户作为公司产品和服务的使用者，对产品质量及公司价值持有一定的信心。投资者如果能够通过客户对公司产品的评价意见挖掘出客户持有的那部分信息，就可以制定相应的投资策略，赚取超额收益。

然而，客户评价意见的使用面临许多问题。首先，由于“搭便车”问题的存在，客户缺乏提供产品真实信息的动机；其次，客户缺乏相应的专业知识，因此对产品的评价可能存在系统性偏误；最后，客户也可能会受到广告及厂商诱导行为的影响，从而给出片面的评价。上述种种因素的存在导致客户评价意见被认为是主观且充满噪声的信息，这增加了利用客户评价意见预测股票价格的难度。即使偶然性信息充满噪声，但如果将这类信息汇总起来，就仍然能够为公司估值提供有用的信号，这使得我们能够通过大数据方法，利用客户评价意见进行量化投资。

亚马逊是世界上最大的线上零售平台，自 1995 年开始允许客户发布评价以来，收集了大量的客户评价。客户除了可以对商品进行评级，还可以发布附带的文字评价，这些评价将一直被亚马逊保留，即使是那些断货的商品也不例外。这使得客户评价意见可以被获取并得到相应的分析。

为了获取构建投资策略的数据，有研究人员利用网络爬虫方法，抓取了 2004 年 7 月至 2015 年 12 月超过 1 450 万条关于 346 家上市公司近 27 万种商品的评论数据，对于每一种商品的商品名称、品牌名称、ASIN 码都进行了记录，并且对于每一条评价中评价者的亚马逊 ID、评价日期、星级评分以及文字评价也都收录在后台数据库中，从而为投资策略的制定提供了强有力的数据支持。

2. 社交媒体数据

随着互联网的高速发展，网络社交媒体得到大面积的应用，每时每刻提供着大量的信息，其中不乏各种商业数据，可以反映公众对于各大上市公司的实时情绪与看法。已有研究探讨传统媒体信息和股价间的关系。

社交媒体、网络新闻、博客、论坛和公告中的信息每周 7 天、每天 24 小时地发布，不断地进行着更新，变化十分迅速，并且其中部分信息可以反映出公众和投资者对上市公司的实时情绪和看法。在社交媒体中关注度高、评价好的公司的产品和服务的销售额可能相对较高，未来更可能提高营业收入和利润并获得良好的商誉。对应的关注度低、评价差的公司的营业收入和利润增长相对缓慢，甚至可能出现负增长的情况。基于以上分析，社交媒体数据可以反映公司的部分基本面信息，可以运用大数据方法对其进行分析。

3. 大众盈余预测

在过去，投资者在投资一家公司之前，往往会参考专业分析师对公司未来前景的预测情况。但由于分析师与公司之间经常存在直接的利益关系，因此其提供的预测往往是有偏差的，并不能使投资者获得预期的超额收益。而随着技术的发展，更客观、更准确的大众盈余预测数据为投资者提供了新的思路。一方面，大众市场参与者和被预测公司之间通常没有直接的利益关系，因而没有动机提供有偏差的预测数据；另一方面，由于数量众多和背景多元化，大众能够从更多的视角对公司进行分析，从而更好地利用群体智慧进行盈余预测。从这些方面来看，大众盈余预测数据具有独特的优势，即大众盈余预测信息对于基本面量化投资具有独特意义。

4. 线上销售数据

（1）线上销售与公司基本面。2003 年被称为中国的大数据元年，自 2003 年开始，淘宝、京东等电子商务平台相继上线，标志着中国线上销售业务开启了高速发展的 20 年。电子商务作为互联网经济的代表，在中国市场展现出极大的发展潜力。

随着网络购物的持续发展，越来越多的商品出现在电子商务平台上，产生了大量可以衡量和预测公司未来发展的非财务信息数据。线上销售运营好的公司的管理费用及销售费用可能较低、创新和运营能力强、科技和人力投入收益率高，从而可以利用这些信息预测公司未来收益的增长状况。也就是说，线上销售信息反映了公司的部分基本面情况，作为非财务报表数据，还具有可靠性方面的优势，可以提供更为及时的公司业绩信息，从而可以运用大数据方法进行分析。

（2）线上销售数据的量化方法。

研究人员张然等（2021）选取数达咨询（Sandalwood Advisors）中来自天猫、拼多多、京东的A股上市公司的线上销售数据，通过实证检验线上销售数据对股票收益的可预测性。张然等（2021）将2015年1月至2020年4月、2015年1月至2019年12月来自天猫、拼多多、京东的A股上市公司的线上销售数据划分为投资组合检验样本和横截面回归检验样本。

2015年1月至2020年4月的投资组合检验样本，共包含283家线上销售公司，月度样本10 781个。2015年1月至2019年12月的横截面回归检验样本，共包含270家线上销售公司，月度样本7 637个。财务数据和股票交易数据来自国泰安（CSMAR）数据库，三因子、五因子数据来自锐思（RESSET）数据库。

视频

最经典的量化策略
——海龟交易法则

公司线上销售月度同比增长率不但能体现线上销售的增长潜力，而且能消除季节性差异对指标的影响，可以作为代表公司线上销售增长的因子。张然等（2021）根据每月初线上销售增长率（SGO）进行排序并等分为三组，买入排前1/3的股票、卖出排后1/3的股票，构建出相应的投资组合，在每月初重建这些组合，按等权平均的方式计算月度原始股票收益率、月度经Fama-French三因子模型及Fama-French五因子模型调整的股票收益率。结果显示，投资组合的月均收益率为1.16%，即年均收益率约13.9%；经三因子、五因子模型调整的收益率分别为1.17%和1.16%。单变量投资组合检验为证明线上销售增长率可以预测股票收益率提供了有力证据。

线上销售相关指标对股票预期收益率具有预测效果。随着线上交易的发展和互联网技术的不断进步，线上交易业务的市场份额不断扩大，许多公司的线上销售比例不断提升，线上销售信息将进一步丰富，对公司价值和股票预期收益率的预测效果也会更加准确，从而可以更广泛地应用于基本面量化投资领域。

任务实训

一、任务描述

某证券公司新开发了一套量化投资系统，员工小张创建了“金融科技实操量化策略”，并设置交易策略为MA多头时买入，MA空头时卖出，并且设置个股止盈点位为20%，个股止损点位为－10%；策略最大亏损点位为－10%，策略最大止盈点位为30%。首先，设置筛选条件：上海证券交易所及深圳证券交易所中资产负债率小于30%、净资产收益率大于25%且换手率小于1%的股票。接着，将选股指标筛选出的股票在2018年11月3日至2019年7月1日之间进行了策略回测，策略回测结果累计收益率达到20%以上，最大回撤不超过6%。在进行参数优化后，模拟应用检验的累计收益率达到24%以上，最大回撤不超过6%。

二、任务要求

1. 根据题目要求在系统中制定交易策略。
2. 根据题目要求完成模型构建和风控策略制定。
3. 通过回测要求并通过参数调优实现题目的风险收益目标。

三、任务背景

网络数据挖掘是进行市场情绪分析的重要方法。百度新闻是一个非常重要的数据源，百度新闻目前改版为“资讯”板块，直接在资讯里便可搜索新闻。

四、任务实施

在“中联大数据中心—综合分析”中完成下列任务：百度新闻数据挖掘。

1. 获取网页源代码，通过Requests库来尝试获取百度新闻的网页源代码。

2. 利用正则表达式进行信息提取和文本分析，完成百度新闻的数据挖掘。

3. 采集多家公司（阿里巴巴、万科、百度、腾讯、京东）的舆情信息，自动生成舆情数据txt报告。

说明：百度新闻网站只认可浏览器发送的访问请求，而不认可通过Python发送的访问请求。需要设置requests.get()中的headers参数，以模拟浏览器的访问请求；headers参数提供的是网站访问者的信息，headers中的user-agent（用户代理）表示是用什么浏览器访问的。设置完headers之后，在通过requests.get()请求时需加上headers参数，这样就能模拟通过一个浏览器访问网站了。

任务四 典型场景应用

知识目标

1. 了解投资者情绪分析的一般流程
2. 理解证券金融大数据的应用场景

能力目标

1. 能够对证券金融大数据进行预处理
2. 能够简单进行量化投资者情绪分析

素质目标

1. 培养风险意识，形成良好的职业道德和合规操守
2. 培养责任感和可持续发展的意识

知识链接

行为金融学中一个重要的研究内容为投资者情绪，其中，投资者情绪的量化分析是相关研究的基础。传统研究中，学者们主要选取一些如成交量、换手率等能够反映股票市场总体发展状况的指标作为情绪分析的代理变量，而这类变量无法全面反映投资者情绪变化，只能从客观上反映投资者情绪变化的结果。大数据技术为投资者情绪指数编制提供了更全面的数据基础。同时，随着机器学习等技术的不断成熟，由于技术限制而无法获取和利用的数据逐渐被学者们纳入可以研究的范围内，因此，基于大数据技术构建投资者情绪指数是一种相对客观、准确的情绪度量方法。

一、数据的获取与预处理

（一）指数编制数据的来源

目前，互联网上最常见的信息平台有维基、微博、微信、论坛（股吧）、抖音平台等。

表 6－3 从信息形式、专业性、获取难度、实时性、集中度几个方面对上述几类信息平台做了对比。

表 6-3 股市信息渠道比较

平台类型	信息形式	专业性	获取难度	实时性	集中度
维基	文字	高	易	低	高
微博	图片、文字、视频	低	难	高	低
微信	图片、文字、视频	低	难	高	低
论坛（股吧）	文字	低	易	高	高
抖音	视频	低	难	高	低

由表 6-3 可知，从抖音等短视频平台获取股市文本信息难度大，维基理论性较强、数据时效性滞后，微博和微信开放性强、信息形式多样，论坛（股吧）文本信息集中度高。论坛（股吧）作为股市信息传播与交流的平台，信息量大、参与互动人数多、信息更新速度快，且股吧平台的界面较为格式化，大部分信息为文本数据，比较规整，数据信息获取难度低。

在选择信息平台的过程中，需要考虑专业性与代表性。例如，微博、微信等平台的文本内容更偏娱乐化，具有专业性的股市信息与投资者情绪的网站主要是股吧。目前我国有两大类股吧：一类是金融界、东方财富网、同花顺以及和讯网等专业的财经网站；另一类是腾讯控股、新浪和网易等大型互联网门户旗下设立的股吧。代表性是指网站的相关数据量足够大，能够客观反映股市投资者情绪，可以参考网站的访问量、阅读量、发帖量等指标。例如，可以参考不同网站在 Alexa 网站上的排名，Alexa 是一家专业提供网站流量信息的网站。

（二）指数编制数据的获取

爬虫是常用到的获取网站数据的技术，对投资者情绪分析主要是分析股吧中人们的言论和股市跌涨的延迟相关性。因此，通常以阅读、评论、标题、作者、更新时间这些数据为主要字段，读取每个公司股吧的全部页面的数据并写入 Excel 表中。

（三）指数编制数据的预处理

基于网络爬虫技术获取的数据是文本数据，且存在很多缺失、重复及无用数据，故首先要对获取的文本数据进行预处理。数据预处理是指对海量数据进行整理、清洗、筛选等初步处理，具体步骤包括：删除缺失与重复数据、大小写字母统一、繁简字体统一、删除与用户情绪无关的帖子、删除无用字段、文本分词、去除停用词等。经过一系列数据预处理步骤，降低了数据噪声，完成了数据筛选，有助于更好地挖掘用户评论数据中的情绪。

二、情感分类模型

情感分类模型通过对文本数据进行预处理，去除了数据中存在的垃圾和无用信息，提高了数据的质量和有效性。对情绪数据进行分析主要运用自然语言处理构建高效、精准的情感分类模型，判断每条股评数据中蕴含的情绪，为编制投资者情绪指数提供重要支持。自然语言处理（Natural Language Processing，NLP）是以语音为对象，利用计算机技术来分析、理解和处理自然语言的一门学科，并提供可供人与计算机之间能共同使用的语言描写。

构建投资者情感分类模型的核心思路如下：首先，人工标记数据与情绪之间的映射关系；其次，构建词向量，将文本形式数据处理为计算机可理解的形式，以符合模型数据输入形式；最后，在不断地学习训练中，完成用户评论数据的情感分类。

（一）人工标记与训练集的建立

由于获得的数据为原始用户评论数据，并不存在每条评论与某种具体情绪之间的一一映射关系，且没有现成的训练样本，也没有关于帖子内容情感两极性的判断标准，因此可以用人工标记的方式获得训练集，用于模型学习。表 6－4 列举了一些情绪标记实例。

表 6－4　情绪标记实例

标记值	相应案例	占比
1	大盘无忧，春节前后见到 3 500 点，大胆加仓	63.12%
0	没有顶也没有底，现阶段就是震荡	29. 25%
－1	赶紧逃吧，该割肉的割肉，天天跌几十个点	7.63%

（二）构建词向量

文本数据预处理后得到的用户评论是字词的集合，可以构建词向量将文本形式数据处理为计算机可以理解的稠密向量，以符合模型的数据输入形式。同时，在用户评论数据中，由于每个词语在中文中对应着多重含义，其表达的意思通常是向多个方向发散的，因此需要将词语映射到多维向量，并且需要满足意思相近的词语，其对应的数学符号也是相近的，词义不同的词语，其对应的数字符号也是较远的。

（三）模型训练

将词向量矩阵作为模型输入，不断学习训练，可将部分数据用于模型的学习、部分数据用于学习过程中的测试验证，用测试集对经过训练学习后的模型进行验证，监控模型的训练结果。在模型的训练过程中，每一轮迭代包含所有的训练操作，而训练的轮数并非越多，越有利于获得模型的参数最优，训练轮数过多会导致模型出现拟合现象，造成模型准确率降低，因此，需要通过对比不同迭代次数下获得的模型准确率，从而得到一个合理的训练轮数。

任务实训

选择一家上市公司，对其进行数据清洗、指标打分等选取投资组合标的，撰写针对选股过程以及回测交易策略、回测结果的量化报告并提交。

项目小结

本项目专注于证券业大数据的分析与应用，通过对证券市场的全面剖析、客户关系的深度管理、量化交易策略的研究以及典型场景的分析，旨在提升证券业的运营效率，优化客户服务，并探索新的业务增长点。通过对这些数据的深入挖掘和分析，学生能够对市场趋势进行预测，对行业内不同证券的表现进行对比分析；能够识别不同客户群体的特征和需求，并据此制定个性化的服务策略；通过对不同场景的数据分析，揭示其中的规律和趋势，并为业务决策提供支持。

直通大赛

项目六

闯关试练

一、单选题

1. 以下哪个指标是衡量股票市场整体表现的常用指标？（　　）

A. GDP 增长率　　B. 居民消费价格指数

C. 股票指数　　D. 失业率

2. 以下哪种分析方法侧重于通过历史数据来预测未来市场走势？（　　）

A. 基本面分析　　B. 技术分析

C. 量化分析　　D. 行为金融学

3. 宏观经济数据对证券市场的影响通常通过哪个渠道传导？（　　）

A. 投资者情绪　　B. 企业盈利

C. 政治因素　　D. 自然灾害

4. 在客户关系管理中，RFM 模型代表（　　）。

A. 近期消费、消费频率、消费金额　　B. 客户满意度、忠诚度、市场份额

C. 客户关系管理、市场细分、目标市场　　D. 客户关系、营销效果、销售预测

5. 在量化分析中，用于衡量资产风险的一个关键指标是（　　）。

A. 收益率　　B. 贝塔系数

C. 市值　　D. 流动性

二、多选题

1. 以下哪些工具和技术常用于市场趋势分析？（　　）

A. 图表分析　　B. 技术指标

C. 基本面数据　　D. 量化模型

2. CRM 系统可以帮助企业实现哪些目标？（　　）

A. 提高客户满意度　　B. 增加市场份额

C. 优化营销成本　　D. 提升员工效率

3. 客户细分通常基于哪些维度？（　　）

A. 地理位置　　B. 购买行为

C. 客户价值　　D. 年龄与性别

4. 在客户关系管理中，哪些策略可以提高客户忠诚度？（　　）

A. 提供个性化服务　　B. 定期回访与沟通

C. 奖励忠诚客户　　D. 降低产品价格

5. 量化分析在投资中的应用包括哪些方面？（　　）

A. 策略开发与测试　　B. 风险管理与控制

C. 交易执行与监控　　D. 市场趋势预测

三、判断题

1. 宏观经济数据对证券市场的影响是间接的，主要通过影响企业盈利和投资者信心来传导。（　　）

2. 技术分析完全依赖于历史价格和交易量数据来预测未来市场走势，不考虑基本面因素。（　　）

3. 股票指数是衡量整个股票市场或特定板块市场表现的综合指标。（　　）

4. 量化分析完全依赖于数学模型和算法，不受市场环境和投资者情绪的影响。（　　）

5. 量化投资通常具有较低的风险和稳定的收益。（　　）

项目七

保险业大数据

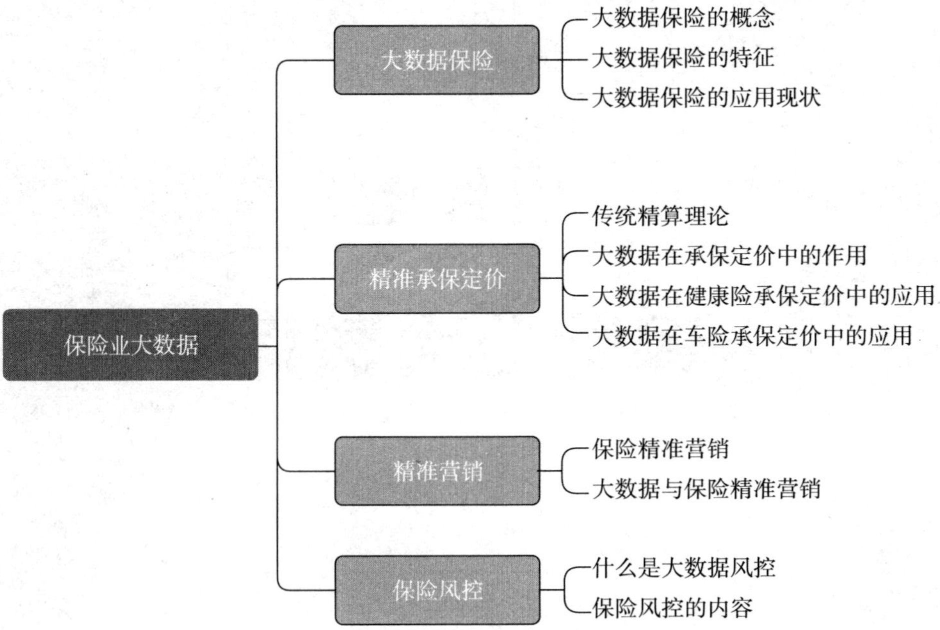
保险业大数据
大数据保险
大数据保险的概念
大数据保险的特征
大数据保险的应用现状
精准承保定价
传统精算理论
大数据在承保定价中的作用
大数据在健康险承保定价中的应用
大数据在车险承保定价中的应用
精准营销
保险精准营销
大数据与保险精准营销
保险风控
什么是大数据风控
保险风控的内容

任务一 大数据保险

知识目标

1. 了解大数据保险的概念及特征
2. 了解并掌握大数据在保险业中的应用现状
3. 了解常见保险业常用评估数据指标的含义

能力目标

1. 能够正确、合理地运用智能保险配置工具
2. 能够根据保险业常用评估指标解读行业企业发展现状

素质目标

1. 培养创新思维和实践能力
2. 培养守信用、担风险、重服务、合规范的保险服务意识

知识链接

在全球范围内，保险行业正处于科技推动变革的阶段。以互联网、社交网络、云计算和大数据为代表的数字化技术，正在加速影响保险行业的日常运作。在所有的新技术中，大数据对保险行业的影响最具颠覆性。那么，大数据对保险行业都有哪些具体的影响呢？让我们一探究竟。

数据看中国

保险数字化为农业赋能

一、大数据保险的概念

大数据保险是指依托大数据技术，通过风险数据的专业挖掘和价值变现，并通过治理端和商业端协同创新，融合优化传统保险服务方式和资源配置，创新保险产品、服务和模式，从而实现保险对客户需求的更好满足和政府治理的更优服务。

二、大数据保险的特征

大数据保险具有以下几个特征。

（一）数据驱动

大数据保险是金融科技时代保险创新的反映。区别于互联网保险的渠道创新，科技与保险融合下的保险数据技术变革和应用成为大数据保险发展的核心驱动力。需要指出的是，这种数据驱动是全方位的，既表现在保险产品定价和风险模型配置方面，也表现在前后端承保、保全及理赔业务的各个环节。

（二）问题思维

大数据技术是从数据挖掘到数据价值变现的综合应用，具有消弭数据信息不对称的偏好和能力，具有填补各种不对称、不匹配、不平衡鸿沟的“填壑”能力。问题思维是大数据保险的重要特征，客户及保险公司的关注点也是大数据技术应用的重点，各种痛点、难点成为大数据保险创新的聚焦点。

（三）融合创新

大数据保险具有鲜明的融合创新特征。一方面，保险公司业务模式的创新与大数据技术的协同创新特征极其突出；另一方面，大数据保险与金融科技、传统金融保险的融合创新已成为常态。

（四）运营效能

相对于传统保险，大数据保险借助了多样化的数据挖掘变现技术，实现了资源的优化配置和运营效能的提升。

（五）活力生态

随着大数据技术与保险行业的深度融合，建立数字生态系统势在必行。在这一生态系统中，不仅有保险公司的参与，还会有其他行业的参与者参与其中。数据在这一生态系统中不断地更新，从而使得该生态系统更加具有活力。

（六）服务导向

在传统保险中，保险公司与客户之间的信息明显不对称，虽然不少公司将客户需求导向视为重要价值观，但在实际经营过程中却面临种种制约。大数据技术的应用实现了数据信息的透明化和价值网络的交互化，与保险具有协同性，通过商业模式协同创新使保险更好地为客户提供服务。

拓展视野

保险大数据监管应用

数字技术在保险业务中的运用使业务场景日趋丰富，数字技术在保险业监管中的运用为保险业监管注入了新的活力。2020 年 5 月 20 日，原银保监会发布通知推动保险业和银行业监管数据质量治理。作为银行业数据监管中行之有效的监管工具，EAST 系统（监管标准化数据系统）在保险业监管数据治理工作中也逐渐受到重视。该系统运用大数据、云计算等数字技术进行现场检查项目管理，标准化数据提取及数据模型创建、发布和管理。为加强保险业监管数据质量治理，原银保监会于 2020 年 5 月和 10 月相继发布了针对人身险和财险机构的监管数据标准化规范，推动保险业 EAST 系统建立。

面对数字技术运用造成的保险业务场景碎片化、营销精细化和数据安全问题，保险业监管数字化迫在眉睫。2020 年，原银保监会相继颁布相关文件促进保险业监管数字化。例如，原银保监会于 2020 年 6 月 22 日发布了《关于规范互联网保险销售行为可回溯管理的通知》，于 2020 年 12 月 7 日公布了《互联网保险业务监管办法》，明确了互联网保险经营范畴，加强了销售过程管理和可回溯管理。为整治保险业产品和服务创新乱象以及完善保险业监管范畴，监管机构也将保险机构纳入了我国金融科技创新监管试点范畴。

三、大数据保险的应用现状

（一）总体特点

作为保险科技的重要组成部分，大数据技术亦是推动保险行业发展的重要基础设施。通过对全量数据而非抽样数据的分析，大数据技术在保险公司的流程优化、产品设计、精算定价、客户服务和营销推广等诸多方面不仅提供了更加精准的数据分析结果，而且提供了全新的视角和思路，如借助大数据丰富多维的数据特征，建立更加全面、清晰的客户画像。诸多保险公司已在交叉营销、客户服务等方面取得了良好效果。通过对更多丰富场景内数据的分析和挖掘，保险公司得以开发更多、更丰富的保险产品，如建立在对气象数据分析结果基础上的气象保险、基于可穿戴设备记录的运动数据开发的面向健康管理的医疗保险，以及建立在海量网络浏览和购物行为数据分析基础上的退货运费险等产品。

目前，保险行业已形成了完整的大数据产业生态，覆盖范围含保险公司、第三方保险平台、中介代理、业务合作方、相关数据及技术支持方等。此外，随着监管方对消费者保护和数据隐私等问题的日益关注，监管部门在大数据产业生态中的作用日渐凸显。

（二）应用案例

1. 退货运费险

为解决买家在退货中由于运费支出产生的纠纷，保险公司针对网络交易的特征，适时推出退货运费险产品，简称为“退运保险”。退货运费险（买家版）现阶段仅针对淘宝网支持 7 天无理由退货的商品，买家可在购买商品时选择投保，当发生退货时，在退款完结后 72 小时内，保险公司将按约定对买家的退货运费进行赔付。

学中做

请以小组为单位，画出退货运费险的操作流程。

（1）请你查找在退货运费险（买家版）的定价中，会考虑到哪些方面的大数据。

（2）请你查找在退货运费险（卖家版）的定价中，会考虑到哪些方面的大数据。

2. UBI 车险

基于使用量及驾驶行为而定保费的保险，UBI 车险可理解为一种基于驾驶行为的保险，通过车联网、智能手机和 OBD 等联网设备将驾驶者的驾驶习惯、驾驶技术、车辆信息和周围环境等数据综合起来，建立人、车、路（环境）多维度模型进行定价。UBI 车险的核心价值：定价合理＋精准获客＋赔付率下降＋运营效率提升＋用户体验上升。

视频

保骉车险：国内首个互联网车险品牌

从商业发展形态来看，目前依托车联网技术的 UBI 车险生态正在加速形成，以收取智能终端费和数据服务费作为主要依托获取收入，目前典型的国外公司有 Zendrive、Root 等科技保险公司以及科技方案服务提供商，国内公司有评驾科技、路比科技、几米物联等。

3. 蚂蚁保省心配

省心配是一种智能保险配置工具，这一工具能根据用户的年龄、地区、预算、保险需求等综合分析，通过智能模型为用户量身打造省钱、省时、省心的保险配置方案。省心配的核心能力是蚂蚁保自身技术积淀独创 HRAAM 模型，30 秒出方案，省钱省时又省心。用户确认年龄、地区、收入等信息后，省心配可在 30 秒内，生成最优方案。在保障全面、保额充分的基础上，省心配不仅可防止过度投保的现象，而且实现了保险需求与保险配置的高度匹配。此外，省心配在配置过程中，还会在多个环节给出疾病和保险知识点解释、当地医疗数据参考，让用户对保险保障加深了解，买得明白。省心配也可根据用户不同的预算情况，灵活调整保险配置方案。

学中做

请你登录蚂蚁保省心配，为自己及家人配置保险方案。

原中国银保监会有关部门负责人就《关于银行业保险业数字化转型的指导意见》答记者问

（三）保险业大数据面临的主要问题

1. 法律保障有待健全

在大数据应用于保险业的过程中，数据安全的保证、数据信息平台的构建以及保险产品定价的创新等环节均需要法律法规的保障与监管，而我国目前在这一方面尚存在较大的法律空白，大数据保险仍面临无法可依的困境。此外，在大数据技术的带动下，互联网保险发展迅猛，最大的特点便是可以根据移动端海量的实时数据迅速推陈出新，开发个性化产品。但是，法律立法往往需要经过漫长、复杂的过程，很难做到及时更新，为互联网保险的发展保驾护航。

2. 行业征信体系有待完善

目前，我国在征信体系的建设方面仍存在较大的上升空间，现有的征信体系尚未实现全面覆盖，不对个人与中小企业开放。此外，传统金融与互联网金融征信体系之间也存在行业壁垒。行业征信体系的不完善对大数据在保险行业中发挥主导作用形成了较为苛刻的限制条件。保险业有必要积极与银行、电商等机构建立联系，争取做到征信体系的共建共享。

3. 统一的保险数据平台建立面临挑战

大数据在保险业的应用过程中的基础环节便是海量数据的采集与分析。然而，将企业内部各个系统获取的数据进行连接仍面临技术上的挑战，例如，客户移动端行为信息与保单信息、业务信息之间尚不能实现完全对接。因此，单个企业仅仅依靠企业内部的数据进行大数据应用是远远不够的，统一的保险数据共享平台的建立势在必行。这便涉及保险行业内部各企业以及整个行业与外部生态系统的数据连接问题。中国人寿、中国平安等大型保险公司往往拥有时空跨度大且较为完备的数据信息，在竞争激烈的市场环境下，它们很可能并不愿意将公司内部数据与中小企业共享。另外，行业外的部门对将自有数据向保险行业开放也戒心重重，如养老部门、交通部门、医疗部门等。这其中既有对信息安全的担忧，也受到市场竞争的驱使。利益驱动造成数据垄断与信息割裂，这是构建保险业统一数据共享平台的最大障碍。

4. 大数据分析人才储备不足

从海量数据中提取有效的信息，需要大数据分析人才与数据处理工具的紧密配合。大数据技术发展势如破竹，而技术人才培养周期较长，目前，完善的数据分析型人才培养体系尚未建立。在将大数据应用于保险业的过程中，精通数理统计、保险精算、计算机应用技术，能够统筹协调各方利益的人才必不可少，而目前我国此类综合型人才储备的不足严重制约着保险业的进一步发展。

视频

智行千里：
平安智慧交通

5. 信息安全需要保障

一直以来，数据共享与信息安全之间难以达到理想的匹配程度。数据的连接与共享是大数据应用的基础，而信息安全的保证则是数据共享的前提条件，信息在共享系统内的自由流通需要良好的生态环境。信息安全的保障需要各方的进一步配合，监管机构完善治理规则，行业各机构改进数据安全技术、完善安全预警机制，同时，重视对客户的信息安全意识的教育服务。

课证融通

保险业常用评估指标

1. 财务指标

财务指标是评估保险公司经营状况的重要指标之一。财务指标包括营业收入、净利润、投资收益、投资收益率、资产负债率、流动比率、偿付能力等。这些指标反映了保险公司的盈利能力、投资能力、资产负债状况和偿付能力等。

（1）营业收入：反映了保险公司的业务规模和经营能力。营业收入越高，说明保险公司的经营能力越强。

（2）净利润：反映了保险公司的盈利能力。净利润越高，说明保险公司的盈利能力越强。

（3）投资收益：反映了保险公司的投资能力。投资收益越高，说明保险公司的投资能力越强。

（4）投资收益率：反映了保险公司的投资回报率。投资收益率越高，说明保险公司的投资回报率越高。

（5）资产负债率：反映了保险公司的资产和负债之间的比例关系。资产负债率越低，说明保险公司的资产负债状况越好。

（6）流动比率：反映了保险公司的流动性状况。流动比率越高，说明保险公司的流动性状况越好。

（7）偿付能力：反映了保险公司的偿付能力。偿付能力越强，说明保险公司的风险管理能力越强。

2. 业务指标

业务指标是评估保险公司经营状况的另一个重要指标。业务指标包括保费收入、保险合同数、保单数量、保费增长率、赔款率、理赔率等指标。这些指标反映了保险公司的业务规模、风险管理能力、客户服务水平等。

（1）保费收入：反映了保险公司的业务规模和经营能力。保费收入越高，说明保险公司的经营能力越强。

（2）保险合同数：反映了保险公司的业务规模和风险管理能力。保险合同数越多，说明保险公司的业务规模越大、风险管理能力越强。

（3）保单数量：反映了保险公司的客户数量和服务水平。保单数量越多，说明保险公司的客户数量越多、服务水平越好。

（4）保费增长率：反映了保险公司的业务增长速度。保费增长率越高，说明保险公司的业务增长速度越快。

（5）赔款率：反映了保险公司的风险管理能力。赔款率越低，说明保险公司的风险管理能力越强。

（6）理赔率：反映了保险公司的客户服务水平。理赔率越高，说明保险公司的客户服务水平越高。

3. 经营指标

经营指标是评估保险公司经营状况的另一个重要指标。经营指标包括客户满意度、员工满意度、业务拓展速度、市场份额等指标。这些指标反映了保险公司的经营管理水平、品牌形象、市场竞争力等。

(1) 客户满意度：反映了保险公司的客户服务水平。客户满意度越高，说明保险公司的客户服务水平越高。

(2) 员工满意度：反映了保险公司的人力资源管理水平。员工满意度越高，说明保险公司的人力资源管理水平越高。

(3) 业务拓展速度：反映了保险公司的市场拓展能力。业务拓展速度越快，说明保险公司的市场拓展能力越强。

(4) 市场份额：反映了保险公司在市场上的竞争力。市场份额越高，说明保险公司在市场上的竞争力越强。

学中做

请登录保险行业协会网站，查找 10 家保险公司的偿付能力，整理出偿付能力在 150% 以上的保险。

任务实训

请你查找 3 家上市保险公司的年报，对财务状况、保险业务发展进行横向对比和纵向对比。

任务二 精准承保定价

知识目标

1. 了解大数据在承保定价中的作用
2. 掌握大数据在健康险承保定价中的应用
3. 掌握大数据在车险承保定价中的应用

能力目标

能够运用数据分析为用户提供问题解决方案

素质目标

1. 合理合法使用数据，树立隐私意识和数据保护意识
2. 严格遵守金融从业者的职业操守，践行社会主义核心价值观

知识链接

数据看中国

“步步保”：用运动变现保费

一、传统精算理论

保险精算是指运用数学、统计学、金融学、保险学及人口学等学科的知识与原理，解决商业保险与各种社会保障业务中需要精确计算的项目，如死亡率的测定、生命表的构造、费率的厘定、准备金的计提以及业务盈余分配等，以此保证保险经营的稳定性和安全性。保险精算的核心就是大数定律，保险公司必须依托大数定律来确保行业基准纯风险损失率的厘定是公平、充足、安全的。大数定律是保险运行管理的数理逻辑，是保险业不可动摇的理论和定价基础。大数据则主要在保险定价中发挥辅助作用，特别是通过采集和获取客户交易行为、对相关网络数据进行关联分析，找寻数据背后风险与成本、收益的匹配规律，进而推动保险公司客户细分化、责任碎片化、产品定制化，优化精算定价模型，从而建立科学、有效的保险费率浮动机制和差别化定价机制。

二、大数据在承保定价中的作用

（一）提高保险承保定价准确性

视频

生命表迭代里程

在传统保险产品开发定价的过程中，保险精算师主要从保险产品的保障目标出发，将重心放在搜集和解析那些与可能保险事故具有较大关联的风险要素上。但在“科技+”的背景下，保险精算师可以凭借大数据技术，结合在产品研发前期找到的与客户相关风险联系程度较高的要素，再借助公司所设计的风险评估模型，对可能的风险标的输出对应的结果，然后凭借不同的结果进行差异化定价，改变原有的“千人一价”的模式。以目前我国寿险行业的定价为例，传统方法都是以行业生命表做参照进行定价，虽然保险精算师会参考一些其他因素如疾病发生率、生命表、住院发生率等历史数据，甚至包括性别、年龄、职业等在内的信息，但维度还是相对单一的。而现在可以从更多维度进行数据的收集，如被保险人所在的地区、信用、收入、浏览记录、生活作息、运动频率、兴趣爱好、上网时长、风险偏好等，数据从“抽样”变成“全量”，结构数据拓展到非结构数据，历史数据变成实时数据，对比传统的寿险定价技术有很大进步。

（二）提升保险公司风控水平

视频

推进大数据反保险欺诈

在定价过程中，除了基本的定价模型，保险精算师等相关定价人员还会设计一个利润测试模型。在这个模型中，定价人员会对保险公司可能遇到的风险进行分类，然后运用保险行业规定的因子法等计算方法对其进行量化。一般情况下，保险公司是通过过往的经验数据进行基础的假设，导致很多时候由于未知的变故，定价过于保守，而借助大数据，保险公司可以将这些风险发生的概率以及具体大小做更精准的预估，在保险产品的售前以及售后，对于各种风险把握更大，那么在对准备金的估计以及保险资金的投资板块的把控也会更加精准，能够避免一些大规模退保或者骗保这种对公司现金流影响较大的突发事件。利用大数据，保险公司在核保的过程中也能掌握风险标的以及客户的真实信息。在以前的传统保险业中，投保人有组织性的骗保事件时有发生，而通过大数据技术，保险公司能够利用保险科技进行在线核保，判断一些具体案件的真实性以及可信度，从而避免保险公司本不应该承担的责任，减少不必要的损失。

（三）优化保险定价的具体流程

承保定价能力是保险公司在同业竞争中的核心竞争力。但一直以来，保险公司对其保险产品所实行的是统一定价原则，很难对客户形成吸引力。在大数据技术的应用下，保险公司风险定价模式发生了很大的改变。通过应用大数据技术，传统的保险精算中将引入更多的定价因素，保险公司能够根据客户的特定风险来调整承保定价，不仅能够使客户的差异化需求得到满足，还能使保险公司的承保风险得到降低，从而达到客户和保险公司双方共赢的目的。

（四）大数据助力保险费率的市场化改革

国家金融监管总局财险司：深入学习贯彻中央金融工作会议精神 奋力推进财险业高质量发展 积极服务中国式现代化建设

目前，保险费率形成机制的市场化改革进程在不断加快，意外险、投资连结险、普通型寿险、万能险和非车险等相关领域的费率市场化定价已相继放开，商业车险、分红险的费率市场化定价放开，在未来将有更多保险产品的定价权交给市场。保险费率市场化改革的关键在于费率形成机制是科学、有效的。因而在大数据技术的应用背景下，在基于大数定律确定保险产品基准费率的基础上，运用大数据技术为保险产品的附加费率进行定价。

学中做

如果你是某保险公司产品研发人员，现在想要应用大数据技术开发一款健康保险，你会从哪些方面收集客户相关资料？

三、大数据在健康险承保定价中的应用

大数据对健康险的发展有重大的作用，目前人身保险公司在大数据收集方面主要涉及以下三类数据：第一类是群体医疗健康及行为数据，具有统计学价值；第二类是个体医疗健康数据，用以可以判别个体健康情况；第三类是个体行为及财务数据，用以可以判断用户日常行为特点、喜好、风险偏好等。

（一）开发多元化的保险产品

基于丰富的群体数据，保险公司可以针对不同的人群开发相关产品。保险公司可通过分析这些人群的行为特点、主要诉求、对各种风险的敏感度、风险发生率以及发生风险后的费用组成、费用变化等丰富的信息，针对不同人群设计出碎片化保险产品。在有大量数据支撑的情况下，对于那些曾经被拒保的客户，保险公司就可以设计出适合他们的保险产品。

同时，保险公司还能将保险产品与一些特定的需求场景做更深入的结合，如特定疾病的治疗和术后并发症等。

在商业健康险产品的设计过程中，可能会出现由于增加保障而使客户行为发生很大变化、保险产品最后的赔付率与最初设计出现很大偏差的情况，这就需要后续更多的数据不断补充来矫正产品的费率设计。

（二）实现产品精准组合

数据的丰富使保险公司对客户的诉求有更全面的理解。首先，根据客户的职业、财务状况、健康状况、风险敏感度、付费意愿以及行为习惯，保险公司可以将不同的保险产品根据客户的特点及喜好进行个性化组合，提供最适合、最能打动客户的产品。这种组合产品开发提供方式已经在一些网络保险销售渠道上初现雏形，主要是基于客户填写问卷进行系统匹配并自动生成推荐产品。在未来数据更加丰富、产品更加碎片化后，客户产品的个性化和匹配度会更强，如蚂蚁保省心配智能保险配置工具（见图 7-1）就是通过人工智能的方式给客户推荐最适合的风险保障方案。

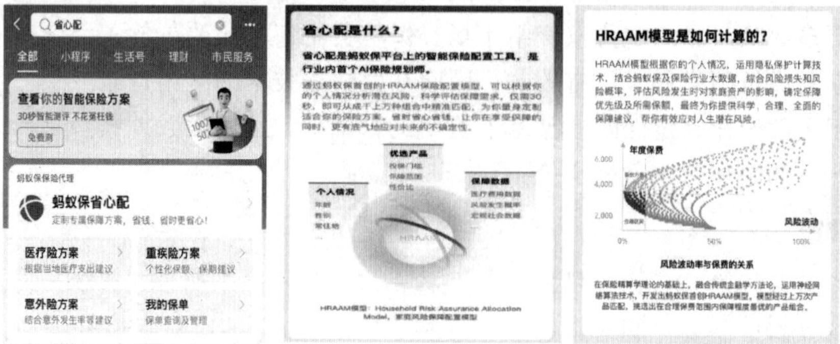

图 7-1　蚂蚁保省心配

四、大数据在车险承保定价中的应用

随着大数据、物联网等技术的应用，车险定价中的从人因子将被深入挖掘，使不同客户的保费金额有所差异。同时，非结构化数据和动态数据也可以为车险定价提供参考。非结构化数据的使用，即保险公司将对来自互联网、物联网、车联网的视频和图像等信息进行加工及应用，建立起标准化、定量化的数据库，完成海量特征挖掘，用于车险定价。动态数据的使用，即保险公司可以根据实时的驾驶数据、交通数据进行动态定价，不再只依靠历史数据。

（一）OBD与车险费率厘定

车载自动诊断系统（On-Board Diagnostics，OBD）是能够测度和读取机动车辆的运行参数，具有车辆检测、维护、管理等功能的程序系统。OBD系统能够读取机动车辆发动机、变速箱和ABS等的故障码，再通过小型的车载通信设备（GPS导航仪或者无线通信等）将机动车辆的基本信息、所在位置或者故障码等自动上传到管理平台或设备上。

OBD系统，又称OBD盒子，在将OBD设备插入机动车辆上的OBD插口之后，该设备就能对所检测机动车辆的行驶里程、油耗、发动机转速、故障情况等数据信息进行读取和分析，进而将所分析出的该机动车辆的车辆状况以及驾驶人的行为习惯上传到管理平台上。保险公司可以充分利用OBD系统的车辆信息获取、分析和传输功能，了解车主的具体驾驶行为和习惯，对车主的驾驶风险做出精准的判断，从而为车主提供基于其真实驾驶行为的个性化车险费率厘定。

在基于OBD系统厘定车险费率的数据处理流程中，车辆行驶数据的采集和分析过程主要由车载终端、采控网关和管理平台3个部分组成。

（1）车载终端。车载终端包括GPS、CAN总线的数据采集与分析、倒车可视系统、硬盘MP5播放和录像、GPRS无线数据传输等功能。

（2）采控网关。采控网关介于硬件终端和上层分析软件之间，具有海量存储、平衡负载、信息交互和预处理等功能。

（3）管理平台。保险公司可借助管理平台进行数据的挖掘、清洗以及报表的生成，具体包括安全管理和节能管理等。其中安全管理工作包括远程故障、不良驾驶行为以及车辆部件预警等的诊断，节能管理工作包括驾驶行为分析、车辆油耗分析、车险匹配分析以及单车运行分析等，此外还涉及车辆身份信息以及一键呼叫等功能。

因此，利用OBD系统收集的数据主要包括超速报警、不良驾驶行为记录（急刹车、急减速、急加速等）、未打转向灯转弯记录、疲劳驾驶管理、出险报警、偷油报警等。

（二）UBI与车险费率厘定

UBI（Usage-Based Insurance）是指基于机动车辆驾驶人驾驶行为状况进行个性化

保费率厘定的车险。在 UBI 车险中，保险公司将根据实时监测并获取的与驾驶人驾驶行为和习惯相关的各项数据，通过分析和挖掘进而对该投保车辆的驾驶人风险程度进行判断，并将该风险判断的结果应用于车险费率的厘定之中。根据驾驶行为安全性的不同，对拥有安全驾驶行为的投保人提供与其风险程度相匹配的保费优惠，而对具有危险驾驶行为的投保人收取更多与其风险程度相匹配的保费。在 UBI 车险定价中，与驾驶人驾驶行为相关的数据是通过安装在机动车辆上的 OBD 设备获取的。

UBI 车险的应用能够给投保人、保险公司及社会公共安全带来益处。

UBI 车险的应用对投保人的益处有以下几个方面。

（1）UBI 车险能够为投保人提供更加公平、合理的车险费率。尤其是对拥有安全驾驶行为的投保人而言，能够有效降低其保险支出的负担。

（2）UBI 车险能够帮助驾驶人形成良好的驾驶行为习惯。

（3）基于 OBD 设备的使用，驾驶人可以及时地了解车况并主动地控制风险。

UBI 车险的应用对保险公司的益处有以下几个方面。

（1）UBI 车险使保险公司的车险费率厘定更加科学、准确，使客户满意度和市场影响力得到有效的提高，为保险公司提供了更多的增值效益。

（2）保险公司在 UBI 车险中能够对投保车辆可能发生的风险进行实时的动态监控，准确了解投保车辆的车况，从而在赔付环节作出合理的赔付，使理赔效率得到有效提升。

（3）基于 OBD 设备在投保车辆上的使用，保险公司的赔付成本能得到有效地降低，进而实现经营利润的增加。

从社会公共安全方面来说，UBI 车险产品的推出和使用能够在一定程度上降低交通事故发生的可能性，有利于维护社会公共安全。

（三）基于 OBD+UBI 的车险费率厘定

基于 OBD+UBI 的车险费率厘定方法就是以驾驶人驾驶行为为基础，根据驾驶人的不同风险程度确定特定投保人保费水平的差异化车险费率厘定方法。

1. “从车 + 从人”的定价模式

OBD 设备与 UBI 车险相结合，可以基于投保车辆的车辆状况以及驾驶人的驾驶行为习惯对投保人的车险需求进行风险判断，进而为风险不同的投保人厘定不同的车险费率。

具体来讲，在这一模式下，保险公司为确定某个具体投保人的驾驶风险程度，利用 OBD 系统所能收集的相关数据，包括能够反映车辆状况的车辆行驶区域、总行驶里程、日行驶里程、发动机状态等相关数据，以及能够反映驾驶人驾驶行为习惯的急刹车次数、急加速次数、急减速次数等相关数据。在获取数据的基础上，OBD 系统能对该投保人车险需求的风险程度进行量化评判，评分越高，该投保人的风险程度越低；评分越低，该投保人的风险程度就越高。

保险公司在对投保人的车险需求进行费率厘定时，除了要考虑利用 OBD 系统所获取的变动数据外，还要考虑到与投保车辆和驾驶人相关的一些不变因素。这些不变因素包括投保车辆的品牌、车型、出产地、购置价格、车龄等因素，以及驾驶人的年龄、驾龄、性别、健康状况等因素。将不变因素与可变因素相结合、既从车又从人的车险定价方式相较于传统的车险费率厘定方式更加科学、合理。

2. 车险费率的厘定方法

基于 OBD+UBI 的车险费率主要是由基础费率和附加费率两部分构成的。

（1）基础费率的厘定主要是通过采用传统的费率厘定方法来实现的。在该厘定方法下对投保人进行相关风险的判断，所考虑的是与投保车辆和驾驶人相关的不变因素，即通过对投保车辆的品牌、车型、出产地、购置价格、车龄以及驾驶人的年龄、驾龄、性别、健康状况等因素进行交叉分类，进而确定该投保人的基础费率。

视频

UBI 商业模式的应用：车宝

（2）附加费率的厘定主要是通过利用内含大数据技术的 OBD 系统对驾驶人的驾驶行为和习惯给出的分数，来确定该投保人应缴纳的车险附加费率。评分越高，所需缴纳的附加费率就越低；评分越低，所需缴纳的附加费率就越高。

在借助大量的数据和车险精算模型厘定出投保人的基础费率和附加费率之后，保险公司根据其所赋予车险基础费率和附加费率的不同权重，计算出该投保人应缴纳的车险费率。

任务实训

请你查找为特殊人群设计的某一具体保险险种，并将相关信息填入表 7－1：

表 7－1　为特殊人群设计的具体保险险种

承保人群	险种名称	保险期限	保障内容	除外责任
慢性病人群				
癌症患者				
孕妇				

任务三　精准营销

知识目标

1. 了解保险精准营销的基本概念
2. 熟悉保险精准营销的流程

3. 熟悉保险精准营销的工具

能力目标

能够利用保险精准营销工具进行精准营销

素质目标

1. 培养创新思维，借助科技赋能提升适应金融智能化服务的职业素养
2. 严格遵守金融从业者的职业操守，践行社会主义核心价值观

知识链接

一、保险精准营销

> 数据看中国
>
> 超600万保险代理人逃离！保险业人力规模回到10年前

（一）保险精准营销的概念

保险精准营销是指保险公司利用大数据、人工智能等现代科技手段，通过对客户进行精准画像和定向推送，实现精准营销的一种方式。保险精准营销不仅能够提高保险公司的客户转化率和销售额，而且能够为客户提供更加个性化的保险产品和服务。

（二）保险精准营销的意义

保险精准营销对于保险公司和客户都具有重要意义。

1. 对于保险公司的意义

保险精准营销可以帮助保险公司更加准确地了解客户需求，针对不同的客户群体推出相应的保险产品和服务。通过精准营销，保险公司可以提高客户转化率，降低营销成本，提升市场竞争力。

2. 对于客户的意义

保险精准营销可以为客户提供更加个性化、符合需求的保险产品和服务。通过精准营销，客户不仅能够获得更多的保险选择，而且能够享受到更加优质的保险服务。保险精准营销还可以帮助客户更好地了解自身风险状况，提高保险意识，保护个人和家庭的财产安全。

（三）保险精准营销的步骤

（1）保险公司需要对客户进行分类，根据客户的年龄、性别、职业、收入等因素进行细分，以便更好地了解客户的需求和购买能力。同时，保险公司还可以通过客户的历

史购买记录、投保情况、理赔记录等信息进行分析，进一步了解客户的保险需求和偏好。

（2）保险公司需要根据客户的需求和偏好，制定出相应的营销策略。例如，对于年轻人群体，保险公司可以推出适合他们的保险产品，如意外险、医疗险等；对于高收入人群，保险公司可以推出适合的保险产品，如重疾险、寿险等。此外，保险公司还可以通过社交媒体、短信营销等方式，向客户推送相关保险产品信息。

视频

大数据驱动营销的保险众包平台

（3）保险公司需要不断优化营销策略，提高客户满意度和忠诚度。保险公司可以通过客户反馈、投诉处理等方式，了解客户的意见和建议，及时调整营销策略，提高服务质量和客户体验。

总之，保险客户精准营销是保险公司提高销售效率和成功率的重要手段，需要通过对客户进行深入分析，制定有针对性的营销策略，不断优化服务质量和客户体验，提升客户满意度和忠诚度。

拓展视野

保险中的 KYC

保险中 KYC 的意思是 Know your customer，即了解你的客户。KYC 是保险业务开展的重要环节，是其他保险业务的基础。

做好 KYC 有以下几点意义：第一，有助于合理了解客户基本信息，如客户的财务目标、客户的风险承受能力、客户的财务状况、客户当前的保险组合等；第二，有助于为客户精准提供合适的产品；第三，有助于与客户建立对等关系和信任关系。

二、大数据与保险精准营销

（一）大数据下的保险营销方式

在大数据背景下，保险公司对客户进行保险需求分析时所需要的相关的数据不再局限于保险行业内部的客户数据，还包括保险体系以外的数据，包括与保险公司进行合作的第三方自身所积累的客户数据、网络社交平台所积累的客户数据等。这些外部数据对保险公司的市场细分具有极大的利用价值。在对客户信息和客户行为的相关数据进行深度分析的基础上，保险公司能够有效地预测客户需求，挖掘潜在客户并向其推荐适当的保险产品，从而实现个性化的精准营销。大数据下的保险营销方式有以下几种。

1. 搜索引擎营销

搜索引擎营销（SEM）是基于搜索引擎平台的网络营销，利用用户对搜索引擎的依赖和使用习惯，在用户检索信息的时候将信息传递给目标用户。保险公司通过与搜索引擎平台合作，利用大数据技术了解该搜索引擎用户个体之间不同的搜索行为特征以及主要关注焦点，在用户检索信息的间隙有针对性地将本公司适宜该用户的保险产品及服务信息传递给该目标用户，并及时地向这些潜在客户实施营销策略。与传统保险营销方式相比，搜索引擎营销目前已成为保险公司获取客户，进行精准营销最直接、有效的方式之一。

视频

水滴保：
用科技推动惠普保险

2. 社交媒体营销

随着移动互联网技术的快速发展，有着强大用户基础的微信平台也在不断开发出更多的服务功能。正基于此，许多保险公司都开始在微信平台上提供保险服务。通过利用大数据技术，保险公司可以有效地获取和了解微信平台上的潜在客户，从而向潜在客户进行精准营销。潜在客户可以通过保险公司在微信平台上的服务窗口及时接收到与其保险需求相符的保险产品营销信息，对感兴趣的保险产品可以直接投保并完成相应的支付；存量客户可以通过保险公司在微信平台上的服务窗口接收到便捷的保险服务，如保单信息查询、保单变更、网点查找、客户投诉、理赔咨询、理赔进度查询、快速赔款、报案注销等。保险公司通过微信平台进行精准营销可以使客户的黏性和活跃度得到有效的提高。

学中做

想一想，你有没有在微信上看到过保险产品的广告？请简单描述一下场景及产品。

3. App 平台营销

随着智能手机和平板等移动终端设备的普及，人们逐渐习惯了使用 App 客户端上网的方式，而目前国内各大保险公司均拥有了自己的 App 客户端，App 营销的模式、费用相对于电视、报纸甚至网络都要低很多，同时借助先进的数据库技术保障和顾客的长期个性化沟通，使营销达到可度量、可调控等精准要求。保险企业通过 App 客户端保持企业和客户的密切互动沟通，不断满足客户的个性化需求，建立稳定的企业忠实客户群，实现客户链式反应增值，从而达到企业的长期、稳定、高速发展的需求。以平安金管家为例，截至 2024 年第三季度末，平安金管家 App 累计注册用户数已突破 2.8 亿，平安金管家拥有六大核心功能：保险模块、保单模块、旺财理财模块、健康医疗模块、电商模块、社交模块。每个模块都拥有着强大的技术支撑和优秀的产品服务，可以实现企业、代理人和客户的有机联系，并能够通过模块的组合来满足客户的多元化需求。

学中做

请你查找 5 家保险公司 App，总结其核心功能和优势，并填入表 7－2。

表 7－2　保险公司的核心功能和优势

名称	核心功能	优势

续表

名称	核心功能	优势

4. 短视频及直播营销

随着直播带货营销模式的兴起，保险业也竞相入局，各大直播平台、短视频平台甚至以电商为主的淘宝直播，都不乏保险机构、业内专家和保险代理人的直播身影，也有公司计划通过培训孵化打造保险领域的网红。但值得注意的是，保险机构应当按照《关于加强自媒体保险营销宣传行为管理的通知》的要求，严格规范各级分支机构官方和所属保险从业人员个人通过短视频、直播等方式开展的营销宣传活动，确保营销宣传信息合规、准确。

学中做

你认为代理人保险营销渠道的弊端有哪些?

（二）大数据在保险精准营销中的应用

1. 大数据在车险精准营销中的应用

传统的车险营销主要考虑风险因素及销售费用，通常这类决策是由精算师或核保人决定。但随着车险市场竞争日趋激烈，保险公司获客成本越来越高，经营成本的压力迫使销售端改变原有的“大一统”投放形式，差异化营销必不可少。实际上，车险客户最大的特点就是“千人千面”，每个客户均有自己的“保险”属性，如性别、年龄、驾龄、消费习惯、消费偏好等。面对庞大的客户群体及纷繁复杂的客户特点，保险公司必须先进行客群分类，以便于后期对营销策略、行为选择等做研究分析。而分类的基础或依据则为标签，大数据赋予每个客户多维度标签属性，将相同维度的一个或N个标签客户进行分类，并依据标签匹配精准营销，以达到契合客户需求、迎合客户偏爱、助推客户正向选择的目的。

实现精准营销的前提是要对客户进行标签标识，并根据标签进行客户分群。在车险产品的销售过程中，影响成交的主要因素就是客户对价格的敏感程度以及客户对品牌的认知。由于保险产品属于射幸合同，较低的出险频率使得大部分客户对品牌相对无感，客户对车险产品的品牌认知更多表现为除保险责任以外的增值服务。因此，在车险销售过程中，给客户随保单赠送增值服务成了各家险企竞争的主要手段之一。

客户分群完成后，因每类客群均有不同的属性特点，为满足不同客户的不同需求，差异化精准营销就显得格外重要。差异化精准营销就是借助客群分类、客户标签等属性，结合外部市场环境，实施差异化的销售策略，从而降低获客成本，提高销售成功率。在实际销售过程中，车险差异化精准营销可体现在车险客户保单生命周期的不同环节，即售前营销、售中营销、售后营销等均可实施差异化精准营销。以平安车险为例，其客户服务的核心载体“平安好车主”已逐步成为以车主为中心的开放式服务平台。该平台基于AI、大数据等底层核心技术和海量经验数据，为前端的众多客户提供了涵盖车保险、车服务、车生活在内的全产业链一站式服务，车主可以在平台上挑选合适的保险销售，获得缴费、理赔服务以及洗车、代驾、保养、查违章、道路救援等增值类服务产品。

（1）售前营销差异化。

保险公司应针对续保客户在销售期前通过回馈客户形式提前接触，投放形式主要以增值服务、实物小礼品为主，投放时间一般在可报价期前30天内开展。保险公司可通过数据分析，结合客户历史使用的增值服务或者经常在App浏览的服务分类，根据客户喜好定向推送，增加客户归属感和黏性，为售中营销做准备。

（2）售中营销差异化。

售中营销差异化主要是依据客户标签分类，在不同客群间实施差异化的销售策略。例如，针对价格极高敏和高敏客户，保险公司需匹配较高的现金折扣优惠，同时配置不同的销售话术和销售策略从而完成销售；针对价格中敏和低敏客户，保险公司可适当降低现金折扣优惠力度，匹配客户偏好的增值服务礼包，并通过强化与客户的沟通、增进与客户的关系从而完成销售。

（3）售后营销差异化。

售后营销差异化主要是根据客户在投保后与保险公司的互动情况，即客户在客户端App上的活跃情况实施差异化的客户关怀行为。例如，保险公司可定时在App上推送体验服务、抽奖活动、生日关怀、与车相关的拓展服务等增值服务来增强客户黏性，为来年续保销售打下坚实的基础。

视频

平安好车主：打造一站式服务生态

学中做

在新能源汽车“保费上涨、补贴退坡”的当下，多家新能源汽车企业已经开始跨界涉足保险业务，寻求新的利润增长点。请以小组为单位，查找新能源车企跨界保险的案例，分析并汇报主要模式及优劣势。

2. 大数据在人身险精准营销中的应用

保险行业通过互联网、大数据等技术，能够提高线上销售服务能力，实现业务上网，以满足用户日益增长的在线消费需求。更重要的是，大数据技术可以和已有的传统线下优势结合起来，将线上资源和线下业务相互结合，形成线上线下互动融合的业务模式（即O2O业务模式），从而打造企业在互联网时代新的核心竞争力。大数据在人身险精准营销中有以下几个方面的应用：

（1）精准获取新客户。

保险公司可以灵活运用各类大数据工具对结构化、半结构化、非结构化数据进行分析、挖掘，实现了以数据应用为中心的业务决策机制，形成了“用数据说话、用数据管

视频

小雨伞保险经纪：保险行业数字化应用

理、用数据创新”的大数据思维的系统能力，积极将内部和外部数据进行综合利用，收集客户个人属性、客户线上浏览行为偏好、线下活动轨迹、交易行为等方面的信息，对客户进行多维度、立体化的分析，这样既能了解客户的消费行为与消费能力，又能预测客户的消费需求和倾向，开展精准营销，从而实现营销方案与新客户的有效对接，实现不同渠道销售的精准投放。此外，保险公司还可以根据客户的消费习惯及各渠道的特点配置相应的销售渠道，精准地选择营销渠道来触达这些客户。

（2）助推准客户转化。

经验表明，准客户的转化成本远低于获取新客的成本。由于保险公司对于准客户的信息掌握较少，分析手段也比较有限，因此往往表现出对准客户的转化重视不够。如今，利用大数据技术，保险公司可以追踪准客户的行为，可以基于外部数据建立预测模型，并快速验证调整，并由此推出个性化营销手段，将让客户“最可能动心”的产品展示在客户面前。保险公司也可以根据客户健康、财务、信用等状况作出更合理的分析，从而提升营销效率和效益，此外，充分利用大数据还可以有效提升营销时机的精准性。

（3）提升存量客户忠诚度。

大数据能帮助保险公司细分与洞察现有客户，精准了解其关键需求，可以建立预测模型，开展保险交叉销售，使客户价值最大化，促进业务协同。借助大数据的精准营销，保险公司能够为客户提供全方位的保险服务，从而有效提升客户对保险公司的忠诚度，因为客户在同一家机构购买的保险产品越多，更换保险公司的成本就越高。保险公司与其他平台数据共享的合作方式使得交叉销售更易达成。借助数据平台的帮助，保险公司可以了解已有客户的互联网行为偏好，并由此提供有针对性的精准营销。以淘宝运费退货险为例，淘宝客户运费险索赔率在50%以上，该产品为保险公司带来的利润只有5%左右，但是有很多保险公司都有意愿提供这种保险业务。客户购买运费险后，保险公司就可以获得该客户的相关个人基本信息，并能够了解该客户购买的产品信息，从而可以精准推送保险。假设该客户购买并退货的是婴儿奶粉，保险公司就可以推测该客户家里有孩子，可以向其推荐儿童疾病险、教育险等利润率更高的保险产品。

（4）减少客户流失。

保险公司借助大数据技术可以有效地预防客户流失。例如，大数据技术可基于海量大数据挖掘，建立预测模型，可以有效地识别流失客户特征，以开展流失预警，或者通过修复失联客户（如“孤儿单”、续期失联或者外部渠道来源的客户）的多种触达手段，挽回流失客户。具体来说，大数据技术可以帮助保险公司根据保单信息、险种信息、销售人员信息、经济能力、健康状况等各种类型数据对续保率等关键信息进行建模，筛选出影响客户退保的关键因素，并对业务进行调整。大数据技术还可以帮助保险公司利用回归算法建立税收风险预警模型，或者进行舆情监控，将存量客户按照潜在退保率进行分类，将可能流失的客户定位出来，寻找客户不满意的原因，加以改进，及时公关，挽回即将流失的客户。

任务实训

学生 5～6 人为一小组，以小组为单位，模拟直播软件进行对某一险种的讲解。

要求：（1）做好人员分工，包括主播、场控、运营等角色；（2）做好流程规划；（3）编辑好讲解脚本；（4）每个小组限时 8 分钟。

任务四 保险风控

知识目标

1. 掌握保险风险识别的基本原理和方法，了解不同类型保险风险的特性
2. 了解风险评估和预测的基本知识，掌握风险识别和分析的技术和方法
3. 了解大数据和风险识别在保险行业的应用和发展趋势

能力目标

1. 能够根据保险产品的特点和客户需求，进行风险识别和分析
2. 能够运用风险评估和预测技术，发现潜在的风险点和风险趋势
3. 能够运用大数据和风险识别技术，提高风险识别的准确性和全面性
4. 能够根据风险评估结果，制定有效的风险控制策略和措施

素质目标

1. 培养合理合法使用数据的意识，树立隐私意识和数据保护意识
2. 严格遵守金融从业者的职业操守，践行社会主义核心价值观

知识链接

数据看中国

用科技应对保险欺诈

一、什么是大数据风控

大数据风控，即大数据风险控制，是指利用大数据构建模型的方法对相关主体进行风险控制和风险提示。大数据、模型作为核心

要素在风险控制中起着关键的作用。大数据风控模型如图 7－2 所示。

图 7－2　大数据风控模型

大数据风控模型是大数据风控的核心流程。首先将大数据输入风控模型，由风控模型通过决策引擎系统进行数据的运算和策略决策，最终通过决策引擎系统输出风控结果或者风险提示。

在互联网时代，大量的数字信息被记录、存储下来，形成了一个庞大的数据库。通过对这些数据进行大规模的运算、深度的挖掘，提炼出可用的有价值的信息，指导风险控制，提升风险控制质量和效率。互联网时代催生了风控技术的多样化，推动了风控技术的发展。

大数据风控与传统风控的基础理论本质没有发生大的变化，都是对目标信息的决策。相比传统风控，大数据风控的优势是数据量大、数据维度丰富、风控客观、效率高、适用范围广。

二、保险风控的内容

近年来，中国保险业快速发展，2023 年全年保险公司原保险保费收入达到 5.12 万亿元，按可比口径同比增长 9.13％。从 2018 年以来，保险行业受政策、监管等影响增长有所放缓，但是长远来看，伴随保险行业对外开放、保险行业监管持续规范，再加上互联网科技助力，保险行业将会迎来持续稳定的发展。保险行业产品分为传统型产品和新兴型产品，传统型产品包含车险、寿险，新兴型产品包含意外险、健康险、财产险（非车险）。

互联网背景下的保险行业因市场容量大且持续增长、市场开放增强、客户保险意识增强、市场结构优化、产品多元化迎来诸多机遇，但同时受保险欺诈风险高、代理人流失率高、客户触达率低、综合成本高等影响面临着巨大的挑战。保险行业受较高赔付率的影响，普遍存在高赔付、低盈利现象，而较高赔付率是由保险风险直接导致的，因此保险风控作为保险行业的核心就显得格外耀眼。

保险业务包含的产品设计、产品营销、承保、理赔等核心业态，从保险行业诞生至今就一直存在，随着大数据、人工智能、云计算、物联网、区块链等技术在保险行业的运用，保险的核心业务流程变得更加精准、高效、智能，但是面对业务、财务、资金等多维的保险风险，保险科技对保险风险防控的赋能还需进一步加强，尤其是对承保、理赔两个核心业务流程的风险防控（见图 7－3）。

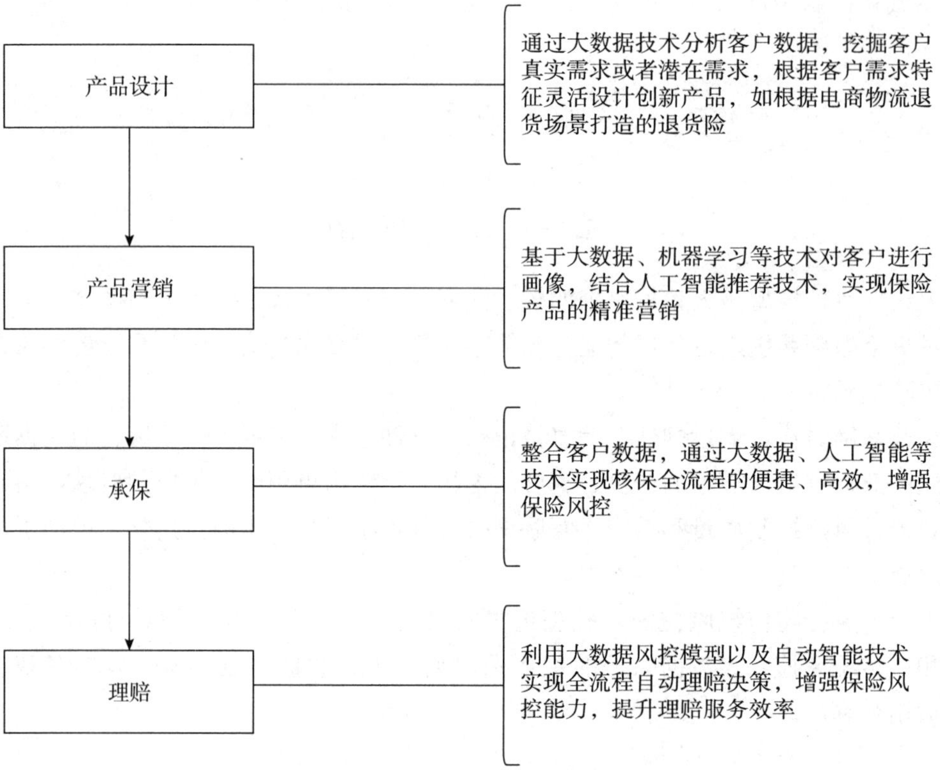

图 7-3　保险行业核心业务流程

学中做

请你列举保险行业的承保风险和理赔风险，并填入表 7-3。

表 7-3　保险行业的承保风险和理赔风险

承保风险	理赔风险

（一）保险欺诈风险

视频

《消失的她》故事原型，丈夫为骗保将她推下悬崖，全身 17 处骨折

根据国际保险监管协会的测算，全球保险理赔中有 20%至 30%涉嫌欺诈，直接导致的损失高达百亿美元。保险行业的欺诈类型在不断增多，欺诈风险呈现多样化、专业化、团队化趋势。

1. 欺诈风险多样化

以人身险为例，有由于高额赔偿诱导的杀人骗保欺诈、伪造病历

欺诈，以及联合医疗机构伪造欺诈等；以车险为例，有酒驾毒驾调包欺诈、二次碰撞欺诈、摆放现场欺诈、故意出险欺诈、伪造盗抢欺诈等；以企财险为例，有伪造事故欺诈、伪造损失欺诈等。此外，还有其他具体业务场景下的财险、寿险欺诈风险。

保险行业的欺诈风险类型增多，欺诈实施手段越来越专业，欺诈实施对象从单一对象变成团队组织，但是由于保险行业的风控手段陈旧、风控能力薄弱，因此保险行业面临的业务风险特别严峻。

2. 欺诈风险专业化

随着黑灰产业务的渗透，保险欺诈越来越多。以二手车恶意骗保产业链为例，二手车商或者二手车主联合汽修厂、保险代理人，利用车险业务漏洞，通过故意伪造交通事故、提供虚假的理赔材料等方式骗取保费；以医保恶意骗保产业链为例，投保人联合医疗机构，通过伪造虚假病历、提交伪造医疗支出费用等方式骗取保费，诸如此类保险的欺诈方式、欺诈途径、欺诈手段不断升级。

3. 欺诈风险团队化

伴随欺诈风险的专业化，欺诈的黑灰产收入更加丰厚，因此诱导更多的黑灰产人员加入，欺诈风险团队效应更加明显。以二手车恶意骗保产业链为例，起初的欺诈主要是个人利用要求汽修厂偷换材料、虚假高估等方式赚取赔偿保费的中间差价，逐渐发展成二手车商联合汽修厂、保险代理人等多对象的专业、批量欺诈。团队化的欺诈，作案方式更加隐蔽，造成的损失更加严重。

视频

25人诈骗团伙利用二手车骗保500余万元被法律严惩

保险行业的欺诈风险类型增多，欺诈实施对象从单一对象变成团队组织，但是由于保险行业的风控手段陈旧、风控能力薄弱，因此保险行业面临的业务风险特别严峻。

（二）保险欺诈风控

保险行业的保险欺诈风控从最初发展到现在，尤其是近年来随着大数据、人工智能技术的运用，能力显著提升。保险风控主要经历了传统风控、数据风控、智能风控三个阶段。

1. 传统风控

传统风控在保险风控的运用上有着长远的历史，许多中小保险公司至今还在沿用。传统风控使用的是专家经验规则，采用的审核方式是人工审核，重点关注的是风险评估、风险定价，而由于数据匮乏、技术陈旧的制约，在诸如保费、保额等产品属性的评估、测算上，传统风控都偏重专家经验，而此时由于保险的渗透率较低、欺诈产业不成熟，保险行业的欺诈风险较低。

2. 数据风控

数据风控在互联网元年尤其是移动互联网的大力发展阶段开始快速发展。伴随决策引擎的诞生以及决策引擎在金融风控、营销风控等方面的运用，数据风控转为使用简单的规则进行风险的控制。数据风控利用传统风控总结的专家经验，制定简单的规则，建立专家经验规则库，利用决策引擎系统实现保险风险的自动拦截、保险的自动定价，结合人工辅助核保、核赔，数据风控步入半自动化阶段。然而此时新的保险欺诈风险不断滋生，保险欺诈产业逐步成熟，面对高发、严重的保险欺诈风险，数据风控遭遇严重的挑战。

3. 智能风控

智能风控的到来得益于保险科技的快速发展，伴随大数据、人工智能、云计算、物联网、区块链等技术在保险科技上的运用，保险风控进入智能风控阶段。智能风控是基于智能算法、数据化建模、智能画像等技术，运用决策引擎、分析引擎等系统自动化识别一系列风险，实现风险智能识别、智能评估、智能预警、智能防控等。智能风控克服了传统风控的主观片面以及数据风控维度单一的局限性，从多维度对保险风险进行识别、拦截，并且能够对保险风险进行智能预警，提前进行预防。相比传统风控和数据风控，智能风控拥有成熟、完善的规则库，利用模型、规则等对不同类型保险风险进行不同维度的识别、预警、拦截，能够更加全面地覆盖保险风险。智能风控不仅能够对保险风险进行自动识别、预警，还能对识别确认的风险进行相应的自动化处理，有效防止风险蔓延。此外，智能风控能够根据不同的风险偏好灵活配置或者调整风控规则、模型的阈值，实现动态风险的实时极速跟踪，并能够通过实时数据、离线数据进行风险的自动机器学习，通过不断对保险风控模型和规则进行迭代来提升保险风控能力，从而更好地对抗保险欺诈等类型的新型风险。

从保险风控发展到如今的智能风控，不管是最初的传统风控还是后来的数据风控，都不是一蹴而就的，其中离不开的两个核心要素是数据和技术。风控数据已从单一维度发展到多个维度。例如，保险风控利用的核心数据包含案件数据（如报案时间、地点等）、行为数据（如运营商信息、通话记录信息、通讯录信息等）、车辆数据（如驾驶人基本信息、车辆基本信息、GPS 信息等）以及其他数据（如金融风控征信数据、关系网络数据等）。虽然保险风控现在利用的数据较多，但是依然存在数据关联弱、质量差等问题，同时保险风控数据孤岛现象凸显。风控技术经历了从人工经验审核到决策引擎自动决策的转变，也推动了保险智能风控的发展。

（三）保险核保风险

在保险核保环节，传统人工审核效率低下，同时带来巨大的操作风险。在核保和理赔阶段，保险公司均需要大量人力进行审核，保证客户满足保险条件或理赔条件。涉及理赔细节时，也需要依靠大量人力进行查勘、定损，并且这些环节对于人员的经验要求极高，经常需要实地勘察，耗费成本高，而且容易引入操作风险。例如，诈骗团伙联合核损人员进行诈骗，绕过保险审核。为了降低这种风险，保险公司还需要增加更多人力投入进行复核，但这又会进一步增加人力成本，降低审核效率。中小型产险公司的人力成本在保险收入中占比较大，这些产险公司大部分的人力成本都花在了理赔环节。

（四）保险核保风控

1. 信息采集与分析

传统的信息采集主要关注的是客户固有的身份信息和必要的健康信息，如年龄、性别、病史、职业、籍贯等。这种信息主要是通过由客户自行上报，保险公司根据材料进行核实的方式进行的。保险公司可通过以下更加智能化的信息采集方式进行风控优化。

（1）利用大数据丰富客户信息维度。在信息采集的过程中，保险公司可以挖掘客户大数据用于辅助审核。例如，一些互联网公司在开展保险业务的过程中，可以在合规前提下，整合集团内部、各子公司、各产品线的数据。通过结合电商数据、定位数据、信用数据等信息，保险公司可以针对客户构建更加全面的画像。基于这些信息，保险公司也可以优化过去的客户分组模式，优化风险精算模型。

对于健康险和寿险产品，除了传统保险业务中会关注的信息以外，信息采集的内容还可以包括以下几个方面：

1）健康信息：线上买药的药品类别、过往就诊信息、其他保险产品购买情况、是否有高风险活动等。

2）财务信息：日常支出状况、是否有贷款、信用情况、信用卡还款信息等。

3）日常活动信息：水电缴费信息、地理位置信息、运动记录信息等。

基于这些信息，保险公司可以构建客户画像，并根据规则或异常检测，识别异常投保人，对这部分客户重点采用人工核验。基于这类客户数据的分析建模可能会面临数据量大、数据过于稀疏的问题，保险公司通常需要采用特定的算法方案和计算框架进行，如使用 PS－SMART 算法等。

（2）通过智能核验提升信息准确率。客户上报的信息电子化、无纸化趋势明显，保险公司也在不断简化核保流程。保险公司尤其是大型保险公司，正在推动客户将资料通过手机终端等方式自助上传。这种信息采集方式通常需要核验以下两方面：

1）客户身份是否为本人。通过人脸识别、活体检测等多种认证方式结合的解决方案，保险公司能够更加准确地确认客户的真实身份，防止盗用信息的诈骗情况发生。

2）上报信息和证明材料是否一致。审核证明材料可以根据 OCR 技术进行初步识别，判断与上报信息是否一致。针对某些特定保险如医疗险、健康险等，保险公司还需要针对某些特定疾病进行筛查并上传健康报告。而判别这些健康报告中的内容是否满足投保要求，保险公司则需要综合使用医疗图像识别和医疗专家系统等。

2. 核保结论

核保最终存在两种结论：一是核保通过；二是核保不通过。但在核保不通过的情况下，可能还存在以下三种细分情形。

（1）客户存在欺诈、不诚信行为。保险公司一旦发现这种情况，肯定不会为保险人承保，并且会将这类客户纳入不诚信名单中。

（2）客户的现状严重不满足保险产品所给出的承保要求。在这种情况下，保险公司通常也不愿意承保，但是可能会为客户推荐其他的保险产品。

视频

国内首家保险智能风控实验室成立

（3）客户在某些细节上不完全满足承保要求，但保险公司愿意通过延期承保、增加保费或者除外责任的方式为客户承保。

这种情形最为微妙，客户不完全满足保险公司的承保要求，但是如果增加某些附加条款能够被客户接受，保险公司也是愿意承保的。在这种情况下，保险公司需要制定额外的核保策略以满足部分客户的特定保险需求。保险公司可以通过预测投保人在某些特定细节上不满足承保要求的情况下所带来的额外风险概率，在原有的精算模型基础之上增加核保模型，用以判断在审核不通过的情况下需要额外负担的保费。

任务实训

直通大赛

项目七

你认为在保险业务环节中，容易存在哪些风险？作为消费者，在科技助力保险业转型的背景下，你更希望有哪种保险营销模式？

项目小结

本项目将大数据技术与传统保险业相结合，运用大数据技术对保险业进行深度优化和改造。通过收集、整理和分析海量数据，保险公司可以获得更为精准的市场分析和客户画像，并利用大数据分析工具对潜在客户进行深入剖析，基于这些分析结果，实现保险产品的精准设计、定价、营销和风控。这不仅提升了保险公司的运营效率和风险管理能力，而且为广大客户提供了更为优质、个性化的保险服务。

闯关试练

一、单选题

1. 以下不属于大数据在保险业的主要应用的是（　　）。

A. 挖掘客户需求　　B. 预测市场趋势

C. 个性化定价　　D. 提高运营效率

2. 大数据在保险业的应用可以带来（　　）的好处。

A. 提高销售额　　B. 降低运营成本

C. 提高客户满意度　　D. 以上所有选项

3. 大数据技术如何帮助保险公司优化客户服务？（　　）

A. 通过社交媒体分析客户反馈　　B. 仅仅增加客服人员数量

C. 简化理赔流程　　D. A 和 C

4. 大数据在保险行业的主要作用不包括以下哪项？（　　）

A. 协助统一定价　　B. 扩大承保范围

C. 降低保费　　D. 优化核保理赔服务

5. 以下哪项不是大数据保险的优势？（　　）

A. 数据量大　　B. 数据类型多样

C. 数据处理速度快　　D. 数据价值密度高

二、多选题

1. 大数据在保险业的应用主要涉及（　　）方面。

A. 挖掘客户需求　　B. 个性化定价

C. 识别欺诈行为　　D. 预测市场趋势

2. 保险公司利用大数据可以改进（　　）业务流程。

A. 核保　　B. 理赔

C. 定价　　D. 客户服务

3. 精准承保定价依赖于（　　）数据源。

A. 客户信用记录　　B. 客户职业信息

C. 客户健康状况　　D. 客户购买历史

4. 精准营销的实现依赖于（　　）数据源。

A. 客户购买历史　　B. 客户浏览记录

C. 客户社交媒体行为　　D. 客户反馈

5. 保险风控的主要手段包括（　　）。

A. 大数据分析　　B. 风险评估模型

C. 客户信用调查　　D. 传统审计方法

三、判断题

1. 大数据技术可以帮助保险公司提高运营效率。（　　）

2. 大数据保险只能用于提高销售额，无法降低运营成本。（　　）

3. 保险公司利用大数据可以预测市场趋势，但无法挖掘客户需求。（　　）

4. 精准营销只能通过大数据分析实现。（　　）

5. 保险风控可以通过大数据分析提高运营效率。（　　）

四、实训题

选择一家保险公司，利用保险大数据，按照保险精准营销策略的流程，制定一份保险精准营销方案。

项目八

金融大数据分析报告

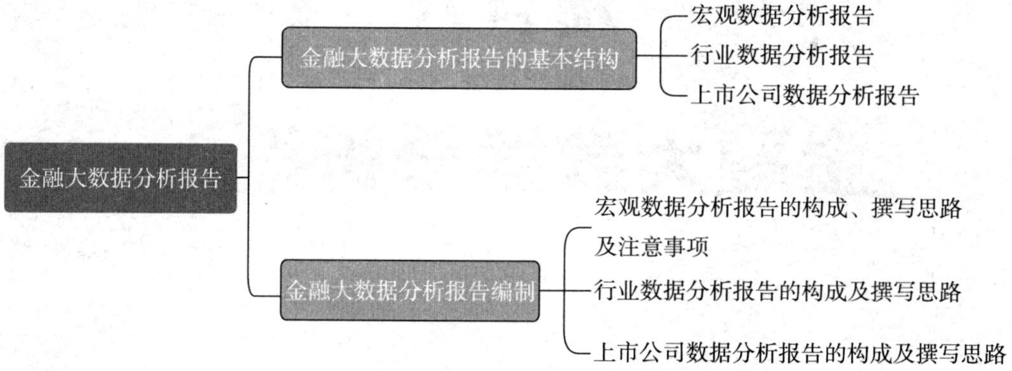
金融大数据分析报告
金融大数据分析报告的基本结构
宏观数据分析报告
行业数据分析报告
上市公司数据分析报告
金融大数据分析报告编制
宏观数据分析报告的构成、撰写思路及注意事项
行业数据分析报告的构成及撰写思路
上市公司数据分析报告的构成及撰写思路

任务一　金融大数据分析报告的基本结构

知识目标

1. 了解宏观数据分析的主要指标，及指标之间的含义及关系
2. 了解行业分析通用指标，尤其是金融行业的特有指标，掌握指标的含义及计算方法
3. 了解上市公司财务数据分析方法
4. 掌握宏观、行业、上市公司数据分析报告的主要结构

能力目标

1. 能够读懂各行业的数据分析报告，清楚了解各指标的关系和变化
2. 能够掌握分析报告的撰写思路
3. 能够挑选核心指标，结合历史数据进行简单的分析和总结

素质目标

1. 在数据采集过程中，通过数据客观认识中国的经济发展形势
2. 树立隐私意识和金融安全意识
3. 了解保护自己隐私的重要性，树立不能非法侵犯他人隐私的法律意识

知识链接

数据看中国

中国人民银行发布《中国金融稳定报告（2024）》

一、宏观数据分析报告

（一）核心宏观数据解读

1. 经济增长率

经济增长率通过国内生产总值（GDP）来衡量，表示一定时期内经济活动的总量增长。它不仅反映了经济活动的活跃程度，而且体现了国家整体经济状况。经济增长率的高低直接影响失业率、通货膨胀率等多个宏观指标。持续、稳定的经济增长通常被认为是健康的，而过高或过低的经济增长率都可能带来一系列经济问题。

2. 失业率

失业率是劳动力市场中失业人员所占的比例，是反映劳动力市场状况的关键指标。

低失业率意味着经济繁荣、就业机会充足，消费者的消费能力和信心也相对较高。而高失业率则表明经济衰退或就业市场存在结构性问题，可能导致社会不稳定和经济放缓。

3. 通货膨胀率

通货膨胀率是衡量货币价值下降速度的指标，通过居民消费价格指数（CPI）或工业生产者出厂价格指数（PPI）来衡量。适度的通货膨胀率（通常在2%～3%）被认为是健康的，可以刺激消费和投资，促进经济增长。然而，过高的通货膨胀率可能导致货币贬值、购买力下降，甚至引发社会不稳定。

4. 利率

利率是一定时期内利息额与借贷资本额（本金）的比率，反映了资金的供求关系。利率水平对经济有着深远的影响，它影响消费、投资和经济整体增长。低利率可能刺激经济增长，促进消费和投资，但也可能导致资产泡沫。高利率则可能抑制消费和投资，但有助于稳定物价和防止资产泡沫。

5. 贸易差额

贸易差额是一国出口总额与进口总额之间的差额，是国际贸易活动的重要指标。贸易顺差（出口总额大于进口总额）表明一国经济竞争力强、外汇储备增加，有能力进行更多的国际投资。然而，过度的贸易顺差也可能导致与其他国家的贸易摩擦。贸易逆差（进口总额大于出口总额）则表明一国国内需求强劲，或者在国际市场上的竞争力有所下降。适度的贸易逆差有助于引进国外先进技术和设备，促进国内产业升级。然而，长期的、大规模的贸易逆差可能会对国家经济安全产生威胁。

6. 货币供应量

货币供应量是全社会的货币存量，是某一时点承担流通手段和支付手段的金融工具总和，亦称货币存量、货币供应，它主要包括机关团体、企事业单位和城乡居民所拥有的现金和金融机构的存款等各种金融资产。货币供应量是各国中央银行编制和公布的主要经济统计指标之一，也是金融当局通过金融市场干预经济发展的一个重要指标。货币供应量可以按照货币流动性的强弱划分为不同的层次，如M0、M1、M2等。

（二）宏观经济指标的数量分析方法

1. 季节性与同比

季节性是指时间序列数据在一年内重复出现的周期性波动。这种波动是由气候条件、生产条件、节假日或人们的风俗习惯等各种因素导致的。例如，在旅游业中，常常使用旅游旺季或旅游淡季来描述由于季节性因素导致的旅游活动的高峰和低谷。同比是一种比较方法，用于比较同一时间段内不同年份的数据。具体来说，同比是将当前时期的数据与去年同一时期的数据进行比较，以消除季节性因素和周期性因素对数据产生的影响，更能反映数据的长期趋势和变化。

同比的计算公式为：

同比＝(当前时期数据－去年同一时期数据)/去年同一时期数据×100％

例如：如果你要计算2024年7月的销售额同比增长率，你需要比较2024年7月的销售额与2023年7月的销售额，然后按照上述公式进行计算。假设2023年7月的销售额为100万元，而2024年7月的销售额为120万元。那么，2024年7月的销售额同比增长率可以计算为：

同比增长率＝(120－100)/100×100％＝20％

这意味着与2023年同期相比，2024年7月的销售额增长了20％。季节性和同比是两个不同的概念。季节性关注的是数据在一年内的周期性波动，而同比则是为了消除这种周期性因素，揭示数据的长期趋势和变化。在进行时间序列分析时，通常会同时考虑季节性和同比因素，以更全面地理解数据的特征和变化。

2. 趋势性与环比

趋势性描述的是时间序列数据长期发展的总体方向或趋势。这种趋势可能是上升、下降或保持平稳。在时间序列分析中，趋势性变化通常是由一些长期因素（如技术进步、人口增长、经济周期等）引起的。趋势性的计算通常涉及对时间序列数据进行平滑处理，以消除短期波动和季节性影响。一种常见的方法是使用移动平均线来平滑数据并揭示潜在趋势。此外，还可以使用统计模型（如线性回归、时间序列分解等）来更精确地估计和预测趋势。

环比是一种比较方法，用于比较当前时期与上一个相邻时期的数据。这种比较方法主要是为了了解数据的短期变化和趋势。环比通常用于分析月度、季度或年度数据的变化。

环比的计算公式为：

环比＝(当前时期数据－上一个时期数据)/上一个时期数据×100％

这个公式计算了当前时期相对于上一个时期的变化百分比。

假设一家公司在1月份销售额为100万元，2月份销售额为120万元。要计算2月份的环比增长率，我们可以使用以下公式：

环比增长率＝(120－100)/100×100％＝20％

这意味着与1月份相比，2月份的销售额增长了20％。

总的来说，季节性分析旨在理解周期性因素对数据产生的影响。同比分析则是揭示数据的长期趋势和变化。同比分析有助于我们了解数据在不同年份间的相对表现。趋势性关注的是时间序列数据的长期发展趋势和方向。它旨在揭示数据随时间变化的总体走向，可能是上升、下降或保持平稳。趋势性分析有助于我们预测数据的未来走势。环比分析侧重于分析数据的短期变化和趋势，帮助我们了解数据在相邻时间段内的波动情况。环比分析对于捕捉短期内的突发事件或市场变化具有重要意义。

综上所述，季节性分析与同比分析主要关注数据的周期性波动和长期趋势，而趋势性分析与环比分析则分别关注数据的长期发展趋势和短期变化。在进行时间序列分析时，通常会结合使用这些概念和方法，以更全面地理解数据的特征和变化。

3. 季节性调整

季节性调整是一种时间序列分析方法，它的基本思想是通过估计和剔除数据中的季节性因素，以揭示数据的非季节性趋势和变化。季节性因素是指因季节性原因（如气候、节假日、季节性事件等）而导致的周期性波动。由于这些波动可能会对数据的分析和预测产生干扰，因此需要进行调整。

在季节性调整的时间序列分析中，常见的数学模型是将时间序列分解为四个部分：趋势（Trend，T）、季节性（Seasonal，S）、周期性（Periodicity，P）和不规则波动性（Irregular Variations，I）。这四个部分通过不同的方式组合，共同影响时间序列的发展变化。其中，季节性和趋势性是两个最为关键的部分。

二、行业数据分析报告

（一）行业通用指标解读

1. 行业发展指数分析

行业发展指数分析是一种通过量化指标来评估行业发展状况的方法。行业发展指数通常是由一系列反映行业关键特征的统计数据组成的综合指标，用于衡量行业的发展水平、竞争力、活力等。

在对行业发展指数进行分析时，要选择适当的指标来构建行业发展指数。这些指标可能包括行业增长率、市场份额、利润率、技术创新水平、研发投入、消费者满意度等。企业要合理地确定每个指标的权重，反映其在行业发展中的重要性。分析行业发展指数的具体数值，有助于我们了解行业的发展水平和相对位置，与历史数据进行比较，有助于分析行业的发展趋势和变化速度。

2. 市场规模分析

市场规模分析是对特定行业或市场的整体规模进行深入研究的过程。这种分析可以帮助企业、投资者和政策制定者了解市场的潜力和机会，从而作出更明智的决策。市场规模分析的步骤包括以下几个方面：

（1）定义市场边界，明确要分析的市场范围，如特定的行业、地区或产品类型，确定市场规模的计量单位（如销售额、产量、用户数量等）。

（2）收集市场规模数据，如收集历史市场规模数据，了解市场的增长趋势，收集当前市场规模数据，了解市场的最新发展状况。

（3）根据收集到的数据，使用统计方法估算市场规模。可以采用自上而下或自下而上的估算方法，综合考虑各种影响因素。除此之外，还要对市场增长率、市场的竞争格局，消费者结构、市场的技术发展趋势、政策环境变化等因素对市场规模的影响进行分析。

（4）关注市场的风险和机会，分析市场规模增长可能面临的风险和挑战，如市场需求不稳定、技术变革快速等。评估风险对市场规模的潜在影响，为投资者和决策者提供参考。分析市场规模增长带来的机会和潜力，如新兴市场的开拓、消费者需求的变化等。评估市场机会的大小和可行性，为企业和投资者提供决策依据。

市场规模分析是一个综合性过程，需要综合运用多种方法和工具来进行分析和预测。通过市场规模分析，企业和投资者可以更加深入地了解市场的潜力和机会，从而作出更明智的决策。同时，市场规模分析也可以为政策制定和行业规划提供重要参考。

3. 行业集中度分析

行业集中度分析主要关注行业内企业的市场份额分布和竞争格局。企业在进行行业集中度分析时需考虑以下因素。

（1）市场份额分布：分析行业内不同企业的市场份额，了解市场领导者和跟随者的分布情况。评估市场份额的变化趋势，了解企业之间的竞争动态。

（2）市场集中度指标：使用如 CR4（前四大企业市场份额之和）或 CR8（前八大企业市场份额之和）等指标来衡量市场的集中度。这些指标可以帮助判断市场的竞争状态，如寡头竞争、竞争型市场等。

（3）竞争壁垒：分析行业内是否存在进入壁垒，如资本需求、技术门槛、品牌优势等。评估这些壁垒对新进入者和现有企业的影响。

（4）企业规模和数量：分析行业内企业的规模和数量分布，了解是否存在大量小型企业或少数大型企业主导市场。评估企业规模和数量对市场竞争格局的影响。

4. 产业链分析

产业链分析主要关注一个行业从上游原材料供应到下游最终产品消费的整个过程。以下是进行产业链分析时需要考虑的关键因素。

（1）产业链结构：识别产业链的各个环节，如上游原材料供应商、中游制造商、下游分销商和最终消费者，分析各环节之间的关联和依赖关系。

（2）价值链分析：分析产业链中各个环节的增值活动，了解哪些环节创造了最大的价值，评估不同环节之间的成本结构和盈利能力。

（3）供应链稳定性：分析供应链的可靠性和稳定性，了解是否存在供应链中断的风险，评估供应链管理对企业竞争力的影响。

（4）行业趋势和变化：分析产业链中各环节的发展趋势和变化，如技术进步、环保政策等，预测这些趋势和变化对产业链结构和企业竞争力的影响。

（二）金融行业主要指标分析

1. 证券业指标分析

（1）市场资本化：指整个证券市场上所有上市公司股票的总市值。市场资本化的增长通常表示市场整体信心和投资者活跃度的提升，而下降可能表示市场担忧或经济环境的不稳定。计算公式为：

市场资本化＝所有上市公司股票总数×股票市场价格

（2）日均交易量：反映市场每日的平均交易数量，是衡量市场活跃度的关键指标。交易量增加可能表示市场活跃，投资者信心增强；交易量减少可能表示市场参与者观望态度增强，市场活跃度降低。计算公式为：

日均交易量＝每日交易量之和/交易天数

（3）市盈率：股票市场价格与每股收益的比率，用于评估公司股票的估值水平。市盈率上升可能表示市场对公司未来盈利的预期提高，投资者愿意支付更高的价格购买股票；市盈率下降可能表示市场对公司盈利前景的担忧。计算公式为：

市盈率＝股票市场价格/每股收益

（4）换手率：衡量股票市场中股票交易的频率，表示在一定时间内市场中股票转手买卖的频率。换手率上升可能意味着市场活跃度增加，投资者参与度提高；换手率下降可能表示市场趋于冷静或投资者信心下降。计算公式为：

换手率＝(某一段时间内的成交量/该段时间内的发行总股数)×100％

（5）股价波动率：衡量股票价格变动的幅度和频率，反映股票市场的风险水平。股价波动率上升意味着股票价格变动较大，风险增加；波动率下降则表示股票价格相对稳定，风险降低。计算公式为：

股价波动率＝标准差(每日收盘价)/均值(每日收盘价)

2. 银行业指标分析

（1）不良贷款率：不良贷款占银行总贷款的比例，反映银行的信贷风险。不良贷款率上升表示银行信贷质量下降，风险增加；不良贷款率下降则表示银行信贷质量改善，风险降低。计算公式为：

不良贷款率＝不良贷款总额/总贷款额

（2）资本充足率：银行资本与其风险加权资产的比例，用于衡量银行抵御风险的能力。资本充足率上升表示银行资本增加，风险抵御能力增强；资本充足率下降则表示银行资本减少，风险抵御能力减弱。计算公式为：

资本充足率＝(核心资本＋附属资本)/风险加权资产

（3）净息差：银行净利息收入与平均生息资产的比率，反映银行赚取利息收入的能力。净息差扩大表示银行赚取利息收入的能力增强；净息差缩小则表示银行赚取利息收入的能力减弱。计算公式为：

净息差=(利息收入-利息支出)/平均生息资产

拓展视野

净息差与净利差

净息差与净利差是衡量商业银行资产负债管理中最常用的两个指标，且这两个指标之间本身也存在密切的关系（注：以下内容所涉及的生息资产与计息负债均为平均余额的概念），具体推导过程如下：

根据净息差和净利差的公式：

净息差=利息净收入/生息资产平均余额

=生息资产利率-计息负债利率×(计息负债/生息资产)

净利差=生息资产利率-计息负债利率

推出：

净息差=净利差+计息负债利率×(1-计息负债/生息资产)

1. 净息差往往大于净利差

通常情况下，生息资产平均余额大于计息负债平均余额，因此根据推出式便可以得出商业银行的净息差通常情况下会大于净利差。

实践中多数银行满足这一结论，但也有例外，如广州农商行、成都银行、南京银行、宁波银行、杭州银行与上海银行6家银行，尤以深耕金融市场业务的宁波银行最为明显。

2. 净息差的分析价值更高，但也有例外

当生息资产平均余额大于计息负债平均余额、负债端成本抬升且上升幅度大于资产端时，会导致净息差的波动幅度大于净利差，此时相较于净利差，净息差由于将规模因素考虑在内，同时又融入了结构性因素和市场因素，因此净息差往往比净利差具备更高的分析价值。在这种情况下，我们当然希望生息资产平均余额越高越好，从而可以使得净息差能够产生更好的正向作用。

这一结论同样也有例外，即当一家银行的计息负债平均余额更高、负债成本抬升且幅度大于资产端时，净息差的分析价值便没有那么高，需要结合净利差与非息收入来进一步分析。

（4）存款增长率：衡量银行存款规模扩张的速度。存款增长率上升表示银行存款规模扩大，流动性增强；存款增长率下降则表示存款规模收缩，流动性减弱。计算公式为：

存款增长率=(本期存款总额-上期存款总额)/上期存款总额×100%

（5）贷款损失准备金覆盖率：衡量银行为可能发生的贷款损失所计提的准备金是否充足。覆盖率上升表示银行为贷款损失计提的准备金更充足，风险抵御能力增强；覆盖率下降则表示准备金不足，风险抵御能力减弱。计算公式为：

贷款损失准备金覆盖率＝贷款损失准备金/不良贷款总额

3. 保险业指标分析

（1）保费收入：保险公司从销售保险合同中获得的收入。保费收入增加表示保险公司市场份额扩大，承保能力增强；保险收入减少则表示市场份额缩小或承保能力下降。计算公式为：

保费收入＝保险合同销售总额

（2）赔付率：保险公司赔付给客户的保险金与保费收入的比例。赔付率上升表示保险公司承保风险增加，盈利压力增大；赔付率下降则表示承保风险降低，盈利压力减小。计算公式为：

赔付率＝赔付总额/保费收入

（3）综合成本率：保险公司综合成本（包括赔付支出、保险业务获取成本和费用等）与保费收入的比例。综合成本率上升表示保险公司运营成本增加，盈利压力增大；综合成本率下降则表示运营成本降低，盈利压力减小。计算公式为：

综合成本率＝(赔付支出＋业务获取成本＋费用)/保费收入

（4）综合偿付能力充足率：综合考虑保险公司的资本、准备金和其他因素，评估其整体偿付能力。综合偿付能力充足率上升表示保险公司偿付能力增强，风险降低；综合偿付能力充足率下降则表示偿付能力减弱，风险增加。计算公式为：

综合偿付能力充足率＝(实际资本－最低资本要求)/最低资本要求×100％

（5）净资产收益率：衡量保险公司净利润与其股东权益的比率，反映保险公司的盈利能力。净资产收益率上升表示保险公司盈利能力增强，对股东的投资回报增加；净资产收益率下降则表示盈利能力减弱。计算公式为：

净资产收益率＝净利润/平均股东权益×100％

三、上市公司数据分析报告

（一）财务数据解读

1. 偿债能力关键指标

（1）流动比率：流动资产与流动负债的比率，用于衡量企业短期偿债能力。流动比率上升意味着企业短期偿债能力增强；流动比率下降则可能表示短期偿债风险增加。计算公式为：

流动比率＝流动资产÷流动负债

（2）速动比率：速动资产（流动资产减去存货和预付款项）与流动负债的比率，用于进一步评估企业短期偿债能力。速动比率上升表示企业短期偿债能力增强，尤其是在剔除存货影响后；速动比率下降则可能表示短期偿债压力增大。计算公式为：

速动比率＝(流动资产－存货)÷流动负债

（3）现金流动负债比率：企业一定时期的经营现金净流量与流动负债的比率，反映企业用现金偿还短期债务的能力。现金流动负债比率上升表示企业用现金偿还短期债务的能力增强；现金流动负债比率下降则可能表示现金流动性减弱。计算公式为：

现金流动负债比率＝经营现金净流量÷流动负债

（4）资产负债率：总负债与总资产的比率，用于评估企业的长期偿债能力。资产负债率上升意味着企业长期偿债压力增大；资产负债率下降则可能表示长期偿债能力提升。计算公式为：

资产负债率＝总负债÷总资产

2. 营运能力关键指标

（1）应收账款周转率：营业收入与平均应收账款的比率，用于衡量企业应收账款的回收速度和管理效率。周转率上升表示企业应收账款回收速度加快，资金运用效率提高；应收账款周转率下降则可能表示应收账款管理效率下降。计算公式为：

应收账款周转率＝营业收入÷平均应收账款

（2）存货周转率：销售成本与平均存货的比率，用于评估企业存货的周转速度和管理效率。存货周转率上升表示企业存货管理效率提高，资金占用减少；存货周转率下降则可能表示存货积压或管理不善。计算公式为：

存货周转率＝销售成本÷平均存货

（3）流动资产周转率：销售收入与平均流动资产的比率，反映企业流动资产的使用效率。流动资产周转率上升表示企业流动资产利用效率提高；流动资产周转率下降则可能表示流动资产使用效率降低。计算公式为：

流动资产周转率＝销售收入÷平均流动资产

（4）总资产周转率：销售收入与平均总资产的比率，用于衡量企业整体资产的运营效率。总资产周转率上升表示企业整体资产运营效率提高；总资产周转率下降则可能表示资产利用效率降低。计算公式为：

总资产周转率＝销售收入÷平均总资产

3. 盈利能力关键指标

（1）销售毛利率：销售毛利与销售收入的比率，反映企业产品的盈利能力。销售毛利率上升表示企业产品盈利能力增强；销售毛利率下降则可能表示产品成本上升或市场竞争加剧。计算公式为：

销售毛利率＝销售毛利÷销售收入

（2）净利润率：净利润与销售收入的比率，用于评估企业的整体盈利能力。净利润率上升表示企业整体盈利能力增强；净利润率下降则可能表示成本控制不佳或收入减少。计算公式为：

净利润率＝净利润÷销售收入

（3）总资产报酬率：净利润与平均总资产的比率，反映企业资产运用的总体效果。总资产报酬率上升表示企业资产运用效果提高；总资产报酬率下降则可能表示资产运营效率降低。计算公式为：

总资产报酬率＝净利润÷平均总资产

（4）净资产收益率：净利润与平均净资产的比率，用于衡量企业对股东投入资本的利用效率。净资产收益率上升表示企业对股东投入资本的利用效率提高；净资产收益率下降则可能表示资本运营效果不佳。计算公式为：

净资产收益率＝净利润÷平均净资产

4. 成长能力关键指标

（1）营业收入增长率：本期营业收入与上期营业收入的增长比率，用于评估企业的市场拓展和销售增长能力。营业收入增长率上升表示企业市场拓展和销售增长能力增强；营业收入增长率下降则可能表示市场增长放缓或竞争加剧。计算公式为：

营业收入增长率＝(本期营业收入－上期营业收入)÷上期营业收入

（2）净利润增长率：本期净利润与上期净利润的增长比率，反映企业盈利能力的增长情况。净利润增长率上升表示企业盈利能力增长强劲；净利润增长率下降则可能表示盈利增长放缓或遭遇挑战。计算公式为：

净利润增长率 ＝(本期净利润－上期净利润)÷上期净利润

（3）总资产增长率：本期总资产与上期总资产的增长比率，用于衡量企业资产规模的扩张速度。总资产增长率上升表示企业资产规模扩张迅速；总资产增长率下降则可能表示企业扩张步伐放缓或面临资产增长瓶颈。计算公式为：

总资产增长率 ＝(本期总资产－上期总资产)÷上期总资产

（4）股东权益增长率：本期股东权益与上期股东权益的增长比率，反映企业对股东权益的增值能力。股东权益增长率上升表示企业对股东权益的增值能力增强；股东权益增长率下降则可能表示股东权益增长乏力或面临股东权益减少的风险。计算公式为：

股东权益增长率 =(本期股东权益−上期股东权益)÷上期股东权益

(二)股票指标解读

1. MACD 指标

MACD指标，英文全称为 Moving Average Convergence Divergence，中文称为平滑异同移动平均线，是一种趋势类指标。MACD 指标的意义和双移动平均线基本相同，即由快、慢均线的离散、聚合表征当前的多空状态和股价可能的发展变化趋势。MACD 指标的变化代表着市场趋势的变化，不同 K 线级别的 MACD 代表当前级别周期中的买卖趋势。

MACD 指标的特点在于稳健性，其变化相较于移动平均线技术指标的频繁买卖信号更为平滑，不易受到短期市场波动的干扰。然而，这也使得 MACD 在短期操作中的反应相对较慢，更适合用于研判市场中长期趋势以及寻找股市的超买超卖时机。

在使用 MACD 指标时，投资者通常会关注 MACD 线与信号线（零线）的交叉情况。当 MACD 线上穿信号线时，被视为买入信号；当 MACD 线下穿信号线时，被视为卖出信号。同时，MACD 柱的变化也可以提供额外的参考信息，如 MACD 柱的扩张和收缩可能预示着市场动能的增强和减弱。

2. KDJ 指标

KDJ 指标（KDJ Index）是一种衡量股票波动范围的指标，通过比较股票收盘价、最高价和最低价之间的差距来计算。KDJ 指标的变化可以帮助评估股票的短期趋势和超买超卖情况。这个指标最早由乔治·莱恩在 20 世纪 50 年代提出，用于分析期货市场的中短期趋势，后来被广泛应用于股市分析。

KDJ 指标的计算主要基于统计学原理，通过特定的周期（如 9 日、9 周等）内的最高价、最低价和收盘价，以及这三者之间的比例关系，来计算未成熟随机值 RSV。然后，根据平滑移动平均线的方法，计算 K 值、D 值和 J 值，并将这些值绘成曲线图，以便研判股票走势。

KDJ 指标中，K 值和 D 值的范围通常在 0 到 100 之间，而 J 值的范围可以大于 100 或小于 0。KDJ 指标主要利用价格波动的实际振幅来反映价格趋势的强度以及超买超卖现象，并在价格涨跌之前发出交易信号。一般来说，当 KDJ 指标中的 K 值、D 值和 J 值在 80 以上时，可能被视为超买信号，而在 20 以下时，可能被视为超卖信号。

此外，KDJ 指标还可以根据 K 线和 D 线的交叉情况来判断买卖时机。当 K 线从下方穿过 D 线时，这被称为“金叉”，通常被视为买入机会；而当 K 线从上方穿过 D 线时，这被称为“死叉”，通常被视为卖出机会。

任务实训

请同学们根据国家统计局公布的宏观经济数据，编制上个月的宏观经济分析报告。

任务二 金融大数据分析报告编制

知识目标

1. 了解银行业特有指标，掌握指标的含义及计算方法
2. 了解行业、上市公司分析报告的编撰思路和主要结构

能力目标

1. 能够读懂数据分析报告，清楚了解各指标的关系和变化
2. 能够掌握分析报告的撰写思路

素质目标

1. 了解我国金融行业的整体情况，提升对数字经济的认知深度
2. 学会用科学的方法分析问题、解决问题，培养科学的世界观

知识链接

一、宏观数据分析报告的构成、撰写思路及注意事项

（一）报告的构成

（1）报告引言：简要介绍报告的目的、数据来源和分析的背景，提出分析的主要问题和假设。

（2）数据收集与整理：描述数据的来源和收集方法，确保数据的准确性和可靠性；对数据进行清洗和整理，消除异常值和错误数据。

（3）数据描述性统计：对数据进行描述性统计分析，包括均值、中位数、众数、标准差等；绘制图表（如柱状图、折线图、饼图等）来直观地展示数据特征。

（4）数据解读与分析：对数据进行深入分析，解释数据背后的含义和可能的原因；结合宏观经济理论或模型进行解释，提高分析的深度和广度。

（5）趋势预测与决策建议：基于当前数据和分析结果，预测未来的发展趋势；提出有针对性的决策建议或政策调整方向。

（6）结论与讨论：总结报告的主要发现和观点；讨论分析的局限性，如数据质量、分析方法等；指出未来研究的方向和重点；列出报告中引用的数据来源、分析方法或相

关文献。

数据看中国

《中国上市银行分析报告2023》：59家上市银行资产规模占商业银行总资产比重约84%

（二）报告的撰写思路

（1）明确分析目标：在开始撰写报告之前，首先要明确分析的目标和问题，确保报告具有明确的分析方向和重点。

（2）充分收集数据：收集全面、准确的数据是报告的基础。要确保数据的来源可靠，并进行必要的数据清洗和整理。

（3）深入分析数据：不仅要对数据进行描述性统计，还要进行深入的分析和解释。要结合宏观经济理论或模型，提高分析的深度和广度。

（4）注重图表展示：图表可以直观地展示数据特征和分析结果，提高报告的可读性和易理解性。

（5）提出有针对性的建议：基于数据和分析结果，提出具体的决策建议或政策调整方向，为相关部门或决策者提供参考。

（6）保持客观和谨慎：在分析数据和提出建议时，要保持客观和谨慎的态度。要讨论分析的局限性，并指出未来研究的方向和重点。

（三）撰写报告的注意事项

在撰写宏观数据分析报告时，需要考虑以下关键因素。首先政策对宏观经济的影响是不可忽视的。报告需要分析当前政策环境，包括财政政策、货币政策、产业政策等，以及它们可能对数据产生的影响。其次，经济周期对宏观经济数据具有重要影响。报告需要识别当前经济所处的周期阶段，并分析其对数据的影响。全球化背景下，国际经济环境对国内经济的影响日益显著。报告还需要关注国际贸易、汇率、国际政治局势等因素，并分析它们对宏观数据的影响。除此之外，人口结构、劳动力市场、社会保障、科技进步和环境保护政策等因素对宏观经济也有显著影响。报告需要分析这些因素的变化趋势，以及它们对数据产生的影响。最后，数据的质量和来源对分析结果的准确性至关重要。报告需要确保使用的数据来源可靠、数据质量高，并对数据进行必要的清洗和整理。

学中做

在《中国上市银行分析报告2023》中，可以看到在分析银行业中上市银行的指标中与前面讲的通用行业报告相比较，有哪些指标是银行业所特有的指标？上市银行的指标又与上市企业相比较有哪些指标是不同的？

二、行业数据分析报告的构成及撰写思路

（一）行业数据分析报告的构成

行业数据分析报告是一种对特定行业进行深入研究和分析的重要工具，旨在为投资

者、企业决策者、政策制定者等提供有关行业趋势、竞争态势、市场机会等方面的信息。行业分析报告内容主要由以下部分构成。

（1）封面和目录：报告封面通常包括报告标题、作者、日期等基本信息。目录则列出报告的主要章节和页码，方便读者快速定位所需内容。

（2）引言：简要介绍报告的目的、研究范围、方法论以及行业背景，为读者提供报告的总体框架和预期内容。

（3）行业概述：对目标行业进行整体描述，包括行业规模、发展历程、主要参与者、产业链结构等。

（4）行业基本情况分析：包括市场分析、竞争分析、趋势分析和风险分析四部分。市场分析主要详细分析市场的供需状况、竞争格局、消费者行为、价格趋势等，揭示市场机会和潜在风险。竞争分析主要是详细分析行业内主要企业的市场份额、竞争优势、战略布局等，评估企业的竞争地位和发展潜力。趋势分析预测行业未来的发展趋势、技术革新、政策变化等，为企业战略规划和投资决策提供参考。风险分析主要是识别和分析行业面临的主要风险，如市场风险、政策风险、技术风险等，并提出相应的风险应对策略。

（5）结论与建议：总结报告的主要观点和分析结果，提出有针对性的建议和策略，为读者提供决策支持。

（6）附录：包括数据来源、参考文献、图表索引等附加信息，增加报告的权威性和可信度。

（二）行业数据分析报告的撰写思路

（1）明确研究目的：在开始撰写报告之前，需要明确报告的目的和受众，以便有针对性地收集和分析数据。

（2）收集和分析数据：收集目标行业的相关数据，包括市场数据、企业数据、政策数据等，并运用统计分析方法对数据进行处理和分析。

（3）构建分析框架：根据研究目的和数据分析结果，构建合理的分析框架，将报告内容逻辑化、系统化。

（4）注重图表和可视化：使用图表和可视化工具来展示数据和分析结果，增强报告的可读性和易理解性。

（5）客观公正地呈现分析结果：在撰写报告时，需要客观公正地呈现分析结果，避免主观臆断和误导读者。

（6）提供有针对性的建议：基于数据分析结果，提供有针对性的建议和策略，帮助读者解决实际问题。

（7）反复修改和完善：在撰写过程中，需要反复修改和完善报告内容，确保报告的准确性和完整性。同时，还需要关注行业动态和最新数据，及时更新报告内容。

三、上市公司数据分析报告的构成及撰写思路

（一）上市公司数据分析报告的构成

（1）报告标题：明确报告的主题和核心分析对象。

（2）摘要及引言：摘要简要概述报告的主要内容和结论，为读者提供快速浏览的概览。引言介绍报告的背景、目的和分析的重要性。

（3）数据来源与方法：说明数据的来源、采集方式和分析方法，确保报告的透明度和可验证性。

（4）公司概况：简要介绍公司的历史、业务结构、市场地位等基本情况。

（5）财务指标与市场竞争分析：分析公司的盈利能力、偿债能力、运营效率等方面的指标，以及评估公司在市场中的竞争地位、市场份额及竞争对手情况。

（6）前景预测与投资建议：基于历史数据和当前市场趋势，预测公司未来的发展前景，并给出相应的投资建议。

（7）结论：总结报告的主要发现和分析结果。

（8）附录：提供原始数据、图表、参考文献等辅助材料。

（二）上市公司数据分析报告的撰写思路

（1）明确分析目的：在开始撰写分析报告之前，明确报告的分析目的，如评估公司的财务状况、预测未来发展等。

（2）数据收集与处理：收集上市公司的相关数据，包括财务数据、市场数据等，并进行必要的处理和清洗。

（3）深入分析：运用统计方法、财务比率分析等手段，对公司的各项指标进行深入分析。

（4）横向与纵向对比：将公司与同行业其他公司进行对比分析，同时分析公司历史数据的变化趋势。

（5）图表辅助：使用图表、图形等辅助工具，直观展示数据和分析结果。

（6）客观评估并提出建议：基于数据和分析结果，客观评估公司的运营状况和发展前景。并根据分析结果，给出相应的投资建议或管理建议。

任务实训

A 公司是一家基金管理公司，准备在新能源汽车行业进行投资。如果你是该公司的投资分析师助理，请任选一家新能源汽车上市公司做调研，并形成完整的数据分析报告。

项目小结

本项目选择某个具体的金融领域（如股票市场、债券市场、外汇市场等）作为研究对象，收集了相关数据，并运用统计学、数据挖掘等方法进行了深入分析，使学生意识到了金融数据分析在金融行业中的重要性，以及作为一名金融从业者需要具备的数据分析能力和创新思维。通过本项目的实践，学生不仅掌握了金融大数据分析报告的基本结构，还学会了如何实际编制一份高质量的报告，要确保报告的完整性、条理性、可读性和实用性，力求将分析结果以直观、易懂的方式呈现给分析者。

闯关试练

一、单选题

1. 下列哪个选项是金融大数据分析报告中不可或缺的部分？（　　）

A. 数据收集　　B. 市场调研

C. 产品介绍　　D. 用户反馈

2. 金融数据分析报告的主要目的是（　　）。

A. 展示公司财务状况　　B. 揭示数据中的规律和趋势

C. 提高员工福利　　D. 宣传公司产品

3. 在金融数据分析中，以下哪个指标通常用来衡量实体经济的融资需求？（　　）

A. M0　　B. M1

C. M2　　D. 社会融资规模

4. 在数据再利用的价值中，不包括（　　）。

A. 挖掘数据的潜在价值　　B. 优化存储设备，降低设备成本

C. 实现数据重组的创新价值　　D. 提高员工福利

5. 以下哪个选项不属于大数据技术的特点？（　　）

A. 数据量巨大　　B. 数据类型多样

C. 数据处理速度快　　D. 数据必须精确

二、多选题

1. 金融数据分析报告可以包含（　　）。

A. 数据收集方法　　B. 数据预处理过程

C. 市场调研结果　　D. 结果展示和分析

2. 金融大数据分析报告中的数据分析部分可能涉及（　　）技术。

A. 统计分析　　B. 数据挖掘

C. 数据可视化　　D. 数据存储

3. 下列哪些选项是数据再利用的价值？（　　）

A. 挖掘数据的潜在价值　　B. 实现数据重组的创新价值

C. 提高员工福利　　D. 优化社会管理

4. 编制金融大数据分析报告时，需要参考（　　）。

A. 社会融资规模数据　　B. 金融统计数据

C. 企业财务报表　　D. 市场调研数据

5. 金融数据可从哪些维度进行分析？（　　）

A. 总量　　B. 结构

C. 地理位置　　D. 时间序列

三、判断题

1. 金融大数据分析报告的主要目的是展示公司财务状况。（　　）

2. 金融统计数据包括货币供应量、人民币贷款和人民币存款等数据。（　　）

3. 数据再利用的价值不包括优化存储设备，降低设备成本。（　　）

4. 金融数据分析报告通常不包括数据收集方法。（　　）

5. 数据分析报告中的结果展示部分可以通过图表、图形等形式展示分析结果。（　　）

四、实训题

随着时代的发展，大家对保险行业也有了新的认识。假设你是一名数据分析师，请查找公开数据，撰写一份保险行业的分析报告，并说一说这个行业是否值得投资。

参考文献

［1］付晓蓉，陈佳．大数据营销：基础、工具与应用［M］．北京：人民邮电出版社，2023.

［2］勾俊伟．保险线上成交：新媒体营销实战课［M］．北京：人民邮电出版社，2020.

［3］清华大学五道口金融学院，中国保险与养老金研究中心．2018全球保险科技报告［M］．北京：清华大学出版社，2018.

［4］谷来丰，赵国玉，邓伦胜．智能金融：人工智能在金融科技领域的13大应用场景［M］．北京：电子工业出版社，2019.

［5］汤潇．数字经济：影响未来的新技术、新模式、新产业［M］．北京：人民邮电出版社，2019.

［6］郑江．智能风控平台：架构、设计与实现［M］．北京：机械工业出版社，2021.

［7］邓佳佶．数智化转型：人工智能的金融实践［M］．北京：中国科学技术出版社，2022.

［8］刘晓星．大数据金融［M］．北京：清华大学出版社，2018.

［9］刘勇，孙鲁．中国金融科技创新：数字金融应用场景实战［M］．北京：中信出版社，2021.

［10］汪天一．GDP与汇率对进出口总额的影响［J］．商场现代化，2021（4）.

［11］吕艾临，王泽宇．我国数据要素市场培育进展与趋势［J］．信息通信技术与政策，2023（4）.

［12］杜壮．国家数据局成立恰逢其时意义深远［N］．中国改革报，2023－11－07.

［13］国家统计局．中国统计年鉴2023［M］．北京：中国统计出版社，2023.

［14］夏季．税收负担对批发零售业发展影响研究［J］．现代营

销：学苑版，2022（10）.

［15］盛瀚．大数据在金融行业的应用与挑战［J］．科技创新导报，2017（25）.

［16］孙波．金融大数据的处理以及在银行业中的应用［J］．中国管理信息化，2022（5）.

［17］曾微中．金融大数据智能发展现状与未来趋势［J］．商业2.0，2023（5）.

［18］游筱婷．大数据分析在互联网金融营销中的应用机制［J］．大庆师范学院学报，2019（1）.

［19］董海峰．Python的计算机软件应用技术研究［J］．数字技术与应用，2020（7）.

［20］李弘熙．浅析大数据背景下保险业发展［J］．中国集体经济，2020（21）.

［21］余大杭，易晓明．大数据金融［M］．厦门：厦门大学出版社，2022.

［22］王德宏．证券投资分析：理论、实务、方法与案例［M］．北京：机械工业出版社，2023.

［23］张然，汪荣飞．基本面量化投资：运用财务分析与量化策略获取超额收益［M］．2版．北京：北京大学出版社，2022.

［24］黄勉．机器学习与Python实践［M］．北京：人民邮电出版社，2021.

［25］赵志强，刘志伟．Python量化投资：技术、模型与策略［M］．北京：机械工业出版社，2020.

［26］田青．金融大数据分析［M］．北京：高等教育出版社，2021.

［27］刘昌菊，庞加兰．大数据与金融导论［M］．西安：西安交通大学出版社，2023.

［28］吴金旺，申睿．金融大数据分析［M］．北京：高等教育出版社，2024.